人民法院英模事迹选编

|第 ❷ 卷|

最高人民法院 ◎ 编

人民法院出版社

图书在版编目（CIP）数据

人民法院英模事迹选编. 第2卷 / 最高人民法院编. -- 北京：人民法院出版社，2024.1
ISBN 978-7-5109-4011-8

Ⅰ. ①人… Ⅱ. ①最… Ⅲ. ①法律工作者－先进事迹－中国－现代 Ⅳ. ①D926.22②K825.19

中国国家版本馆CIP数据核字（2023）第255201号

人民法院英模事迹选编

最高人民法院　编

策划编辑	赵　刚
责任编辑	陈晓璇
执行编辑	姚丽蕾
书籍设计	尹苗苗　鲁　静
出版发行	人民法院出版社
地　　址	北京市东城区东交民巷27号（100745）
电　　话	（010）67550662（责任编辑）　67550558（发行部查询） 　　　　　65223677（读者服务部）
客服QQ	2092078039
网　　址	http://www.courtbook.com.cn
E-mail	courtpress@sohu.com
印　　刷	三河市国英印务有限公司
经　　销	新华书店

开　　本	787毫米×1092毫米　1/16
字　　数	262千字
印　　张	20.25
版　　次	2024年1月第1版　2024年5月第6次印刷
书　　号	ISBN 978-7-5109-4011-8
定　　价	88.00元

版权所有　侵权必究

《人民法院英模事迹选编》(第 2 卷)编辑委员会

主　　任　邓修明

副主任　张一丽　李广宇　海　伟

成　　员　马健伟　伍少华　陈才胜　王玉华　张永健
　　　　　张国锋　李　想　路　聪　雷　蕾　倪致远

第 2 卷编写说明

习近平总书记在党的二十大报告中指出,要"发挥党和国家功勋荣誉表彰的精神引领、典型示范作用,推动全社会见贤思齐、崇尚英雄、争做先锋",为做好人民法院英模典型选树宣传工作指明了方向,提供了根本遵循。

近年来,各级人民法院坚持以习近平新时代中国特色社会主义思想为指导,深入学习践行习近平法治思想,围绕"公正与效率"工作主题,做实为大局服务、为人民司法,加快推进审判工作现代化,为维护国家政治安全、确保社会大局稳定、促进社会公平正义、保障人民安居乐业作出突出贡献,涌现出赵鑫、杨军、周淑琴、肖海棠、滕启刚、黄文娟、鲍卫忠等一大批英模典型,为全国法院广大干警树立了可追可及、可学可做的标杆和榜样。

为配合学习贯彻习近平新时代中国特色社会主义思想主题教育,进一步学习弘扬新时代人民法院英模精神,我们选取近年来全国法院涌现出来的赵鑫、杨军、周淑琴、肖海棠、滕启刚、黄文娟、鲍卫忠7位英模典型代表,逐人逐篇编写人物简介、学习决定、先进事迹、宣传报道等,形成《人民法院英模事迹选编》(第2卷),作为全国法院系统深入开展学习贯彻习近平新时代中国特色社会主义思想主题教育和一体融合推进政治素质、业务素质、职业道德素质建设的学习书目。

希望全国各级人民法院广大干警以这些英模典型为榜样,更加深刻领悟"两个确立"的决定性意义,增强"四个意识"、坚定"四个自信"、做到"两个维护",见贤思齐、创先争优,锐意进取、拼搏奉献,全力推动党的二十大部署的各项战略任务在人民法院落地生根,以审判工作现代化服务保障中国式现代化,为推进强国建设、民族复兴贡献智慧和力量!

目录

赵　鑫　›　001

杨　军　›　029

周淑琴　›　085

肖海棠　›　123

滕启刚　›　165

黄文娟　›　217

鲍卫忠　›　257

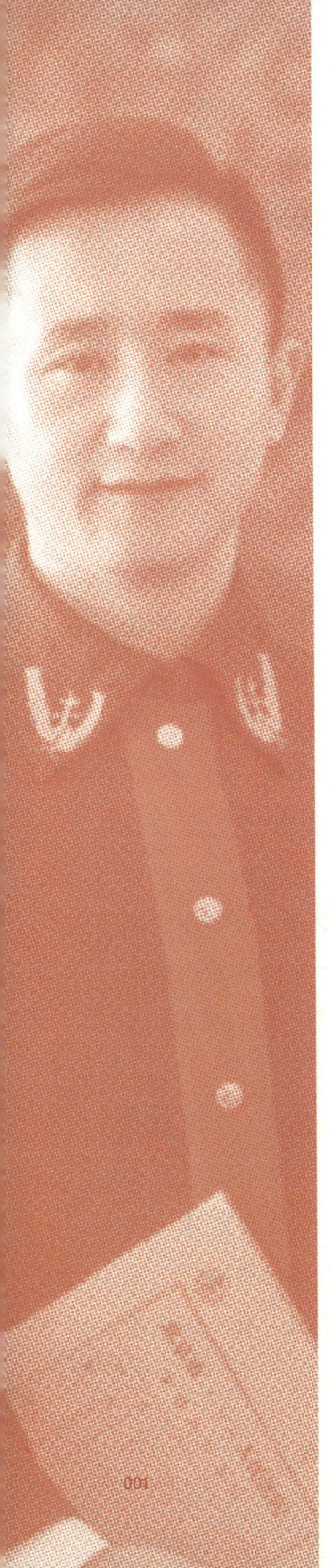

赵鑫

Zhao Xin

赵鑫，男，汉族，江苏如东人，1983年5月出生，中共党员，2010年7月参加法院工作，现任北京市大兴区人民法院执行局副局长、四级高级法官。赵鑫同志坚定理想信念，坚守法治信仰，始终把捍卫公平正义作为光荣崇高的职责使命。他坚守执行一线，累计执结案件1万余件，执行到位金额超20亿元，办理了"知名网络歌手欠款案""八旬老太医院霸床案""涉北京大兴国际机场建设工程疏解腾退案"等一批社会关注度高、执行风险性大、关系区域发展大局的疑难复杂案件。他时刻心系百姓，在执行实践中坚持"一稳三快"工作法，以公正高效执行赢得百姓信任；他敢为人先，率先组建执行团队并探索形成"三层四步团队战法"，规范团队运行，激活改革效能；他敢于攻坚亮剑，善用法律措施维护法律权威。他荣获"全国先进工作者"、全国"人民满意的公务员""全国模范法官"等荣誉。

先进事迹

新时代的执行先锋

赵鑫,男,汉族,江苏如东人,1983年5月出生,中共党员,2010年7月参加法院工作,现任北京市大兴区人民法院执行局副局长、四级高级法官。

让申请执行人信赖法律,让被执行人信服法威,让全社会信仰法治,是赵鑫不懈追求的目标。参加工作以来,赵鑫始终坚守执行一线,13年来,他已带领团队累计执结案件1万余件,执行到位金额20亿余元。赵鑫牢记全心全意为人民服务的根本宗旨,以优秀共产党员的标准严格要求自己,坚定理想信念,坚守法治信仰,把捍卫公平正义作为光荣崇高的职责使命。他严守党的政治纪律和政治规矩,始终保持为民务实清廉的政治本色,恪守法官职业道德和法官行为规范,爱岗敬业,担当奉献,赢得了百姓的信赖。

因成绩突出,赵鑫曾荣获"全国先进工作者"、全国"人民满意的公务员""全国双百政法英模""全国模范法官""CCTV2019年度法治人物""全国法院办案标兵""全国法院最强执行干警""2019北京榜样年榜人物""北京青年五四奖章""首都劳动奖章""北京市政法系统优秀共产党员""北京市先进法官"等荣誉称号,并荣立个人三等功两次,其先进事迹被中央、省市级媒体广泛报道。

一、敢为人先，规范团队运行激活改革效能

2016年3月，北京法院全面推行司法体制改革后，赵鑫在北京市大兴区人民法院率先组建执行团队。经过3年运行，赵鑫团队已发展为由1名员额法官、3名法官助理、3名书记员、1名法警组成的"1+3+3+1"执行团队。为激活团队效能、提高执行质效，赵鑫探索出"三层四步团队战法"，即在团队中明确员额法官核心决策层、法官助理骨干办案层、辅助人员事务工作处理层三个职责定位，充分开展"查、核、谈、结"四个工作步骤。"查"是指由辅助人员利用信息化手段线上统一查控财产；"核"是指由法官助理线下核查财产，及时处置变现；"谈"是指与当事人保持信息沟通，及时反馈、全力安抚，争取线索支持和理解信任；"结"是指规范结案管理，确保文书送达及时、卷宗材料齐备、执行程序完整。该工作法极大提高了团队协调作战能力，重复性劳动明显减少、工作效率大幅提高，案件执行周期平均缩短了60天。

赵鑫带团队讲方法，更讲情怀。难险案件中，他冲锋在前；普通案件中，他保护在后。他既为团队树立表率，也为助理成长创造空间。2018年，赵鑫团队获评为"北京法院首届模范审判团队"，团队成员也逐步成长为独当一面的执行法官，团队孙佳欣法官承办的多起案件被央视《今日说法》《一线》等栏目专题报道；法官助理李少华遴选进入法官员额，也成为一名执行团队队长。

二、攻坚亮剑，善用法律措施维护法律权威

执行难攻坚战，难就难在大要案和新类型案件。赵鑫不畏挑战，敢于碰硬。面对难案，"没问题，这个案子我来想办法"是他说得最多的话。为更好地服务辖区中心工作开展，切实承担起新时代的光荣使命，赵鑫带领团队成立"拆迁+腾退"、涉众劳动纠纷、涉营商环境、涉扫黑除恶

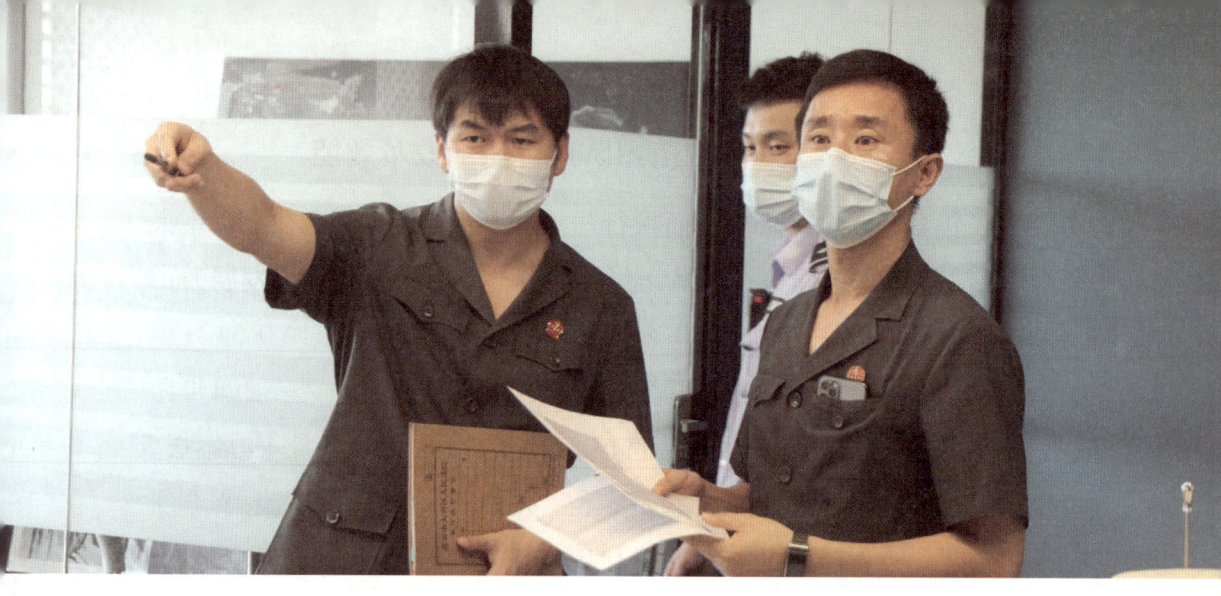

赵鑫带领团队前往某房地产公司进行强制执行

执行小队,以"三最标准"①落实执行工作。新冠肺炎疫情②暴发后,赵鑫团队坚持防疫办公两不误,开启"云执行"模式。仅半个月,团队累计结案110件,接听当事人电话240余个,线上回复留言25条,冻结银行账户300余个,对100余名被执行人采取"限高"措施,网络拍卖成交房产5套。其间,为了支持定点收治医院全力投入防疫工作,同时保障申请执行人的合法权益,赵鑫团队48小时内紧急解冻了1000多万元冻结资金,并促成双方当事人和解,取得了良好的法治效果和社会效果。伴随防疫形势向好,2020年4月底,赵鑫团队完成了9件涉及疏解整治促提升工程的腾退案件,共腾退公寓楼10栋,总房间400余间,总面积超1万平方米。为保障社会复工复产,服务"六稳""六保"提供了强有力支持。

迎难而上的勇气来自专业精深、经验丰富的底气。作为执行法官,赵鑫善于运用法律原理,综合考量、灵活施策;善于积累现场经验,敏锐判断、果敢控制;善于借助外力,联动执行、合力攻坚;善于突破常规思维,穷尽手段、破解难题。赵鑫以敢打硬仗的使命担当和能打胜仗的智慧才干充分彰显出了新时代"攻坚克难、善执睿行"的法官风采。

---

① "三最标准"是指最高标准、最严要求、最好效果。
② 国家卫健委于2023年1月26日发布公告,将新型冠状病毒肺炎更名为新型冠状病毒感染。

三、心系百姓，饱含为民情怀回应美好期待

13 年的执行工作历练使赵鑫深刻认识到，做好执行法官，既要"用心"，也要"用情"，要把百姓装在心里，把责任扛在肩上，努力实现让人民群众在每一个司法案件中感受到公平正义的工作目标。为了使"纸上权利"尽快兑现为"真金白银"，赵鑫总结出了"一稳三快"工作法："一稳"是指先稳心态，遇事不急、遇忙不乱，不打无准备之仗，不冒不必要风险；"三快"是指对执行财产快速查控处置，对执行回款快速发还到位，对异议问询快速答疑反馈。每一天，赵鑫都以高效的执行力向人民群众传递着公平正义的信念，赢得了理解、赢得了信赖、赢得了人心。

作为一名党员，赵鑫始终坚持不放弃、不退缩、不停步。执行案件通常会面临重重困难，短时间内难以执行到位，对此，赵鑫从不轻言放弃，而是穷尽执行手段，寻求线索、转机。他坚信只有执行法官信念坚定，才能让当事人感到法律强大的生命力，才能让当事人相信我们国家的法治建设会越来越完善。面对风险与责任，赵鑫也从不退缩。工作 13 年，赵鑫曾遇到多次威胁恐吓，甚至直接的人身危险，还有一些突发的重大敏感执行现场需要他当下作出决断。这时，他总会想起习近平总书记"越是伟大的事业，越是充满挑战，越需要知重负重"①的教导。执行法官肩负着人民赋予的维护正义的使命，就是要在关键时刻冲得上去，危急关头豁得出来，需要担当时不退缩，风险和危险才会"认怂"。面对新时代出现的各种新财产形式和人民群众不断增长的司法需求，赵鑫总是善于研究，带领大家花时间、花心思解决执行工作中涌现出的新问题，探索新的工作方法，贯彻新的执行理念，步履不停，为确保公平正义能让人民群众看得见、信得过、等得起、能实现而不懈努力。

扫码观看视频

---

① 党史学习教育领导小组办公室编：《百年初心成大道：党史学习教育案例选编》，人民出版社 2022 年版，第 393 页。

工作感悟

执行法官要历练正气、胆气和侠气

张军院长指出,"坚持能动司法的根本目的,就是把党的领导、人民当家作主、依法治国有机统一落到实处"[①]。落实到执行工作中,我想就是要有这一身的正气、胆气和侠气,才能更好地为大局服务、为人民司法,才能让执行案件的办理实现政治效果、社会效果和法律效果相统一。

越来越多的年轻法官加入执行队伍中后,大大增强了执行办案力量,但面对人民群众日益增长的司法需求和对公平正义的更高期待,法院执行工作仍然任重道远。那么,新时代下,年轻执行法官要练就哪些本领才能更好地应对新形势新问题呢?

结合自己在执行岗位的工作经历,我认为一名合格的青年执行法官除了要具备强大的专业能力,还要在工作中格外培养自己的政治素养、担当精神和为民情怀,如果用上年轻朋友喜欢的时髦叫法,则概括为"三气",即一心为公的正气、狭路相逢勇者胜的胆气和匡正扶弱的侠气。

一心为公的正气

青年执行法官要坚持秉承一心为公的正气,将执行工作融入服务经济社会高质量发展的大局中。经济社会发展的系统性要求法官要善于看

[①] 《国家法官学院开学第一课——能动司法》,载中国法院网,最后访问时间:2023年10月15日。

到执行案件背后的社会整体利益和诉求，要能跳出个人、个案，从大局出发选择一个更优、更全面的执行方案来保护和平衡各方利益，虽然这种执行方案有时会带来额外的工作量和风险考验。

2022年，我和团队受理了一家新型建筑材料生产商的系列执行案件，团队依法查封了这家企业名下的厂房及土地。但就在准备启动对涉案厂房和土地进行拍卖的时候，团队了解到这家企业拥有多项知识产权，具有很好的发展前景，而这家企业的土地也在某项国家重点公益建设项目的搬迁范围内，搬迁时间迫在眉睫。此时，债权人权益、企业继续发展前景、国家重点公益项目建设进度等各方利益都需要考虑。于是团队召集债权人、债务人、属地政府、项目建设方等主体多次召开联席协调会，最终形成了以债务人自筹部分资金解决小数额债务、项目建设方垫付部分数额较大债务、法院对拨付搬迁款进行监管并及时解除土地查封的多方联动执行方案，争取了既保障债权人的权益依法兑现，又帮助企业纾解发展中遇到的暂时困难，同时协助重大建设项目及时推进的"双赢多赢共赢"局面。

狭路相逢勇者胜的胆气

青年执行法官要不断增强自己狭路相逢勇者胜的胆气，通过攻克一个个执行难案件，锤炼担当作为。执行现场对于很多年轻的执行法官来说是挑战，但也是成长历练的战场。执行现场的"难"就在于现场的突发状况无法回避、不可预知。这个时候如果遇难而退，一方面可能会增加后续执行的难度，另一方面也会丧失锻炼本领的实战机会。

我们有位年轻的执行法官，在刚入额不久便办理了一起较为复杂的腾退案件。现场，被执行人态度强横、情绪多变，不断为执行工作设置障碍，一会儿持刀扬言自残，一会儿躺在地上称身体不舒服。像这种带有较大风险的现场对青年执行法官来说是个不小的考验，但这位法官并没有过多犹豫，果断对被执行人采取强制措施，并最终完成腾退工作。事后我问他，面对这种情况有没有过放弃的念头？他说，如果当着申请人的面训斥被执行人两句了事，也能做到暂时的息事宁人，但是作为执行法官，职责告诉他不能退缩，而且当时情形下他的态度和决心将决定着事态的发展。如果这次他让步了，那么下次被执行人很可能会故技重施，甚至变本加厉，他将更难有机会采取措施，推进腾退工作。这一次的办案经历让他积累了很多实战经验，也正是这样的锤炼，让他在日后的工作中敢于担当，善于作为。

匡正扶弱的侠气

青年执行法官要不断充盈自己内心匡正扶弱的侠气，饱含为民司法的情怀。执行工作是关系当事人胜诉权益能否兑现的最后一步，在这最后一步里承载了申请人迫切的希望和最终的努力，也夹杂着一些被执行人的无奈和挣扎。年轻干警在刚刚参加工作的时候总是充满热情和拼劲，但这种热情和拼劲往往会被案件中的琐碎纷争慢慢消耗。如果面对日复一日的案件变得内心麻木，看不到或感受不到当事人的诉求和难处，失去匡正扶弱的初心和追求公平正义的信仰，那就失去了心灵的方向，愧对人民法官这份光荣的职业。

在我曾办理的一起腾退案件中，申请人忠厚朴实，离婚后孤身一人，疾病缠身，仅依靠退休金维持生活，每次来找我时话不多，语言哽噎、语气恳切，希望我帮她尽快拿回判决给她的房产。每次接待后，我都特别急切地想通过强制措施尽快将房屋腾退。但房屋占用人的情况也让我犯难。被执行人是一名老太太，患有严重的心脏病，她的孙子也被确诊为白血病，一家人为了看病早已入不敷出。如何安置老太太一家是此次腾退中的难题。如果只强调被执行人履行义务而看不到他们的实际困难，或者以客观困难为由搁置案件办理，都不是执行法官追求的结果，也违背了司法为民的初衷。执行工作的生命力就在于它的能动性，在善意文明的执行理念下，我们寻找到了既能够保障申请人合法权益，又能帮助被执行人妥善安置的方案，即通过协调社会保障房机构给被执行人一家申请廉租房。最终，被执行人主动腾退，房屋也顺利交付到了申请人手中。

群 众 评 价

  我的执行法官赵鑫，是我此生的大恩人。

  他对我的肇事者长达10年的"人间蒸发"从来没有放弃过。他想方设法，千方百计用足法律武器，最终迫使其主动出现。

  10年来，我因伤病折磨，被执行人又逍遥法外，内心十分痛苦。然而，赵鑫法官就像医生一样，用他的责任担当、诚心尽力的实际行动为我疗愈心里的伤痛。

  赵鑫法官就是我的主心骨；相信赵鑫法官，就是相信国家法律！

—— 案件当事人　　吕同生

  在当事人的眼中，好法官的评判标准，是能够真正解决问题！赵鑫法官就是这样一位既有能力又有意愿为当事人解决问题的好法官。

  法律规定，赵法官熟稔于心；调和矛盾，他慧心妙舌；对当事人有热心，有爱心，对执行案件有责任心。每一个案件办结都彰显了他的专业、智慧、高情商和担当。赵鑫法官是当之无愧人民心中的好法官！

—— 北京大成律师事务所律师　　王月池

  一边是捍卫法律权威的坚定决心，一边是以人为本的行动实践，天平的两端，既是公平正义，也是人心冷暖。如何掌握平衡，怎样拿捏尺度，在对赵鑫的采访中，我也在努力寻找答案。当职业赋予人民法官的基本价值追求，对他来说只是一条及格线时，赵鑫正在努力用自己的方式和对法律精神的信仰，践行一名人民法官的庄严宣誓——忠于祖国、忠于人民、忠于宪法和法律。

—— 中央广播电视总台新闻中心　　徐平

重要媒体报道

用责任担当维护公平正义

经过不懈努力，帮助194名工人拿回血汗钱；情法交融，将一道道执行难题破解……工作13年来，北京市大兴区人民法院执行法官赵鑫带领团队办理1万多起案件，执行到位金额超17亿元。

在一起租赁纠纷案中，申请执行人从被执行人手里租房后，因为被执行人涉嫌改变房屋及土地使用性质，导致合同无效解除，法院判决被执行人应将提前收取的租金返还给申请人。赵鑫发现被执行人对法院提出的履行判决事宜拒不执行，还隐瞒收入情况，便依法对被执行人开出罚款。"对这些挑战法律底线的行为要敢于'亮剑'"，赵鑫说。

在赵鑫看来，执行工作不仅需要敢于"亮剑"的担当，也需要"人心换人心"的温情。在办理一起腾退房屋案件过程中，一位80多岁的老太太和儿子是被执行人。老太太儿子收入微薄，孙子身患重病。申请执行人与丈夫离婚后分得一处房产，但被老太太一家借住多年却不肯腾退。申请执行人身体不好，每次来找赵鑫时都

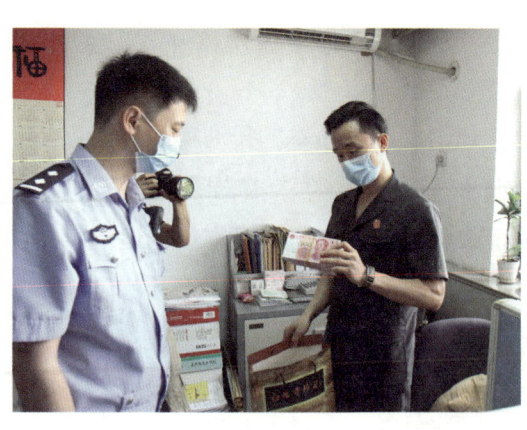

赵鑫在执行工作中

眼含泪水："我每个月看病要花很多钱，要是能把房子早点腾退回来就好了。"赵鑫最终帮助被执行人申请国家公租房，给被执行人留出申请公租房的时间，圆满完成执行任务。

提及赵鑫，85后小伙小海（化名）很感动。2012年5月23日晚上，24岁的小海开车时不小心撞了人，经法院审理，小海被判赔偿数万元医药费。缺乏法律常识的小海因为害怕，躲在老家长达两年。小海没有可供执行的财产，法院将其列入失信被执行人名单。赵鑫得知后，上门耐心劝导小海，给他普及法律知识。最终在赵鑫的努力下，小海开始每月主动履行还款义务。10多年来，赵鑫一直和小海保持联系，时常询问他是否需要帮助。

"生效的判决必须得到执行，法律的尊严必须得到维护，这就是我们执行法官的担当。"赵鑫说。

忠诚履职　司法为民

人民法院的执行工作，是保障胜诉人合法权益、实现司法公正的"最后一公里"。还有很多像赵鑫一样的执行法官，他们忠诚履职、努力工作，让法院判决落地有声，让合法权益得以兑现，让公平正义看得见、信得过、能实现。

一纸判决不是终点，司法为民永远在路上。近年来，人民法院在突出执行工作强制性、持续加大执行力度基础上，依法保障胜诉当事人合法权益，最大限度减少对被执行人权益的影响，既体现了司法的进步和法治的温度，也切实维护了社会公平正义、促进了社会和谐稳定。

（原载《人民日报》2023年2月8日，记者倪弋）

"身手不凡"的执行法官

生效法律文书的执行，是整个司法程序中的关键一环，事关人民群众合法权益的及时实现，事关经济社会发展的诚信基础，事关司法权威和司法公信力的有效提升，事关全面依法治国基本方略的贯彻落实。"基本解决执行难"这一目标的实现过程中，涌现出一批执行力度高的一线执行法官，北京市大兴区人民法院的执行法官赵鑫就是其中一个，年均结案750件，执行到位金额近11亿元，这些令人惊讶的数字是如何做到的？

2019年2月，北京市高级人民法院号召全市法院干警向赵鑫学习，在会上，赵鑫通过一些故事介绍了自己的执行经验。

2017年冬天，一个寒冷的早晨，天色阴沉，下着小雪，在距离一栋四层小楼十几米远的私家车里，赵鑫和三位同事正屏住呼吸，目不转睛地盯着小楼门口的几个男子。

赵鑫此次带队执行一起涉北京大兴国际机场建设工程的疏解腾退案件，四层小楼是腾退的对象之一。然而，楼房的主人路某不仅带头抗拒执行，还多次在电话里对赵鑫进行人身威胁。

经过连续三天三夜的蹲守摸排，赵鑫掌握了路某的活动规律，并制定了三套控制路某的执行方案。但是行动当天，路某并没有按照事先摸底确定的预想路径出现。赵鑫决定启用强制执行方案。

"确定了，就是他！"看着路某和其他两个闹事人员走过来，赵鑫决定立即行动。在车内进行简单分工后，他第一个冲了出去。赵鑫在大学时曾担任武术协会会长，身手颇为了得，毫无准备的路某来不及反应就被抓住。

随后，经过72小时不间断工作，2万余亩土地及房屋得以顺利腾退，

赵鑫在执行现场搜查

保证了北京大兴国际机场这一重大建设工程的顺利推进。

2019年35岁的赵鑫被誉为"办案能手",2010年加入北京市大兴区人民法院,8年多来,累计执结案件近6000件,年均结案750件,执行到位金额近11亿元,连续7年被评为优秀,荣获"全国法院办案标兵""北京市先进法官"等多个荣誉称号。

"干执行,脑子要活。"赵鑫这样描述自己的职业。在他看来,执行法官有时就像侦查员,要关注细节、勤于思考,遇事要想在前面、想得全面。

在2017年10月的一个执行案件中,被执行人张某拒不履行80余万元的还款义务。经查实,张某在北京市大兴区有房产一套。申请执行人刘某向法院提出拍卖申请。但张某称房屋是年迈且身患重病的父母的唯一住房,如果法院强制拍卖,将对老人身体造成致命打击,强烈要求法院立刻停止拍卖房屋。

不能把当事人逼上绝路,但情况是否属实,也需要实地调查,赵鑫决定去房屋现场看一看。

到了房门口,敲了许久门也没人应。赵鑫便开始观察房门四周,房门上贴满了小广告,他一摸门把手,发现上面落满了灰尘,"这里肯定没人住",赵鑫果断联系开锁公司。

房门打开后,屋内物品几乎已经搬空,房间内早已没有了居住的痕迹。确凿的证据让张某哑口无言,最终房屋顺利拍卖。

"被执行人撒一个谎需要用十个谎去圆,但人的精力、智力是有限的,总有一个谎是圆不了的。"赵鑫说,只要勤于思考,亲临一线,仔细查证,再狡猾的"狐狸"也藏不住"尾巴"。

"做执行法官,脊梁要硬,脑子要活,既要有敢于亮剑的勇气,也要有善于亮剑的智慧,以法律的手段捍卫法律的权威。"赵鑫说。

面对表彰和成绩,赵鑫说:"进入人民法院工作,是我人生中的幸运,是这个时代赋予了我今天的荣誉。"

(新华社北京 2019 年 3 月 1 日电,记者张铎、高洁)

敢于直面威胁、守护公平正义的执行法官

2022年3月4日，在冬残奥会火炬传递现场，有一位来自法院的火炬手，他就是北京市大兴区人民法院执行局副局长——赵鑫。让申请执行人信赖法律、让被执行人信服法威、让全社会信仰法治，是他不懈追求的目标。

2010年，赵鑫进入法院执行岗位工作。工作12年来，他带领团队办理的案件已经超过1万余件，执行到位金额超过15亿元，用一个个得以执行的案子，守护着法律的公正与温度。

遇事毫不退缩　果断化解困境

审判法官的主战场是法庭，执行法官的主战场却是执行现场。在一起涉大兴国际机场建设工程的疏通腾退案中，有个名叫王某的被执行人对执行法官们威胁说："你们谁敢挡我的道，我就要谁的命！"他还和其同伴"玩消失"。面对这样的难题，赵鑫毫不退缩，并凭借着丰富的执行经验及时调整了执行方案。

在执行时，王某和其同伴打算逃跑。赵鑫发现两人身影，当机立断对身边的同事说："他们俩，我控制王某，你们控制另一个，决不能让他们跑掉。"说时迟，那时快，只见车门一开，三人立刻从车内冲了出去。经过追赶，赵鑫将王某抱摔扑倒，两名干警也成功将另一名人按倒在地。

"干执行工作面对危险、挺身而出是常有的事，谁的心里没有妻儿，谁不想过安稳惬意的生活？但是，干这一行就是要司法为民、执行为民，我们怎能害怕？"赵鑫说，我们身后有强大的国家和法律作后盾，我就是要跟拒不执行生效裁判的人干到底。

赵鑫正在给被执行人的法定代表人释明法律义务

执行讲究艺术　拥有人民情怀

在赵鑫看来，执行是一门独特的艺术，大案难案是对自身党性、品性的考验和修炼。每一位执行法官在拥有专业的办案能力的同时，应该对人民群众抱有情怀。四年前办理的一起重大交通事故赔偿案让他印象深刻。在那起交通事故中，一对年轻的夫妻失去了他们4岁的女儿，妻子也失去了左腿。法院判决包括肇事司机、运输公司在内的三名被告赔偿100余万元。

案件到了执行阶段，执行立案还不到一周，夫妻俩就来到法院询问进展。但由于立案时间不久，财产查询结果还没有反馈，夫妻俩一听，立刻急了，说："我们的钱什么时候能拿到？我闺女还躺在医院里呢！"尽管受到了责骂，赵鑫却十分理解地安慰这对夫妻，他说："大哥大姐，我也是一名父亲，特别理解你们的心情，这个钱我一定帮你们拿到，但也请你们给我点时间，配合好我的工作。"

此后的两个月，赵鑫和夫妻俩一起搜集执行线索，制定执行方案，辗转多地，查封了运输公司名下车辆、冻结了第三人债权、追加该公司法定代表人为被执行人……最终，将100余万元执行款全部执行到位。

"虽然与辛苦和疲惫常伴，但既然穿上了这身制服，就不能计较。忍常人之不能忍，是党员法官的应有之义。"赵鑫说。

办理大案要案　创新工作模式

2016年3月，北京法院全面推行司法体制改革后，赵鑫在北京市大兴区人民法院率先组建"拆迁+腾退"、涉众劳动纠纷、涉营商环境、涉扫黑除恶执行小队，以"三最标准"落实执行工作。

赵鑫带团队讲方法，更讲担当。难险案件中，他冲锋在前；普通案件中，他保护在后。他既为团队树立表率，也为助理成长创造空间。他还带领团队办理了"知名网络歌手欠款案""八旬老太医院霸床案"等一批社会关注度高、风险性大、关系区域发展大局的疑难复杂案件。

如今，赵鑫和其执行团队工作模式，成了全国法院执行工作的"名片"。因为执行工作成绩斐然，他先后获得"全国先进工作者"、全国"人民满意的公务员""双百政法英模"等多项荣誉。

"我们法院人的初心就是司法为民、公正司法，努力让人民群众在每一个司法案件中感受到公平正义。"赵鑫坚定地说。

（原载人民网2022年3月9日，记者周静圆）

敢于亮剑　做司法公正的捍卫者

今天我们来认识一位基层人民法院的执行法官，他就是北京市大兴区人民法院的赵鑫。让生效判决不是司法"白条"，而是当事人手中实实在在的权益，这考验的不仅是执行法官敢于亮剑的胆识，更是善用法律的智慧。赵鑫法官坚守执行一线12年，累计执结案件上万件，执行到位金额达15亿元。

正在对被执行公司财务人员进行询问的，就是北京市大兴区人民法院的执行法官赵鑫。这是一起租赁纠纷案，申请人从被执行人手里租了房之后，因为被执行人涉嫌改变房屋及土地使用性质，导致合同无效，法院判决被执行人应将提前收取的20余万元租金返还给申请人。

赵鑫法官查询发现，被执行公司名下没有可供执行的财产线索。在后续调查中，赵鑫法官发现，被执行公司负责人不但对执行工作爱搭不理，对法院提出的和申请人一起商议履行判决事宜拒不见面，还隐瞒了公司每月都有租金收入这一情况。

被执行公司的这种行为属于典型的有能力履行而拒不履行法院判决，最后，赵鑫法官依法对被执行公司和公司负责人分别开出了20万元和10万元的罚单。

实际工作中，被执行人像这样隐匿财产、逃避执行的情况并不少见。守护好公平正义的"最后一公里"，对挑战法律底线的行为敢

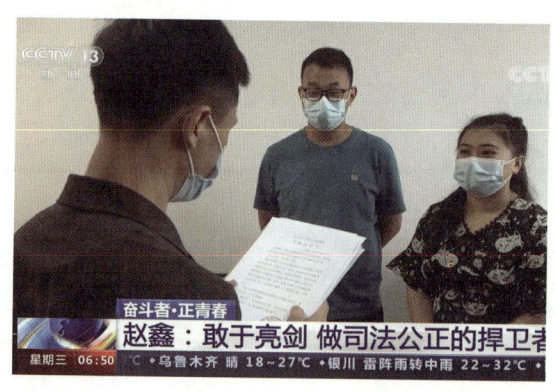

赵鑫向公司负责人宣读罚款决定书

于亮剑,是执行法官赵鑫应有的担当。

2021年年底,北京市大兴区人民法院执行事务大厅来了一名怀孕9个多月的孕妇。

赵鑫接待后,发现她丈夫有一起合同纠纷案正在执行中,但被执行人名下并没有可供执行的财产。赵鑫将执行情况向这名孕妇进行了解释,并将后续加大执行力度的计划也告诉了她,大家还给她凑了3000元钱路费,但是这名孕妇就是不走,在执行事务大厅滞留了三天三夜。这期间为了保证营养,食堂专门给她送饭,还特意给她煮了20个鸡蛋。但随着事态发展,赵鑫发现这个孕妇并没那么简单,最终调查发现,她丈夫就住在法院附近的酒店幕后指挥,想利用她孕妇的身份要挟法院出钱把执行款给她。最终,法院依法对这名孕妇和她丈夫分别开出了5万元的罚单。

北京市大兴区人民法院法官赵鑫:合理的诉求、合理的困难,我们一定想办法解决,无论你是申请人还是被执行人。但是,如果你是要来挑战法律权威,我们一定要敢于亮剑,维护公平正义,让这些挑战法律权威的人付出代价。

敢于亮剑之外,很多案件更考验法官的司法智慧。在一起执行案件中,申请执行人向法官反映,被执行公司在执行初期就已经将财产全部转移,但公司背后的股东却很有经济实力,希望法院能执行这些股东。但依照法律规定,法律义务主体是公司,就不能直接去执行相关个人。根据当事人提供的情况,赵鑫对被执行公司的工商登记、财务情况进行了详细查阅,发现成立这家公司时几个股东存在虚假出资的问题。

北京市大兴区人民法院法官赵鑫:根据目前的法律规定,对于虚假出资的可以依法通过执行追加程序,将这些虚假出资的股东追加成被执行人。

善用法律,法官在依法将公司的几名大股东追加为被执行人后,迫于司法压力,几名股东很快主动将600多万元的执行款交还给了申请人。

坚守执行一线12年，赵鑫法官目前已累计执结案件上万件，执行到位金额达15亿元。2016年北京法院全面推行司法体制改革后，赵鑫还在北京市大兴区人民法院率先组建了以他为中心，由3名法官助理、3名书记员、1名法警组成的执行团队，重点处理拆迁腾退、涉众及重大标的类疑难复杂案件的执行工作，按照模块化、流程化思路，有效提升了执行效率，案件执结数量提高近30%，执结周期缩短近60天。2018年，赵鑫团队获评为首届"北京市法院模范审判团队"，赵鑫个人也先后荣获"全国先进工作者""全国模范法官"等荣誉。

北京市大兴区人民法院法官赵鑫：作为一名年轻的执行法官，我觉得就是要办好手中的每一起案件，能够懂得换位思考，与当事人能够共情，在遇到一些困难案件的时候，能够做到不放弃、不退缩，敢于亮剑，善用法律，守护好公平正义的"最后一公里"，努力让人民群众在每一个司法案件中感受到公平正义。

（原载央视网2022年8月17日，编辑刘洁）

用睿智与担当破解执行难

他是"双百政法英模""全国先进工作者"、全国"人民满意的公务员""全国模范法官""全国法院办案标兵""全国法院最强执行干警"……

他叫赵鑫，一位80后法官，2010年毕业后走上法院执行工作岗位，12年来，他在北京市大兴区人民法院带领团队办理案件1万余件，执行到位金额超15亿元。他创新推行集约化办案，让案件执行周期平均缩短60天，实现了难案精办、简案快办。

群众的需求就是改革的动力

提到执行工作，很多人都对赵鑫竖起大拇指。从2010年进入北京市大兴区人民法院开始，他已经在执行一线干了12年，说起印象深刻的执行，赵鑫对记者讲述了一起父母为孩子追索事故赔偿款的案件。

这起案件中，一对年轻夫妻在事故中失去了他们4岁的女儿，事后法院判令包括肇事司机、运输公司在内的3名被告赔偿100余万元。执行立案还不到一周时，这对焦急的夫妇便来到法院寻找承办人赵鑫。因为刚立案，案件尚无实质进展，但夫妻两人对此很不理解，开始对赵鑫大声责骂。起初赵鑫心里有不少委屈，但人民法官的身份又让他迅速调整心态，随后赵鑫在两个月里奔走多地查封了运输公司名下车辆，冻结了第三人债权，同时依法追加独资股东为被执行人，最终将100余万元的执行案款全部执行到位。

案子执结了，但这对夫妻当初渴望权利兑现的焦急心情让赵鑫久久不能忘怀。如何让当事人的合法权益尽快兑现，是赵鑫要思考解决的新问题。

2016年3月，北京法院全面推行司法体制改革，赵鑫的思路一下被打开，提出组建执行团队、推行集约化办案。为激活团队效能、提高执行质效，赵鑫进而探索出"三层四步团队战法"。在这套"战法"中，员额法官处于核心决策层，法官助理处于骨干办案层，辅助人员处于事务工作处理层，具体办案中贯彻"查、核、谈、结"4大步骤。

在这一执行工作模式下，法官从事务性工作中解脱出来，有精力去处理团队内的疑难复杂案件，法官助理协助处理简单案件，快速兑现当事人的判决权益，使工作效率大幅提高，案件执行周期由此平均缩短了60天。

以"三最标准"落实执行工作

工作12年来，赵鑫始终坚守执行一线，带领团队累计执结案件1万余件，执行到位金额超15亿元，办理了"八旬老太医院霸床案""涉北京大兴国际机场建设工程疏解腾退案"等一批社会关注度高、风险性大、关系区域发展大局的疑难复杂案件，"没问题，这个案子我来想办法"是他说的最多的一句话。

在一个寒冷的冬天早晨，赵鑫和同事们坐在一辆私家车里目不转睛地盯着一栋小楼的门口，这涉及一起近2万亩的土地腾退。经过此前三天三夜的蹲守，此刻的赵鑫已经掌握了楼房主人路某的活动规律，也据此制定了3套控制方案，而每个方案中他都把自己安排在最关键的位置。终于等到路某和其他两个闹事人员出现，赵鑫当机立断下令启动控制方

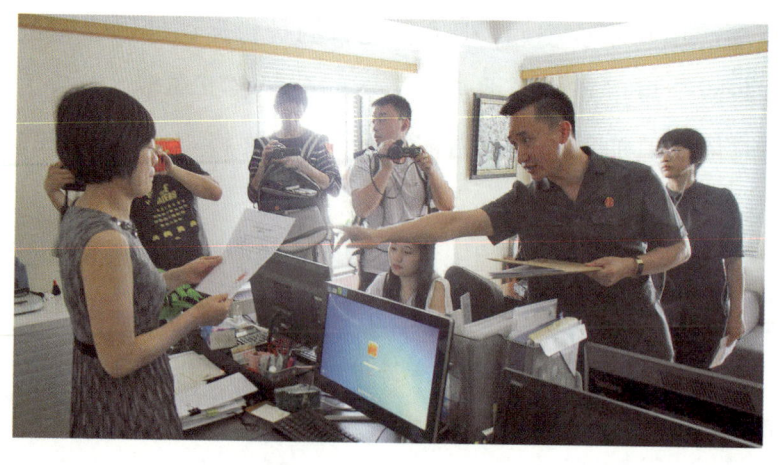

赵鑫在执行现场

案,自己第一个冲了出去,路某还来不及反应就被铐上了手铐。仅仅3分钟,腾退的最大风险顺利解除。

"巧用工作方法"正是赵鑫的"破难秘籍",为更好服务辖区中心工作开展,赵鑫带领团队逐步成立了"拆迁+腾退"、涉众劳动纠纷、涉营商环境、涉扫黑除恶执行小队,以最高标准、最严要求、最好效果"三最标准"落实执行工作。

随着工作广泛深入地开展,赵鑫碰到的持刀、谩骂等极端抵抗行为也开始慢慢少了,在赵鑫看来,这正是全社会信仰法治的体现。

疫情之下更显担当与温度

近期,按照防疫要求和相关工作安排,北京市大兴区人民法院执行局共有16名干警下沉支援防疫工作,多名干警居家办公,线下办案力量陡然间减弱。面临各方面诸多挑战,现已成长为北京市大兴区人民法院执行局副局长的赵鑫仿佛又回到了前几年带领团队攻坚基本解决执行难的"战斗状态"。

特殊时期特殊办法,赵鑫开启了"997模式":从周一到周五,上午核酸检测缺人手,他去补位;下午集中送达没有人,他去跑;周六、周日,就和他带领的六个团队线上总结梳理这一周的案件办理情况,分析研判急难案件,把案件梳理出来分清缓急,向内挖潜提高效率。

有这样一件案子就发生在防疫期间,法官多次通过电话要求被执行人报告财产、履行义务,在告知其名下四辆机动车已被司法查封,要求其将车辆送至法院后,被执行人非但不配合,还玩起了"失踪"。经大量工作,北京市大兴区人民法院获得相关线索后,严格按照防疫规定,对非疫情管控区的两台豪车进行了扣押。

赵鑫说,作为一名青年执行法官,肩负着人民赋予的使命,务必要步履不停,在青春的赛道上奋力奔跑,在新时代守护正义、服务人民的实践中奋勇争先。

(原载《法治日报》2022年7月12日,记者徐伟伦)

赵鑫进行宪法宣誓

以法为剑　守护公平正义

"你让我过不好年，我让你过不了年""你要是挡我道，我让你活不了"……12年执行工作中，北京市大兴区人民法院执行法官赵鑫多次接到恐吓威胁电话，也曾被扔砖头、拿刀威胁。面对威胁，80后赵鑫面不改色，以法为剑、情法交融将一道道执行难题攻破。他说："干执行工作遇到危险是常有的事，但我相信邪不压正。"

2010年，大学毕业的赵鑫走上法院执行工作岗位。12年来，他坚守执行一线，办理了"八旬老太医院霸床案""涉北京大兴国际机场建设工程疏解腾退案"等一批社会关注度高、风险性大、关系区域发展大局的疑难复杂案件。至今，赵鑫带领团队共办理案件1万余件，执行到位金额超15亿元，并获得了"全国先进工作者"、全国"人民满意的公务员""双百政法英模"等多项荣誉。

执行法官要有职业底气

被执行人情绪失控突然拎起菜刀，事后赵鑫才在团队携带的摄像机里看到，当时菜刀仅离他1米远；为抗拒执行，被执行人准备了10多瓶煤气罐、一大批管制刀具，"还好当时做了充足预案，现在想想冒冷汗"。赵鑫坦言，身处险境时，说完全不害怕是假的。

刚参加工作时，赵鑫和两名法警到某建筑公司执行一笔工程欠款的任务，一进会议室就看到里面站着30多个人，个个手持棍棒。坐在中间吐着烟圈、跷着二郎腿的人冲赵鑫他们大声呵斥道："这个钱是我的，你们法院凭什么执行？和你们有什么关系？"

赵鑫从未见过这种场面，"说实话，那时的确被对方吓住了，心里根本没底，虽紧张得想找个地缝钻进去，但硬着头皮也得上，不能丢脸"。他让自己冷静下来，坚定地说："我们今天代表法院来这里，依法执行这笔债权，如果有诉求可向法院提出，我现在就做笔录。"赵鑫边说边拿出纸笔，并和同行的两名法警说："你们去给楼下的法警们说，这里一切顺利，让他们等我们。"

其实这次执行任务的只有赵鑫等3人。通过多次交锋和试探，赵鑫和团队最终顺利完成执行任务。当时20多岁的他第一次对执行工作有了深入理解，"执行现场就是执行法官的主战场，要有职业底气"。

如今，赵鑫有了丰富的执行工作经验，但他认为执行风险仍在。"无论面对何种风险，维护的是社会的公平正义，如果对方对抗，说明他自己没底气。"如今，赵鑫碰到的暴力极端抵抗行为逐渐变少，他认为，这也是法律意识逐渐深入人心的体现。

"情理法"交融让执行更有温度

在赵鑫看来，执行工作并不是用蛮力去"硬碰硬"，而是要有勇有谋。一些重大疑难的腾退案件最难攻破，对此，赵鑫认为破解难题的关键在于"感知""人心换人心,八两换半斤"。首先确保申请人的合法权益兑现,其次确保被执行人的合理诉求得到回应,这样才能让老百姓感受到公平正义。

"有人说办案是在办别人的人生,如果没有同理心,只停留在法律层面,不能把问题解决透彻。"赵鑫说。

在一次腾退房屋案件中,一位80多岁的老太太和儿子是被执行人。老太太的儿子收入微薄,孙子身患重病,家里入不敷出。60多岁的申请执行人与丈夫离婚后分得一处房屋,但被老太太一家借住多年不肯腾退。

申请执行人身体差,家里经济条件也不好,每次来找赵鑫时都泪眼婆娑,"我和别人合租,每个月看病也要花很多钱,要是能把房子早点腾回来就好了"。

听完申请执行人的话,赵鑫心里很难受。他和团队去被执行腾退的房屋10多次,也考虑了采取罚款、拘留等强制执行措施,但每当看到老太太病恹恹地躺在沙发上,赵鑫就陷入两难。他说:"个人原因不能成为法律上不腾退房屋的理由,但如何把老太太一家从房子里腾出去,腾到哪里,这挺难。"

在和团队多次探讨中,赵鑫找到了突破口——引导和帮助被执行人申请国家公租房,组织双方和解,给予被执行人申请公租房的时间。圆满完成执行任务后,赵鑫松了一口气。

执行工作中,赵鑫也会产生委屈情绪,譬如秉持善意文明执行理念,最大化考虑被执行人合法利益,被执行人却认为,利益损失由执行法官造成,进而产生怨恨甚至报复。但当帮助老百姓解决问题时,所有的委屈都烟消云散,一种神圣的感觉在赵鑫内心油然而生,"充满职业成就感,实现了自己的人生价值"。

和充满朝气的年轻团队追梦前行

"很感谢赵法官,如果不是遇到他,我的生活说不定会一团糟。"在接受中青报·中青网记者采访时，85 后小伙小海（化名）感慨地说。

时间追溯至 10 年前。2012 年 5 月 23 日晚，24 岁的小海开车时不小心把 50 多岁的张岚（化名）撞倒，经法院审理，小海被判赔偿张岚数万元医药费等经济损失。早早辍学、没有法律常识的小海害怕，躲在老家长达 2 年。

小海没有任何可供执行的财产，法院将其列入失信被执行人名单。赵鑫及其团队辗转找到拒不履行法院生效裁判的小海。"你还这么年轻，难道真的要为了这几万元一直四处躲藏吗""以你的工资，每月还一点应该没有困难"……赵鑫耐心认真地劝导小海，给他普及法律知识。最终在赵鑫的坚持下，小海开始每月主动履行还款义务。

"他对我的帮助很大，他会人性化处理案件，让我感受到法律并不是冷冰冰的。"10 年来，赵鑫一直和小海保持联系，时常询问他生活上是否遇到困难需要帮助。

至今，不少申请执行人，甚至被执行人对赵鑫充满感激。有一年冬天，一位 70 多岁的申请执行人，拿着手写的感谢信步履蹒跚地来到法院，拉着赵鑫的手说："要不是你，我早就放弃了。"

面对感谢，赵鑫直言，自己只是中国众多法官中的一员，为老百姓办实事是职责，每一个执行成功的案件都是所在团队辛苦付出的成果。在他所在的团队中，头脑风暴式的团队协作、多种预案反复演练、案件结束后全面复盘是工作的常态。

2016 年 3 月，北京全市法院开始全面推行司法体制改革，赵鑫提出组建执行团队，创新推行集约化办案，让案件执行周期平均缩短了 60 天，实现了难案精办、简案快办。如今，赵鑫所在的执行局在编干警 43 人，执行法官平均年龄 35 岁，研究生比例达 65%。赵鑫希望和这支充满朝气的年轻队伍一起前行，"能有越来越多的优秀执行法官为老百姓办实事"。

（原载《中国青年报》2022 年 8 月 3 日，记者先藕洁）

杨军 Yang Jun

　　杨军，男，汉族，湖北公安人，1968年4月出生，中共党员，1990年8月参加法院工作，生前任湖北省荆州市沙市区人民法院刑事审判庭庭长、一级法官。在扫黑除恶专项斗争工作岗位上突发疾病，经抢救无效，于2020年7月29日不幸去世，年仅52岁。参加法院工作30年来，杨军同志对党始终怀着深厚感情，发扬"三牛"精神，忠诚履职、忘我工作，始终奋战在刑事审判最前线，个人办案量长居荆州全市第一。他勇于担当、冲锋在前，在疫情防控阻击战中主动请缨下沉社区防控一线，在扫黑除恶专项斗争中勇挑重担、攻坚克难。他克己奉公、清正廉洁，从不向组织提个人要求，从不利用职务之便谋取私利，彰显了新时代人民法官清正廉洁的政治本色。他荣获"全国模范法官""全国扫黑除恶专项斗争先进工作者""全省优秀共产党员"等荣誉。

学习决定、通知

人力资源社会保障部　最高人民法院

关于追授杨军同志"全国模范法官"称号的决定

人社部发〔2021〕68号

各省、自治区、直辖市及新疆生产建设兵团人力资源社会保障厅（局），各省、自治区、直辖市高级人民法院，解放军军事法院，新疆维吾尔自治区高级人民法院生产建设兵团分院：

　　党的十八大以来，全国各级人民法院在以习近平同志为核心的党中央坚强领导下，坚持以习近平新时代中国特色社会主义思想为指导，认真学习贯彻习近平法治思想，深入贯彻落实党的十九大和十九届二中、三中、四中、五中全会精神，紧紧围绕"努力让人民群众在每一个司法案件中感受到公平正义"目标，坚持服务大局、司法为民、公正司法，忠实履行宪法法律赋予的职责，充分发挥审判职能作用，为维护国家政治安全、确保社会大局稳定、促进社会公平正义、保障人民安居乐业作出重要贡献，涌现出一大批品格高尚、业绩显著的先进典型，杨军同志就是其中的优秀代表。

杨军同志是中国共产党党员,生前任湖北省荆州市沙市区人民法院刑事审判庭庭长、一级法官、院扫黑除恶专项斗争领导小组办公室主任。在工作岗位突发疾病,经全力抢救无效,于2020年7月29日不幸去世,年仅52岁。杨军同志理想信念坚定,热爱司法事业,参加法院工作30年来,始终坚守初心、忠诚履职、忘我工作,长期奋战在刑事审判最前线,审判业绩名列前茅。2018年全国扫黑除恶专项斗争开展以来,杨军同志勇挑重担、攻坚克难,带头办理重大疑难复杂案件,深入调查研究,严把案件事实关、证据关、程序关和法律适用关,坚持宽严相济,定罪量刑准确,努力把每一个案件都办成经得起法律、历史和人民检验的铁案,以严格公正司法的实际行动兑现了"把自己一生献给党"的铮铮誓言。他克己奉公、清正廉洁,从不向组织提个人要求,从不利用职务之便谋取私利,彰显了新时代人民法官清正廉洁的高尚品格。杨军同志忠诚担当、甘于奉献,表现突出、事迹感人,是践行习近平法治思想的优秀党员,是扫黑除恶专项斗争工作中涌现出的突出代表。为表彰先进,激励队伍,人力资源社会保障部、最高人民法院决定,追授杨军同志"全国模范法官"称号。

全国各级人民法院要坚持以习近平新时代中国特色社会主义思想为指导,认真学习贯彻习近平总书记"七一"重要讲话精神,深入贯彻习近平法治思想,深入推进党史学习教育和政法队伍教育整顿工作,大力加强法院队伍革命化正规化专业化职业化建设,扎实推进扫黑除恶斗争常态化工作,助力推动更高水平的平安中国建设。要广泛开展向杨军同志学习活动,教育引导广大干警以先进典型为榜样,增强"四个意识"、坚定"四个自信"、做到"两个维护",大力弘扬伟大建党精神,积极响应党中央对全体党员的伟大号召,不忘初心、牢记使命、锐意进取、拼搏奉献,奋力推进新时代人民法院工作高质量发展,继续为实现人民对美好生活的向往不懈努力,为全面建设社会主义现代化国家、实现中华民族伟大复兴的中国梦作出新的更大贡献。

2021年9月2日

最高人民法院
关于学习宣传杨军同志先进事迹的通知

法〔2021〕260号

全国地方各级人民法院，各级军事法院，新疆生产建设兵团各级法院：

近年来，全国各级人民法院坚持以习近平新时代中国特色社会主义思想为指导，深入学习贯彻习近平法治思想，深入贯彻落实党的十九大和十九届二中、三中、四中、五中全会精神，紧紧围绕"努力让人民群众在每一个司法案件中感受到公平正义"目标，忠实履行宪法法律赋予的职责，充分发挥审判职能作用，为维护国家政治安全、确保社会大局稳定、促进社会公平正义、保障人民安居乐业作出突出贡献，涌现出一大批服务大局、司法为民、公正司法的新时代好法官好干部，杨军同志就是其中的杰出代表。

杨军，男，汉族，湖北公安人，1968年4月出生，中共党员，1990年8月参加法院工作，生前任湖北省荆州市沙市区人民法院刑事审判庭庭长、一级法官。他理想信念坚定，热爱司法事业，参加法院工作30年来，始终坚守初心，忠诚履职、忘我工作，长期奋战在刑事审判最前线，审判业绩名列前茅。在扫黑除恶专项斗争工作岗位上突发疾病，经抢救无效，于2020年7月29日不幸去世，年仅52岁。

杨军同志去世后，最高人民法院党组书记、院长周强同志作出重要批示，高度评价了杨军同志的先进事迹和崇高精神，并对学习宣传杨军同志提出明确要求。人力资源社会保障部、最高人民法院追授杨军同志"全国模范法官"称号。全国扫黑除恶专项斗争领导小组追授杨军同志"全国扫黑除恶专项斗争先进工作者"称号。湖北省委追授杨军同志"全省优秀共产党员"称号。湖北省委政法委印发决定，在全省政法系统开展向杨军同志学习活动。人民日报、新华社、中央广播电视总台、光明日报等中央新闻媒体对杨军同志的先进事迹予以宣传报道，在社会各界引起强烈反响。

当前，全国上下正在深入学习贯彻习近平总书记"七一"重要讲话精神，深化党史学习教育，全国第二批政法队伍教育整顿深入推进。杨军同志是深入学习贯彻习近平新时代中国特色社会主义思想、认真践行习近平法治思想的模范法官，是人民法院扫黑除恶专项斗争工作中涌现出的杰出代表，他的先进事迹是开展党史学习教育和政法队伍教育整顿的感人教材。为大力弘扬政法英模精神，激励广大干警忠诚履职、担当作为，推进新时代人民法院过硬队伍建设，最高人民法院决定，在全国法院系统广泛开展向杨军同志学习活动。

一、学习杨军同志对党忠诚、信念坚定的政治品格。杨军同志入党22年来，把对党的无限忠诚化作对崇高事业的追求、对司法工作的热爱，从法警、书记员一步步成长为刑事审判庭的庭长、一级法官，无论在哪个岗位，都时刻不忘"把自己一生献给党"的铮铮誓言，体现了新时代人民法官坚定理想信念、践行初心使命，时刻把党的事业和人民利益放在心中最高位置的政治品格。全体法院干警要向杨军同志学习，坚持用习近平新时代中国特色社会主义思想武装头脑、指导实践、推动工作，真学真信笃行习近平法治思想，深入开展党史学习教育和第二批法院队伍教育整顿，弘扬伟大建党精神，增强"四个意识"、坚定"四个自信"、做到"两个维护"，不断提高政治判断力、政治领悟力、政治执行力，把对党忠诚落实到热爱党的事业、执行党的决定、践行党的宗旨上，体现在严格公正司法的实际行动上，永葆忠于党、忠于国家、忠于人民、忠于法律的政治本色。

二、学习杨军同志心系群众、司法为民的公仆情怀。杨军同志始终对人民群众保持着朴素而真挚的情感，坚持把人民群众的小事当作自己的大事，疫情期间通过"云开庭"方式及时妥善审理案件，及时化解矛盾纠纷，保护人民群众合法权益。他倾注心血，保护未成年人健康成长，推行圆桌审判，引入心理矫治，创建少年审判心理干预"沙市模式"，为青少年健康成长撑起一片蓝天，成为人民群众信赖的好法官。全体法院干警要向杨军同志学习，坚持以人民为中心的发展思想，认真践行党的群众路线和根本宗旨，深化"我为群众办实事"实践活动，聚焦民生短板弱项、痛点难点，切实实施民法典，依法妥善处理涉民生案件，健全司法便民利民惠民举措，把体现人民利益、反映人民愿望、维护人民权益、增进人民福祉落实到司法工作全过程各方面，切实增强人民群众获得感、幸福感、安全感。

三、学习杨军同志坚守公正、爱岗敬业的奉献精神。杨军同志坚持"一生择一事，一事为公正"，一心一意扑在审判工作上，以时不我待、只争朝夕的奋斗精神多办案、办难案、办好案。从事审判工作20多年来，经他审理的近4000件案件，无一错案、无一改判，以扎实的业务素养和过硬的办案质量守护公平正义。他坚持学习，勤于学习，一刻不停息，最终成为刑事审判领域的专家，是大家学习的楷模。全体法院干警要向杨军同志学习，以对司法事业极端负责的态度，牢牢把握社会公平正义这一法治价值追求，依法独立公正行使审判权，坚持以事实为根据、以法律为准绳，严把案件事实关、证据关、程序关和法律适用关，兼顾国法天理人情，大力弘扬社会主义核心价值观，确保每一起案件都经得起法律、历史和人民的检验。

四、学习杨军同志攻坚克难、除恶务尽的昂扬斗志。杨军同志是在扫黑除恶专项斗争中涌现出的好党员、好法官。2018年全国扫黑除恶专项斗争开展以来,杨军同志勇挑重担、攻坚克难,始终坚守在扫黑除恶第一线,用"明知山有虎,偏向虎山行"的勇气和"不破楼兰终不还"的决心,夜以继日地忘我工作,坚决啃下"硬骨头"、拔掉"钉子案",充分彰显出讲政治、敢担当、善斗争的精神风貌,是敢打硬仗、能打胜仗的先进典型。全体法院干警要向杨军同志学习,提高政治站位,强化责任担当,深刻把握黑恶势力的顽固性、复杂性,时刻保持对黑恶势力犯罪及其"保护伞"的高压态势,狠抓审判执行工作不放松,以强烈的责任感和使命感切实做好常态化扫黑除恶各项工作,为推动建设更高水平的平安中国贡献力量。

五、学习杨军同志严于律己、清正廉洁的高尚情操。杨军同志始终秉持对人民司法事业的敬畏、对党纪国法的尊崇,坚持原则,坚守党性,从不向组织提个人要求,从不利用职务之便谋取私利,从不为亲戚朋友问案情、打招呼,他对家人提出"不准为案件打招呼、不准接受送礼、不准打听案情"的"三不准"要求,他总是把荣誉让给别人,把工作留给自己,淡泊名利、一身正气、两袖清风,用"4000件案件,没有一次人情"的审判业绩践行新时代人民法官清正廉洁的政治本色。全体法院干警要向杨军同志学习,坚定法治信仰,坚守职业道德,严守纪法底线,严格执行防止干预司法"三个规定",正确对待和行使手中审判权,自觉抵制外界干扰诱惑,勇于同不法行为作斗争,不断增强自我净化、自我完善、自我革新、自我提高的能力,做一个一心为公、一身正气、一尘不染的人。

各级人民法院要坚持以习近平新时代中国特色社会主义思想为指导,深入学习贯彻习近平法治思想和习近平总书记"七一"重要讲话精神,按照党中央关于开展党史学习教育和第二批政法队伍教育整顿的决策部署，结合本地区本单位实际，迅速开展学习宣传杨军同志先进事迹活动，大力弘扬英模精神，凝聚强大奋进力量，筑牢政治忠诚，坚守为民情怀，公正廉洁司法，求真务实、开拓创新，奋力推动新时代人民法院工作高质量发展，为全面建设社会主义现代化国家、实现中华民族伟大复兴的中国梦作出新的更大贡献。

2021 年 10 月 22 日

先进事迹

平凡人生亦伟大

杨军是湖北省荆州市沙市区人民法院的刑事审判庭庭长、扫黑除恶办公室主任，他是一位有着22年党龄的共产党员，是一位审判经验丰富、司法能力突出的资深法官，我们都亲切地称呼他——"老杨"。

老杨是1990年参加法院工作的，他从最基础的岗位干起，当过法警、做过书记员，一步一步、兢兢业业，最终成长为一名独当一面、惩恶扬善的刑事法官，这一干就是30年。

2020年7月25日，这天是个星期六，原本要到武汉为儿子庆祝生日的老杨，一大早却又赶回单位，参加审判委员会会议研究案件。会议的议题很多，整整开了一天。其间，老杨作为"6·03"专案的主审法官，进行了专题汇报。"6·03"专案是荆州市颇有影响的涉黑大案，涉案被告人多达16人。老杨为办好这个案子，已经耗费了不少心血。

晚上6点半，散了会的老杨没有回家，他简单吃了点东西，就又回到办公桌前，对照白天开会研究的意见，认真细致地审阅"6·03"专案材料。晚上9点左右，我们这位一直孜孜不倦工作的老庭长，因突发疾病倒在了他挚爱的审判岗位上，这之前，他已经为审理涉黑案件连续工作了22天！

还记得老杨被送进手术室前，他仍在叮嘱我们："我手头的案子时间紧，等我出院可能来不及了，要麻烦你们帮忙了！"谁曾想，这竟成了老杨留给我们的最后一句话!

　　大爱至简,大忠至诚。作为一名共产党员,一名基层法官,他在生命的最后时刻,根本没有担心自己的安危生死,心里最牵挂的还是工作、还是案子。他把一个法官的职责担当看得比自己的生命还要重。他用拼搏奉献的实际行动,坚定践行了一个共产党员许党报国的铮铮誓言,他用这种一心为公、全然忘我的工作精神,为新时代人民法官,树立起一座不朽的精神丰碑!

　　在领导和同事眼里,老杨是一个关键时刻冲得上去、重大任务顶得上来的好干部、好法官,苦干实干是他最鲜明的特征。正如同事们所说,老杨心里全是工作,唯独没有自己。

　　刑事案件犯罪线索杂、案卷多,每一个定罪细节都要反复核实和甄别。老杨作为法官和庭长,一手抓审判一手抓管理,亲力亲为、样样带头。

　　走进我们法院大厅,法官绩效榜上,老杨总是排在前面的办案标兵。三年来,他个人年均结案近300件,占沙市区人民法院刑事案件结案数一半以上,在荆州全市基层人民法院名列第一。五年来,老杨带领全庭干警共审结各类刑事案件2500余件,判处罪犯3300余人,无一错案。23年法官生涯,他审理案件近4000件,无一投诉。在他的带领下,刑事审判庭多次被评为全市法院先进单位,荣立集体二等功一次、集体三等功两次,老杨也被评为"全国法院党建工作先进个人"。

　　作为法官,办一两件精品案件并不难,难的是,所有案件都判得公平公正,让人心服口服。这一点,老杨做到了。我们不知道,在这些数字和成绩的背后,他度过了多少伏案疾书的夜晚,又付出了多少心血和汗水……

　　2017年年底,荆江流域首例非法捕捞水产品公益诉讼案进入审理程序。此案件在湖北还属于新类型案件。如何依法惩处犯罪,发挥审判职能,服务保障"长江大保护"政策?老杨迎难而上。他加班加点,反复阅研案卷材料，深入实地调查研究，最终判处被告人有期徒刑九个月并投放鱼苗。"刑罚＋修复"的判罚兼顾了惩罚犯罪和生态修复的双重诉求，实现了法律效果与社会效果的统一，该案也成为全市两级法院办理同类案件的重要参考案例。

2018年年初，根据党中央的部署，为期三年的全国扫黑除恶专项斗争全面打响。杨军受命担任沙市区人民法院扫黑除恶办公室主任。这样一来，他比以前更忙了。没有时间那就挤出时间干：中午下班了，他利用休息时间审阅卷宗；下午下班以后，他仍然在电脑上撰写判决书，办公室的灯，经常是亮到最晚的那一盏……

黑恶案件都是案情复杂、证据繁多、关系群众利益的大案。作为定罪量刑的最后一环，法院的审判压力格外重。面对压力，老杨没有半句怨言，没有丝毫退缩。在他眼中，办理黑恶案件是天大的事。他把全部的精力和热情都投入进来，用"明知山有虎，偏向虎山行"的勇气和"不破楼兰终不还"的决心，夜以继日地忘我工作，坚决啃下"硬骨头"、拔掉"钉子案"。

老杨还向院党组立下了"军令状"。他说："黑恶案件社会影响恶劣，群众深恶痛绝，我们法官不但要办好还要办快，必须把每一件黑恶案件都办成'铁案'！"为了提高庭审的质量和效率，老杨通过庭前会议确认案件事实、证据和争议焦点，敦促公诉机关强化举证效果，协调执行法官穷尽手段清查"涉黑财物"。他分厘必查、锱铢必较，坚决"打财断血"。他说："涉黑涉恶钱财绝不是一收了之，拿了群众的要还回去，吃了群众的要吐出来。否则，公平正义何在！"

苦干实干不是瞎干蛮干，快审快结不能违背法律。老杨常说："审判工作中万分之一的失误，对当事人就是百分之百的伤害。公正是法官的初心和使命，是法官的生命，是一辈子的坚守。"他把司法公正看得高于一切，所有审判工作必须严格依法来办。

2019年8月，"5·12"专案进入审判阶段。10名被告人为获取非法利益,长期把持一工业园区物业管理、材料供应等业务,采用言语威胁、断水断电、聚众滋扰等非法手段排挤、驱赶竞争对手。该团伙一经查处,就受到社会各界广泛关注,群情激愤,要求严惩。

仔细研究案情后,老杨敏锐地觉察到,该案的犯罪行为并不符合黑社会性质组织犯罪特征,而更符合恶势力犯罪集团表现。

扫黑除恶背景下,涉黑还是涉恶,到底如何认定?不同意见众说纷纭。

老杨说:"社会影响再大,也不能突破法律;案情越是重大,越要严格依法裁判!"最终,合议庭依法将其定性为恶势力犯罪集团。

头顶国徽天地正,身披法袍气自昂。刑事审判要做到不错不漏、不枉不纵,需要扎实过硬的审判功底,更需要的,是对法治的真诚信仰和对守护公正的锐意担当。

伟大出自平凡,平凡造就伟大。正如习近平总书记所说:"只要有坚定的理想信念、不懈的奋斗精神,脚踏实地把每件平凡的事做好,一切平凡的人都可以获得不平凡的人生,一切平凡的工作都可以创造不平凡的成就!"①

老杨就是这样一个平凡而又伟大的人,他永远是我们学习的榜样,他苦干实干、锐意担当的精神将永远激励我们不懈奋斗!永远奋斗!

(蓝重金)

---

① 习近平:《论党的宣传思想工作》,中央文献出版社2020年版,第411页。

榜　样

记得三年前，我考入湖北省荆州市沙市区人民法院，听到要跟着杨庭长办案，内心直打鼓。因为我之前在检察院做书记员，早就听说过杨庭长的大名：他是沙市区人民法院的审判高手、结案状元，办案量年年名列前茅，一年365天，而他一个人就审结了近300个案子。这个法官太厉害了，简直就是个超人化身嘛！我一个新手、办案"小白"，跟着这样一个拼命三郎，说实话，我内心更忐忑了。我在想，他该不会是一个不苟言笑、严肃无趣的人吧？

第一天，我到办公室报到时，满眼看到的是桌子上、地面上、木架上到处都堆着高高的卷宗，却没见到人。我正犹豫该不该出去，杨庭长这时才从堆成小山的案卷后面探出头来，他微笑地招呼我坐下，和气地询问我的情况，说："今后，咱俩就是同一条战壕里的战友了，工作、生活有什么事，都可以找我。"杨庭长的话说得干脆亲切，一点都没有庭长的架子，就像邻家大叔一样，一下子就打消了我之前的担心和疑虑。我觉得自己很幸运，遇到了一位好脾气的师傅。

但是，到了办案时，师傅如同换了个人。记得自己第一次起草法律文书，师傅一再叮嘱，对于案情要一项一项对着卷宗仔细核对，马虎不得。当我把自己加班两天写出来的文书交给他，得意洋洋地等着他表扬的时候，师傅却指着几处书写错误，严厉地说："审判不仅关系着罪犯得到应有的惩罚、受害人的合法权益得到维护，更关乎法律尊严。法官工作容不得一点失误、出不得一点差错！"他的话语让我惭愧不已。

只有极度的认真负责、细致严谨，才能抽丝剥茧、发现事实，才能审得准、判得对，才能让人心服口服、经得住检验。那一刻，我突然领悟了师傅"4000件案件零差错"的办案真谛。

杨军（右一）在审理案件

师傅十分注重对庭里年轻人的培养和指导。年轻人向他请教案子，他总是把审判经验和办案技巧倾囊相授；新入职的法官助理不会写判决，他手把手地"传、帮、带"；新入额的年轻法官第一次开庭，他全程旁听，一来是为了给年轻人加油鼓劲，二来是怕有突发情况好第一时间现场指导，而当案件当庭顺利宣判，师傅的脸上便露出骄傲的神色，就像一位父亲为孩子的独立而感到欣慰和自豪。"搞不定来找我，我们一起学"，这是师傅挂在嘴边的口头禅，大家都说，他的办公室就像是一个"业务培训基地"。在师傅的言传身教下，庭里的年轻人迅速成长起来。

师傅每天都很忙碌。案子有多少，他就努力办多少，争分夺秒，一刻不曾停歇。他常说："我们把案子办得更公正更高效，社会就更安全更稳定。"

在我眼中，没有什么案子是师傅办不好的。率先践行"刑罚＋修复"生态司法理念，圆满审结首例非法捕捞水产品公益诉讼案；推进轻微案件"简案快办",审理时限大幅缩短;引入心理干预矫治,创建未成年人审判"沙市模式"……师傅判的不少案子,都成了当地类案审理的标杆。可我知道,每个案件的背后,是一个又一个不眠之夜,他办公室的灯经常亮到很晚……

师傅是个有担当的人。2020年年初,疫情防控阻击战在荆楚大地打响,师傅闻令而动,一头扎进社区当志愿者,干起了守门员、宣传员、统计员、快递员。遇到有人"冲岗",他发挥"调解本领",有效劝返600多人次;分发抗疫物资,他总是抢着干、挑重担。忙完防控任务回来,他又埋头在电脑前查看材料、通过电话沟通案情,时刻准备着审判工作"重启"。

其实,刑事法官的内心最温柔,因为他们在阅尽罪恶的黑暗后,更能深刻体会公正的光辉和人性的善良。师傅疾恶如仇,眼里容不得半点沙子,但对求助法律的人,永远温柔以待。

2020年2月底的一天,有两名被告人羁押到期。虽然疫情肆虐,但被告人的合法权利必须得到保障!师傅奔走于政法委和疫情防控指挥部之间,就两名被告人的防控安排汇报请示。得到隔离观察的指示后,他迅速调整完善预案进行转送。办完手续,接出两名被告人,师傅细心地递上口罩,并嘱咐他们要主动配合健康检查和集中隔离。

进入隔离点前,一名被告人提出要回家取东西。"需要什么,我去帮你取。"师傅二话没说,一边仔细记下家庭住址,一边安抚另一名家在外地的被告人,"你的生活物资我们供应到位,别着急,安心隔离。"一边说一边拿出手机,让他们给家人打电话报平安。

安顿好他们,师傅又顾不上吃饭,马不停蹄往返10多公里为被告人取来生活用品。两名被告人连连鞠躬感谢,还对我说:"这个法官,真有人情味!"

心中有法行正道,心中有民显温情。师傅就是这样一个人,铁面而又温情。凡是法律规定的事,凡是涉及当事人利益的事,一刻都不耽误。

也许，正是因为在我眼中，师傅是刚强的，才让我忽略了那些我原本早该注意到的事。他患有高血压，身体不太好，2018年9月的一次庭审中，师傅突然流起了鼻血，鲜血一滴一滴地落在了审判桌上，师傅这才发觉异样，立马用手捂住鼻子，可血还是止不住地从指缝中渗出，顺着手臂往下流。我们劝他，今天就让大家先回去，改天再开庭，但师傅只是简单处理了一下，说："不要让大家再跑一趟了，继续开庭。"

师傅的血压一直不稳，有时会突然飙升至近170，我们劝他去医院看看，他却拿出降压药在我们面前晃晃，说："忙完手里的案子，我再去医院。"我们劝他悠着点，有什么工作多让我们这些年轻人分担分担，可他倒反劝我们说："你们年轻人上有老下有小，我家里负担比你们轻，多干点、不要紧。"他要求庭里的年轻人休年休假，可自己好几年也没休过……但当荣誉来临的时候，他却总把我们推在前面，说是"把机会留给年轻人"，可以更好地激励我们不断进步。可是我还是成长得太慢了，如果我能分担得更多一点，师傅就不会这么累了。

担当为公正，忠诚铸法魂。如何做一名合格的共产党员，如何做一名人民满意的法官，师傅用生命给出了答案！他将永远是我行动的标杆、学习的榜样！

（肖婷）

很近又很远

在我们律师圈，杨军是位有口皆碑的好法官。他从来不会摆架子、甩脸色，沟通起案子来，态度平和又亲切，就像个近如亲邻的老朋友。但杨法官做人做事原则性又很强，谁要想为案子在私底下动歪脑筋，与他"套近乎"，那可连人影都找不着。这么一看，他又像个不食人间烟火的"隐士"。

得知杨法官去世的消息，荆州律师界无不扼腕叹息，纷纷在"朋友圈"表达了对他的哀思和追忆。追悼会上，自发前去送别的队伍排了很长很长，大家都红着眼眶。见到此情此景，我满眼噙着的泪水再也止不住地直往下流，近20年的往事也如潮水一般涌现……

杨法官待人很真诚。他特别尊重我们律师。每次开庭前，他都会亲自打电话，同辩护律师沟通开庭时间。开庭时他也很少打断律师的发言，总是充分听取控辩双方的意见，平等相待，不偏不倚。他还特别细心。记得我参与辩护的一个非法集资案，这个案子被告人较多，辩护律师自然也多，杨法官安排法警挨个把我们引到辩护席。我还注意到，如果遇到被告人或律师是外地人，他一定会尽量讲普通话，避免交流不畅。对本地人他就讲方言，方便大家相互沟通。

大家都知道，刑事案件类型多、法官裁判权力大，一个案件，一纸判决书就决定了一个人的罪与罚，继而影响到这个人，乃至他家庭的命运走向。杨法官深知这一点，所以他在断案时总是慎之又慎。

记得有这么一个案子。那是2016年5月，荆州市沙市区关沮镇的两户村民因琐事发生打斗，冲突后，其中一方张某躲回家中，另一方则纠集了一些人去砸张家的门窗，还拿着刀在门口叫骂、威胁。张某见门窗被砸，情急之下拿了菜刀，朝门外胡乱地挥了一刀后又躲回家中。此后，经鉴定，对方损伤程度为轻伤，张某被以故意伤害罪提起公诉。开庭的时候，辩护人提出，被告人张某属于正当防卫，不应负刑事责任。

尽管提出了这一辩护意见，但我们都知道，正当防卫的认定条件极其严格，法官能否采纳这一意见，辩护人并没有抱很大希望。甚至，连被告人张某都做好了开始服刑的心理准备。

杨法官显然没有打算"和稀泥"。他仔细研究案情，分析证据，对张某的行为是否构成正当防卫进行了充分的说理，最终检察机关撤回了起诉。张某说，拿到法院裁定书时，他几乎不敢相信自己的眼睛。

"绝不能放过一个犯罪分子，但也绝不能冤枉一个无罪的人，刑事法官必须匡扶正义、惩恶扬善。"这是杨军法官对自己的要求，也是他一生秉持的信念。

人心换人心，黄土变成金。一个真心付出、公正为民的法官，老百姓是不会忘记他的。

2017年9月，晏某帮朋友出气致他人轻伤，被以寻衅滋事罪提起公诉，面临的刑期将是三年至五年有期徒刑。但辩护律师发现，被害人伤口不大，恢复也很快，认为伤情存疑，申请重新鉴定。杨法官仔细阅卷、分析，同意了重新鉴定。结果显示，被害人系轻微伤，晏某最终被判处拘役六个月。

那次庭审结束后，杨法官专门去了羁押室，语重心长地劝诫晏某，对他说："讲朋友义气也要用在合理合法的地方。"杨法官还鼓励他好好改造，争取早日回归社会。

晏某告诉我，杨法官的话他一直记在心里。刑满释放后，他做起了小本生意，日子过得也不错。遇到冲突矛盾时，他总会提醒自己，"要冷静！不能辜负杨法官的耐心教育"。

杨法官去世后，晏某专程赶到灵柩前吊唁。在哀乐低回的灵堂，他一进来，就"扑通"一声跪到地上，泣不成声地说："杨法官，是您的公正裁判和耐心教育给了我第二次生命！谢谢您，谢谢您！您一路走好！"

我相信公正审判对人心的教化，也相信晏某的感谢是一片真心，但杨法官从来不认为自己应当受到感谢，更不把判决当成"人情"。

面对人们的各种谢意，杨法官的回答都是相同的。他总说，法律如何规定，判决就如何作出，"辨法析理、公正裁判"是法官的天职，根本不存在需要感谢的"人情"。

常听到他说这样的话，我也就记在了心里。这么多年来，只要有当事人，想通过我给杨法官"递个礼""约个饭"，我都会直接回绝，并很有底气地告诉他们，这些都用不着，有话就在法庭上说！在杨法官那里，他决不会把白的判成黑的，也不会把黑的判成白的。案件在他手上，尽管放心！

现在，我常常想起他，想起与他打交道的近20年时光。我也总是在想，为什么有时候我仿佛离他很近，有时候又仿佛离他很远？

如今我终于明白了，那种远的感觉，源自法官的孤独。这份孤独，让法官面对钱与法的考验时，一尘不染、清廉如水；面对情与法的碰撞时，刚直不阿、执法如山；面对权与法的较量时，威武不屈、坚强如钢！

这份孤独，来自法官们除暴安良、定分止争的不懈追求，来自司法为民、公正司法的默默坚守，来自维护社会和谐、稳定的不懈奋斗！而正是法官的这份孤独，让我们真切感受到了司法的公正与温暖，让我们觉得，和杨法官的心又是那么的近……

（朱天鹏）

杨军与家人合影

我的法官父亲

爸爸是位好法官。他热爱工作,也热爱生活。

在长辈们眼里,他是孝顺的儿子、贴心的女婿。爷爷奶奶去世后,他便更加明白亲情的珍贵。每到饭点,他都尽量驱车回姥姥家,他说,常回家吃饭,老人心里高兴。

在亲戚朋友眼里,他是家里的开心果,尽管他话不多、很安静,但他风趣、幽默,常常三言两语就能逗得大家开怀大笑,有他在家里总是充满欢声笑语。每逢过节,家里亲戚二十多口人聚在一起,爸爸一定是最忙乎的那个人。他会早早上街买菜,在厨房里准备。他最拿手的红烧牛肉和肉末粉丝,只要一端上桌,很快就会被抢光。这时,爸爸的脸上,总是洋溢着满满的幸福……

在妈妈眼里,他是一个温柔体贴的好丈夫。他爱家、顾家,只要能抽出时间,爸爸就会陪妈妈去公园散步聊天,妈妈说,也只有这时候他才倒倒苦水,当法官真不容易。

爸爸妈妈感情好,没"红过脸",是大家心目中的模范夫妻。结婚30年,爸爸唯一一次跟妈妈"红脸",却是因为案子。有一年的中秋节,一名远房亲戚因为案子找上门来,爸爸硬是不见,妈妈怕伤了亲情,劝他见一见把原则讲清楚,爸爸当即发了火:"今天这个亲戚见了,明天别的亲戚就能找上门来,以后,就可能是朋友、同学,更甚是案件当事人,绝不能开口子!"在那之后,他对家人提出"不准为案件打招呼、不准接受送礼、不准打听案情"的"三不准"要求,并从未有过破例之举。

爸爸心里总是装着工作。有一年他的几个老朋友要给他过生日,也好让他按下工作"暂停键",休息一下。好说歹说,爸爸总算同意了。生日当晚,爸爸亲自下厨,可即便这样,也没能让他放下工作。一众好友围坐桌边,正吃得热闹,却发现"主角"不见了。一好友喊道:"老杨,你干什么去了?"原来,他又来了"灵感",跑进书房跟同事打起了电话,研究起了案子。

近几年,随着爸爸投入扫黑除恶工作,他越来越忙,时间也好像越来越不够用。每天中午回家吃饭的时间,从12点10分拖到12点半,再往后,午后1点还不见他回来。

晚上,爸爸回家的时间也越来越晚,一有空就抱着法律书籍和案例专心研究。爸爸曾说,这就叫本领恐慌,黑恶案件难点多,办案不能吃老本,必须学习充电再出发。在家里,爸爸的行动轨迹很简单,从客厅到书房,两点一线;而一进书房,往往就"钉"在那里不挪窝了。时间一久,妈妈急了,给爸爸定下规矩,晚上12点必须睡觉。每天一到11点半,妈妈就"闹钟"一样地叫他:"大杨先生,该睡觉了!大杨先生!"有时见爸爸在书房待久了,妈妈就会叫一声:"大杨先生,给我倒杯水吧!"其实是妈妈想让他起身活动一下。

  2020年的疫情，一度阻隔了人们的社会交往，却给了我们家一次难得的团聚。我和爸爸一起玩起了破案游戏，我们玩得很投入，那欢快的笑声仿佛今天还在我耳边回响……这是我的记忆中和爸爸最亲密、最轻松，也是最后的一段快乐时光。没多久，妈妈发现爸爸脸色越来越差，一再催促他去医院看看，爸爸承诺"忙完这一阵就去医院"。可病魔，并没有给他兑现承诺的机会。

  2020年7月25日，是我研究生毕业，在武汉参加工作的日子，也正好是我25岁的生日。爸爸妈妈很高兴，计划来武汉陪我庆祝一番。可就在临行前一天，妈妈打电话告诉我，"你爸有事不能来武汉了，有案子要开会讨论"，语气中透着失望。我却早有思想准备，爸爸因工作爽约也不是一次两次了，反正在他那里，没有什么比案子更重要。

  25日一早，爸爸已感觉左后背一阵阵胀痛。妈妈要他多休息一个小时，自己搭车去车站，可爸爸还是坚持开车送她。

  当天，我在武汉接上妈妈，午餐时，爸爸还在微信里问："宝仔，你喜欢什么，你妈不同意，老爸给你买。"我知道，这是他对没来陪我心里愧疚，想做些补偿。难得妈妈陪在身边，当天下午，我执意留下了原本计划回家的妈妈。但就在当天晚上，爸爸因胸背剧烈疼痛，被送往医院抢救。

  等再见到爸爸时，他已经躺在医院的病床上，准备接受手术，医生已限制爸爸讲话，可爸爸却很着急，一再示意妈妈拨通法院领导的电话，又把案子说了半天。挂了电话，他仍不放心地对妈妈说："这个案子时间紧，也不知道交给谁办。"医生终于忍不住，严厉制止了他："别说话！"随后便将他推进了手术室。

  漫长的等待后，爸爸被推了出来，眼睛却没能睁开。我紧紧地握着他冰冷的手，想给他一丝温暖；我把头贴向他的胸膛，想感受那微弱的心跳；我焦急地等待奇迹的出现，我多想听到爸爸再唤我一声"宝仔"……但奇迹，终究没能出现。

7月29日,当我和妈妈护送爸爸回到荆州时已是凌晨,但我远远地便看到医院门口站着很多人,满满的一大片,那是自发前来等待爸爸归来的叔叔阿姨们,以及许多素未谋面的陌生人。在记忆里,爸爸平常很孤独,也没有交际应酬,不是上班就是在家里。有时我想,当法官就这样啊?但此刻,看到有那么多人在深夜里自发来接他,有那么多人心里还惦记着他,我不由得泪流满面。那一刻,我似乎理解了爸爸,理解了他的忙碌,理解了他的专注,理解了他对严格公正办案所投入的全部……

爸爸,您走了,没有给儿子留下只言片语,这是我终身的遗憾,但我知道,现在我长大了,该我接替您,成为家里的顶梁柱了。一年多来,我每时每刻都能感觉到您的存在。您二十多年的言传身教,已深深印入我的骨髓。您教会我深明大义,懂得什么是大德,什么是大爱;您教会我实干担当,无论在什么岗位,都要兢兢业业;您教会我温良友善,要用爱去善待身边的每一个人。

您生前曾说过,退休了就好好陪妈妈去旅行、看风景。爸爸,您放心,我会陪妈妈去旅行、看风景。

您生前有一个小小的心愿,"回一趟西安,看一看小时候随军生活的地方,吃一吃馋了几十年的凉皮"。爸爸,您放心,您爱吃的,我都会一一替您品尝。

爸,我想你!

(杨军同志儿子 杨昶)

他天天都在和时间赛跑

作为社会新闻记者，政法口是我们经常要跑的地方，我也深入访谈过很多法官。回想起对杨军法官的印象，我最深的感触就是"这个法官真是忙，天天都在和时间赛跑"！

说起第一次与杨军法官"相遇"，那是在 2018 年的冬天。带着采访问题，我走进了他的办公室。说明来意后，一直盯着卷宗的他抬起头对我说："不好意思，我实在没有时间接受采访。"说着，就把我的采访推给了其他人。杨法官真的这么忙吗，他的时间都去哪了？我在心里犯嘀咕。

而我最后一次走进杨军法官的办公室，是他殉职的那天。办公桌上、地面上、书架上，仍旧摆满了卷宗。他桌子上的台历贴满了便利贴，上面写着每一个会见、送达、开庭的具体时间。其中一张便利贴上，用粗笔写下 10 个大字——"时间不等人，案子不等人"。

采访中，领导们、同事们，还有和杨军法官接触过的人们，动情地向我诉说着他们眼中的这位好法官。

法院领导说：在荆州法院中，他的办案量是最多的，却从没有因办案不公被投诉，是一位可以托底的法官。

身边同事说：他司法学识渊博，有他在办案就有了主心骨！

检察官说：他总是怀着一颗公心办案，不偏不倚、不枉不纵。

律师们说：杨法官为人干净正直，开他的庭，放心！

亲友们说：他总是把时间挤了再挤、压了再压，办案几乎成了他生活的全部。

而杨军法官爱人跟我说的最多的一句话就是：他的时间总是不够用！

一段段追忆、一次次讲述，随着采访的深入，一个处于"无我"状态，奋力与时间赛跑的法官形象在我的脑海中更加清晰。

他与时间赛跑，行动源于信仰

1990年8月，22岁的杨军通过招考，成为荆州市沙市区人民法院一名司法警察。每次值庭时，他看着审判席上手握法槌、明断是非、惩奸除恶的法官，心中充满向往。心中有信仰，脚下有力量。他刻苦学习法律专业知识，四年后通过专业考试，成为一名书记员，此后又加入了中国共产党，在组织的关怀培养下，他以优异的审判业绩成长为基层人民法院一名优秀的审判员。

杨军在成为法官后的第一次党支部会议上曾这样说道："我珍爱法官这个职业，热爱审判这个岗位！"今后，"以法为剑，守护公正，夙夜在公，只争朝夕"成为他生活的真实写照。

他与时间赛跑，只为了让公平正义快点到达

老同学、老同事佘军一想起杨军，眼前浮现的就是他埋头苦干的样子，采访中，他说，"2020年4月，疫情之后审判工作重启，在不足4个月的实际工作时间里，杨军个人审结案件达99件，相当于每个工作日至少要办结1件"，说到这儿，他眼圈泛红，嘴角有些抽搐，深吸了一口气，接着说："这都是他用时间和精力拼出来的啊！"

2020年7月初，"6·03"涉黑案交给杨军牵头承办。领导提出："年初疫情耽误了不少时间，一定要提高办案效率，确保10月底全部清结完毕。"要知道，这可是荆州市数得着的黑恶大案！多少受害人盼着公平正义早点到来！杨军没有一丝犹豫，他说："没问题，保证按时完成任务！"紧接着，他带领扫黑办同事争分夺秒连续工作22天，直至生命的最后一刻。

采访中，扫黑办成员小张，一直记得老庭长杨军的叮嘱：扫黑除恶，守护的是社会的安全稳定，守住的是老百姓的心啊！在战友们的接续努力下，2020年10月27日，杨军牵挂的"6·03"涉黑案一审宣判，荆州社会又恢复了往日的宁静，我想，这是对杨军最好的告慰。

他与时间赛跑，只为了切实维护群众利益

采访过程中，我想更加真切地看到杨军法官在法庭上的风采，他的同事给我提供了一段庭审录像。画面中，一群头发花白的老人吸引了我的注意，在得到公正判决后，旁听席爆发出雷鸣般的掌声。原来，这是2019年年底审理的一起非法吸收公众存款案，这起案件的涉案金额高达13亿元，涉及受害人4152人，大多数受害人都是老年人。

得知案子到了法院，不少受害人赶来，找到杨军法官"催进展""哭损失"，有的甚至向他"骂不公"来宣泄情绪。杨军法官一边耐心接待、暖心安抚，一边加快速度，把全部精力都用在研究案情、核实细节、推敲证据上。有人劝他别太拼命，他却说："怎么能不着急，被骗的群众等不起啊！"200多本卷宗，他硬是用15天的时间就"啃"完了。

案子如期宣判，148页、近10万字的判决书，每一笔钱款都查得明明白白，每一笔退赔都算得清清楚楚。

书记员跟我回忆起当时的场景：庭审结束后，很多老人久久不愿离开，就想亲口跟杨法官说一声谢谢。见到杨法官出来，老人们把他团团围住，紧紧拽着他的胳膊说："谢谢，谢谢你杨法官，谢谢你保住了我们的养老钱！"

初心易得，始终难守。从事司法审判工作20多年，杨军法官审理的近4000件案件，没有一件案子因裁判不公被投诉、被举报。公正裁判、勤勉实干的背后，是杨军法官从不考虑个人得失的胸怀。恰恰是这样的"无我"，使他在初心面前、在职责面前，以奉献作答，留下了一个大写的"我"。

采访后的那段时间，我脑海中的杨军法官，总是一头扎进卷宗，不时抬头看看日历，仿佛在催促自己："快一点！再快一点！"刹那间，我理解了第一次采访杨军法官时遇到的尴尬，他是舍不得那宝贵的阅卷时间；我也理解了他办公桌台历上贴满的便利贴，他是要让司法审判的公平正

义尽快到达；我更理解了他"无我"赛跑的不竭动力，因为人民群众的利益拖不起呀！

　　杨军法官生命虽短，却厚重如山，他用自己的实际行动诠释了一名党员法官忠诚、干净、担当的政治品格。从事新闻工作多年，我看到有许许多多像杨军法官一样的法院干警，他们忠实践行习近平法治思想，将初心融入灵魂，牺牲"小我"、成就"大我"、涵养"无我"。我相信，有这样一群坚守信念、一心为民、守护公正、惩恶扬善的人民法官，平安中国、法治中国的明天必将更加美好！

（文玉洁）

扫码观看视频

群众评价

　　我和杨军因工作关系相识，又年龄相仿，从青葱岁月一路走来，工作之余志趣相投，偶有私交。我欣赏他的刚正不阿、清正如莲，敬佩他深居简出、廉洁自律，为自己树立起一道道拒腐从廉的屏障，牢牢守住了司法公正的底线。杨军走了，却留下一身浩然正气，在我们心中熠熠生辉！

—— 湖北朝阳律师事务所律师　姚忠斌

　　当初我因为一时冲动而锒铛入狱，但我对杨法官的判罚心服口服。我至今记得庭审结束后杨法官耐心教育我的场景，真挚劝解，让我感受到法律威严背后的温情与关爱。当时我就下定决心，一定要洗心革面，重新做人。出狱后，听闻杨法官不幸牺牲，我坚持来到灵堂送他一程，因为是杨法官引导我走上从善之路，是他给了我第二次生命。

—— 案件当事人　晏某

　　杨庭长是我师傅，他曾对我说，办案一定要严格，按照法律规定、证据原则裁判，当事人请你不要去，给你好处你不要拿，裁判的时候才有底气。现在我就坐在杨庭长生前的办公桌，用着他留下的那一支"英雄100"灰色钢笔，在我心中有一个信念：要像他一样，秉持公平正义办理好每一起案件。

—— 荆州市沙市区人民法院同事　张志浩

重 要 媒 体 报 道

一辈子守护公平正义

担任法官 23 年来,湖北省荆州市沙市区人民法院刑事审判庭原庭长杨军坚守法治信仰,秉持公正司法,办理的近 4000 起案件没有一件因裁判不公被投诉、被举报。2020 年 7 月 29 日,杨军在连续工作 22 天后突发疾病,倒在了扫黑除恶专项斗争一线,年仅 52 岁。

近日,追授杨军同志"全国模范法官"称号表彰大会在湖北武汉举行,人们含着悲痛深情怀念,讲述他的故事,追忆他的精神……

"直到生命的最后一刻,他牵挂的仍是办案"

"我手头的涉黑案时间较紧,得请同事们帮忙了。"沙市区人民法院院长邹应斌至今保留着杨军发给他的这则信息。

2020 年 7 月 24 日下午,杨军准时参加"6·03"涉黑专案联席会议,和办案人员讨论案情和证据补充侦查情况。下午会议一结束,杨军就一刻不停地赶回办公室整理案件材料。

7 月 25 日,杨军推延了和爱人去武汉给儿子过生日的行程,全天参加审判委员会会议,这已是杨军连轴工作的第 22 天。审判委员会会议结束,他继续和同事讨论涉黑案件相关案情。同事们看他一脸疲惫,都劝他去医院检查身体。杨军一如既往用这句话回应大家的关心——"等把案子办完了,我再去医院"。

讨论结束，杨军不顾疲惫继续加班审阅"6·03"专案材料，晚上9时许，他感觉胸背剧烈疼痛，被送往医院救治。7月29日凌晨2时30分，经抢救无效，杨军与世长辞。"直到生命的最后一刻，他牵挂的仍是办案。"回忆起杨军生前的最后时刻，邹应斌几度哽咽。

在同事们眼中，杨军总是在与时间赛跑，苦干实干、争分夺秒是杨军的鲜明特质，办案几乎成了他的全部。

"公正是法官的初心使命和生命，是一辈子的坚守"

杨军常说："公正是法官的初心使命和生命，是一辈子的坚守。审判工作有万分之一的失误，对当事人就是百分之百的伤害。"

2018年年底，"5·12"专案进入审判阶段。5名被告为获取非法利益，长期把持一小区砂石水泥供应销售，采用言语威胁、滋扰、聚众造势等非法手段排挤、驱赶其他市场竞争者。该团伙一经查处，就备受社会各界关注，一时群情激奋。

仔细研究案情后，杨军敏锐地察觉到，该案犯罪行为并不符合黑社会组织犯罪特征，更符合恶势力犯罪集团表现。当时正处于扫黑除恶专项斗争期间，是涉黑还是涉恶，究竟该如何认定？社会上对此产生了不同意见。"社会关注度再大，也不能突破法律。越是案情重大，越要严格依法裁判。"最终，杨军依法将此案认定为恶势力犯罪集团。

不错不漏，不枉不纵。杨军对"5·12"专案的审理，正是广大法官在扫黑除恶专项斗争中始终坚持严格依法办案的生动缩影——坚持以审判为中心，贯彻落实宽严相济刑事政策，把每一起案件都办成经得起历史和人民检验的铁案。

2019年年底，杨军承办一起涉案金额达13亿余元、涉及集资参与人4152人的非法吸收公众存款案。犯罪成员众多，向社会公众非法吸收存款，扰乱社会金融秩序，造成投资人重大损失，社会影响恶劣。面对复杂案情，杨军始终一丝不苟，认真核实每一个细节，仔细推敲每一句证词，积极与公安、检察机关及时沟通，补充侦查，200多本卷宗，他硬是在15天内就"啃"完了。

最终该案依法顺利审结。148页、近10万字的判决书，不仅事实阐述清楚，法律关系清晰，而且4152名受害人的每一笔钱款都查得明明白白，每一笔退赔都算得清清楚楚。

"我只有把工作做好、把底线守住，才对得起法官职业，对得起共产党员身份"

作为手握审判权力的刑事法官，杨军时常面对权与法、情与法、钱与法的考验。杨军始终铭记：一纸判决能影响当事人的命运，法官行使的是国家赋予的审判权力，唯有廉洁自律、公心用权。

法官与律师，难免会因办案而产生交集。对于少数律师或含蓄或直白的吃请邀约，杨军总是直接回答："关于案子，有什么理、有什么话，我们法庭上说。"而对于律师们的合理合法诉求，他却不厌其烦地通过法官会见的形式，耐心听取、细致沟通。"杨军法官一贯秉公司法、铁面无私。"这是律师们对杨军的一致评价。

多年来，杨军没有一件案子因裁判不公被投诉，没有接受过一次吃请，更没有办过关系案、人情案。杨军的儿子杨昶说，"涉案不进家门"是父亲为家人定下的铁规。

公者无私，平者无偏，正者无畏。23年办理近4000件案子，就没有一次推不掉的人情？就没有一次害怕被打击报复？曾有人问杨军，对此他回答："我只有把工作做好、把底线守住，才对得起法官职业，对得起共产党员身份，只要我公正审判、清正廉洁，又有什么好怕的呢？"

在律师朱天鹏心中，杨军多年来一心扑在工作和办案上，不善社交。然而，当他去世的消息公布时，网友的留言哀悼纷至沓来；当他的遗体安卧在鲜花翠柏中，自发前来悼唁的人络绎不绝，一副副低垂的挽联书写着无尽悲痛。

一位法官何以赢得众人的尊敬？正如一名网友对杨军的留言："头顶国徽天地正，一身法袍气自昂。审判台前明善恶，法槌起落正义扬。"他用汗水和生命，书写了对党和人民的无限忠诚，诠释着对法治和公正的坚定信仰，也激励着人民法院广大干警以司法为民、公正司法的坚守和担当，为全面推进依法治国贡献更大力量。

（原载《人民日报》2021年10月15日，记者倪弋）

燃尽生命耀法徽

2020年7月,荆楚大地,一位坚守审判岗位20多年的优秀法官突发疾病,与世长辞,年仅52岁。

他是湖北省荆州市沙市区人民法院刑事审判庭原庭长、一级法官、扫黑除恶专项斗争领导小组办公室原主任——杨军。

一生择一事,一事终一生,一生为公正。

从事审判工作20多年来,杨军审理各类案件近4000件,主办了一批有影响力的涉黑恶案件,被授予"全国扫黑除恶专项斗争先进工作者""全国法院党建工作先进个人"等荣誉。近日,人力资源和社会保障部、最高人民法院联合印发决定,追授杨军同志"全国模范法官"称号。

"杨军同志爱岗敬业、忘我工作,展现了人民法官公正司法、司法为民的担当。"湖北省高级人民法院党组书记、院长游劝荣说。

公正是社会秩序的基础。"要以事实为根据,以法律为准绳,把案子

杨军走访群众

办得更公正、更高效，社会就会更安全、更稳定。"杨军深知刑事审判是社会安定的"压舱石"，他常常这样告诫自己。

2019年年底，一起涉案金额达13亿余元、涉及集资参与者4000多人的非法吸收公众存款案进入诉讼程序。案子到了法院后，不少受害人找到杨军询问办案进展。一位老人紧握杨军的手说："这是我养老的钱，拿不回来，我吃什么、喝什么？"

杨军深深理解受害群众的焦急期盼，硬是在短时间内"啃"下了200余本卷宗，使案件如期宣判；148页、近10万字的判决书上，4000余名受害人的每一笔钱款和退赔写得清楚明白。

2017年，在长江大保护战略实施之际，一起荆江流域非法捕捞水产品刑事附带民事公益诉讼案摆在杨军面前。

当时，公益诉讼司法实践在荆江流域尚未全面进行。杨军钻研法律法规，四处查找案例。"打击犯罪固然重要，但生态修复同样迫在眉睫。"审判委员会上，作为该案审判长，杨军提出了"谁破坏、谁修复"的意见，获得全票支持。

2018年2月，沙市区人民法院公开宣判，依法判决该案被告人犯非法捕捞水产品罪，判处有期徒刑九个月；责令其投放成鱼88.2千克、幼鱼31840万尾。

此案判罚兼顾惩罚犯罪和生态修复，为荆州两级法院办理同类案件开了先河。

2018年，全国扫黑除恶专项斗争打响，杨军受命担任荆州市沙市区人民法院扫黑办负责人。重任在肩的杨军，虽然患有高血压，但经常加班加点，以院为家，认真翻阅卷宗，耐心听取各方意见，仔细梳理每一起案件。

"中午大家都休息了，他却还在忙。下班大家都走了，他办公室的灯还亮着。"沙市区人民法院刑事审判庭法官助理肖婷回忆。

2018年的一次庭审中，杨军因高血压突流鼻血。同事劝他休庭，他却抹干血迹,坚持完成开庭。还有一次,他在工作中突然头晕目眩,同事要送他去医院,他却摆摆手说:"下午还要开庭,吃点药,血压就下来了。"

沙市区人民检察院检察官饶芸安曾劝杨军把工作分给其他同事去做,杨军说:"大家平时压力都很大,我忙点累点不要紧。"

2020年7月25日,杨军全天参加会议。这天是他连续工作的第22天,也是他儿子25岁的生日。为研讨案情,他放弃了为儿子庆生的计划。不料,这成了父子的永别。

当晚,杨军突感胸背剧痛,被紧急送往医院,诊断为主动脉夹层破裂。进手术室前,他强忍疼痛,还念叨着:"我手头的案子时间紧迫,麻烦你们帮忙,要抓紧办啊……"这是杨军留给同事的最后一句话。2020年7月29日凌晨,经抢救无效,杨军不幸去世。

杨军走后,同事强忍悲痛,将他法袍上的扣子取下,留作纪念,激励自己像杨军一样坦荡为人、踏实做事。

杨军,燃尽生命,只为法徽闪耀。

(新华社武汉2021年10月15日电,记者贾金明、田中全)

一生一事为公正　一片丹心映天平

一片丹心映天平，一腔热血为人民。近日，人力资源和社会保障部、最高人民法院联合印发决定，追授湖北省荆州市沙市区人民法院一级法官杨军同志"全国模范法官"称号。

杨军生前任沙市区人民法院刑事审判庭庭长、扫黑除恶专项斗争领导小组办公室主任。2020年7月，他在工作中突发疾病，因抢救无效不幸去世，终年52岁。

一生择一事，一事为公正。参加法院工作30年来，杨军爱岗敬业，秉公司法，办案近4000起，没有一件因裁判不公被投诉、被举报。他倾尽所有，坚定践行了"努力让人民群众在每一个司法案件中感受到公平正义"的铮铮誓言。

"一个上了发条的超人"

"最后一次见杨庭长，是我到他办公室接卷。他办公桌上、柜子里、地上，到处都是案卷。他'淹没'在案卷堆里，个头显得很小，又很瘦，这个画面一直印在我脑海里。"时隔一年，沙市区人民检察院检察官韩张莉说。

一摞摞高高叠起的卷宗是杨军忙碌的写照。2018年，扫黑除恶专项斗争启动以来，杨军更忙了。殉职前的3年，杨军年均结案数近300件，占沙市区人民法院刑事案件结案数一半以上，在荆州市基层人民法院中名列第一。

2019年年底，一起涉案金额达13亿余元、涉及集资参与人4152人的非法吸收公众存款案交由杨军承办。他几乎住在法院，投入巨大精力到细节核实、证据查实上。有办案人员劝他别太拼命，他却说："被骗的

杨军工作照

群众等不起啊,他们就盼着讨还公道。"

在法官助理肖婷眼中,杨军不是在开庭,就是在沟通案情,再就是研究卷宗、撰写判决书,没有闲下来的时间。"杨庭长就像一个上了发条的超人一样,忙起来一刻不停歇。"

办公桌上的文稿纸,记载着杨军生命最后几天的工作:2020年7月23日,"云庭审"3个案件,洪湖看守所开庭;24日,江陵开庭,"6·03"涉黑案联席会议;25日,审判委员会会议,讨论"11·20"涉黑案件。

2020年7月25日,是杨军连轴工作的第22天,也是他儿子25岁的生日。但他又一次对家人爽约,全天参加审委会会议。当晚9时许,他突然胸背剧烈疼痛,被紧急送往医院,诊断结果为主动脉夹层破裂。

"我手头的案子时间较紧,得请同事们帮忙了。"2020年7月27日,进手术室前最后一个电话,杨军打给了沙市区人民法院院长邹应斌。令人痛心的是,这通电话竟是诀别。

"没拆封的书,等退休再看吧""退休了就好好陪妻子去旅行、去看风景"……他最终没能实现。

"行走的刑法工具书"

"法官手中法槌起落间,便能决定他人的命运,每一个案件都是一次司法公正的考验。"杨军时常跟院里的年轻同事这样讲。

1990年,22岁的杨军,大学毕业后进入沙市区人民法院工作。从书记员到审判员,再到副庭长、庭长,他一步步实现自己的"法官梦想"。杨军常说,把案子办得更公正、更高效,社会就更安全、更稳定。

2017年年底,杨军审理了一起荆江流域首例非法捕捞水产品刑事附带民事公益诉讼案。那时,该类案件在湖北尚属"新鲜事物"。一方面要打击犯罪,另一方面也要兼顾生态修复。在"长江大保护"战略的背景下惩处犯罪,如何判决?

那段时间,他研读法律法规,吃透认定标准;四处寻觅论著,认真研析案例;核实案件证据,检测损害程度……费了一番工夫,整个人瘦了一圈,他却胸有成竹,最终该案一锤定音——"谁破坏、谁修复"。"刑罚+生态修复"的判罚兼顾了惩罚犯罪和生态修复的双重诉求,成为此后荆州两级法院办理同类案件的标准。

不偏不倚、不枉不纵,杨军始终怀着一颗司法为民、公正司法的初心执法办案。

从酒驾入刑到电信诈骗,从非法吸收公众存款到防范化解金融风险,从长江禁捕到生态环境司法保护……面对不断涌现的新型犯罪,凭着严谨分析、精准定罪,杨军办理的不少案子成为荆州两级法院类案审理的重要参考。

"没有人知道,他每攻下一个'山头'付出了多少,我们都叫他'行走的刑法工具书'。"法官助理姜涵说。

"法律的天平上，谁都不能例外"

"公平正义是法治的生命线，是法官的底线。"从成为法官的那一刻起，杨军就给自己立下规矩：关于案子，有什么理、有什么话，法庭上说。

湖北朝阳律师事务所律师姚忠斌清晰记得，偶有当事人吃请拜托，杨军总是拒绝："我是依法办事，法律的天平上，谁都不能例外。"

时至今日，沙市区人民法院副院长王绍军，还清楚地记得杨军在成功"入额"后的感言："国家给员额法官这么高的待遇，只有严守法律底线和纪律红线，才对得起身上的法袍，对得起共产党员这个称号。"

论事以法律为尺度的杨军，不乏温情。

2020年1月，一名50多岁的农村妇女，在自家房子里开麻将馆，涉嫌开设赌场罪。被抓获后，她表示不知道自己的行为涉嫌犯罪，但面对事实，她主动认罪认罚。杨军还了解到，该妇女被羁押在看守所，中风的丈夫独自在家，无人照顾。赶在春节前，杨军作出了"温情"裁判，他采用刑事速裁程序审理了这起案件，并当庭作出宣判，判处被告人拘役、缓期执行。

据不完全统计，他审理的刑事附带民事诉讼案件的调解成功率在90%以上，在冰冷的法律之外给予了人性温暖。

"与杨庭长打了近20年交道，宽严相济，在他办理的案子里，善意从来都能看得见，摸得着。"该案代理律师朱天鹏说。

杨军曾说过："既然选择了人民法官这个神圣的职业，就要立志为审判工作奋斗终身，在为民排忧解难、为社会化解矛盾、惩恶扬善中实现自己的人生价值。"

他做到了，直到燃尽了生命。

（原载《光明日报》2021年10月15日，
记者夏静、张锐，通讯员晏华华）

铁面无私气自华

他当法官，办案近 4000 起，无一错判，无一因裁判不公而被投诉；

他当庭长，带领同事 5 年审结各类刑事案件 2570 件，依法判处 2836 名被告人；

52 岁的他，正值壮年，却因病永远离开了亲朋、同事和工作……

他是湖北省荆州市沙市区人民法院刑事审判庭庭长、一级法官、沙市区人民法院扫黑除恶专项斗争领导小组办公室主任杨军，曾荣获"全国扫黑除恶先进工作者""全国法院党建工作先进个人"，多次荣获荆州市法院系统"优秀法官"。近日，人力资源和社会保障部、最高人民法院追授杨军"全国模范法官"称号。

未曾拆封的折叠床

在别人眼里杨军是个不知疲倦的人，除去开庭开会，总是坐在办公桌前看卷宗写判决书。他没有午休习惯，吃完午饭继续工作。有人形容他是"上了发条的超人"。

在杨军座椅后面，倚着窗台立着一张折叠床，那是院里给法官统一配备的，方便大家午休，可直到去世，杨军这张折叠床的包装都没拆封。

忘我、勤勉、钻研的背后是理想、信念、担当。

2016 年夏末，一起伪基站案诉至法院。被告人在租用轿车上安装伪基站，发送广告短信 4 万余条。当时，这类案件鲜有先例，是破坏公用电信设施罪还是扰乱无线电通讯管理秩序罪，两项罪名的量刑相去甚远，公诉人与被告人辩护律师各持己见。杨军仔细研读法律条款，分析比较相关案例，最终一锤定音——以扰乱无线电通讯管理秩序罪判处被告人有期徒刑一年，并处罚金 3000 元。此案成为当时湖北法院审理同类案件的重要参考。

在杨军身上,"铁面"与"温度"从不矛盾。

2020年1月,杨军采用刑事速裁程序审理一起涉嫌开设赌场罪案,当庭判处被告人拘役、缓期执行。

原来,被告人是一名50多岁的农村妇女,在自家房子里开麻将馆,供周边村民娱乐。她不知道自己的行为涉嫌犯罪,但面对事实,主动认罪认罚。杨军了解到,被告人的丈夫患中风独自在家,无人照顾。杨军快办快结,赶在春节前作出这个有"温度"的裁判。

2019年年底,杨军承办一起涉案金额达13亿余元、涉及集资参与人4152人的非法吸收公众存款案。面对复杂案情,他一丝不苟,认真核实每个细节,仔细推敲每句证词,硬是在法定时间内"啃"下几十本卷宗。

令人惊叹的是,148页、近10万字的判决书,事实阐述清楚,法律关系清晰,4152名受害人的每笔钱款查得明明白白,每笔退赔算得清清楚楚。这些数据是杨军用一个又一个不眠之夜换来的;这些数据承载着杨军维护公平正义、守护一方平安的初心。

2018年年初,扫黑除恶专项斗争集结号吹响,作为"老刑庭",杨军受命担任沙市区人民法院扫黑办负责人。涉黑涉恶案情复杂、涉案人数较多、证据材料繁杂,杨军仔细梳理每起案件、耐心听取辩护意见、认真翻阅卷宗材料,夜以继日忘我工作。

杨军的身体早就发出了警告信号。2018年9月,在一次开庭中,杨军的鼻子突然血流不止,鲜血染红了法袍。同事都劝他休庭,他用双手摁住鼻翼两侧,简单止血后,继续开庭直到庭审结束。

生命中的最后嘱托

2020年7月25日,星期六,是杨军儿子杨昶的生日。

杨军原本要和妻子一起去武汉,与刚刚参加工作的儿子团聚。而全天的审判委员会会议未能让他与妻子同行。下午4点半左右,杨军给儿子发了一条微信:"今晚住宾馆还是宿舍?"

杨昶回复:"宿舍。"

杨军:"宿舍的床那么窄睡得下呀?不把你老妈亏苦了。"

杨昶回复:"就是只有半张床。"

杨军:"把好地方让给你妈睡。"

谁也没想到,这条充满亲情的微信变成了他与儿子最后的对话。

在妻子张津眼里,杨军是一个内敛的人,不善交际,除了喜欢喝浓茶没有其他爱好,做家务就算锻炼身体了。

每到周末,只要有空,杨军就会为妻子做上一顿可口的饭菜,然后,一头扎进书房,做与工作有关的事。书房的椅子上至今还有他久坐留下的印痕。

结婚 30 年,杨军与妻子从未"红过脸",唯一的"红脸"却是因为案子。有一年中秋节,一名远房亲戚因为案子找上门来,杨军硬是不见,张津怕伤了亲情,劝他见一见把原则讲清楚。杨军当即发了火:"今天见了,明天别的亲戚就会找上门来,以后就可能是朋友、同学,甚至案件当事人,绝不能开这个口子。"从那之后,他对家人提出"不准为案件打招呼、不准接受送礼、不准打听案情"的"三不准"要求。"三不准"在这个家里从未破例。

张津至今还记得杨军的一句话:得罪人,可以;对不起法律,不行!

2020 年 7 月 25 日这天,同样令杨军的同事刻骨铭心。

在上午的审委会会议上,杨军不时起身走几步再坐下,反反复复好几次……是疼痛让他坐立不安。在场的同事看出他的异常,劝他去医院,他谢绝了。下午 6 点多,会议结束,他继续和同事讨论一起涉黑案案情。

这是杨军连续工作的第 22 天。

晚上 9 点左右,杨军突觉胸背剧烈疼痛,被同事送往医院,诊断结果为主动脉夹层破裂。医生建议紧急转送武汉的医院手术。手术虽然成功,但因并发蛛网膜下腔出血,脑伤严重,杨军没下手术台便陷入重度昏迷。

7月29日凌晨,杨军与世长辞。

就在进入手术室前,已经被医生禁止说话的杨军,强忍病痛给院领导打了个电话:"我手头的涉黑案一哈(湖北方言,一下子的意思)搞不了,请同事们帮忙抓紧办。"

这是杨军打的最后一个电话,也是他生命中的最后一个嘱托。

一支钢笔两枚纽扣

"肖婷同志,加油加油加油加油再加油快加油!"法官助理肖婷至今保存着2018年7月杨军写给她的字条。拿出这张写在草稿纸上的字条,肖婷不禁红了眼眶:"我还是加油太慢了,要是能早点独当一面就能替杨庭长多分担几个案件。他最多的时候一天要开七八个庭,因为被告人被羁押在不同的场所,有时候一天要跑好几个地方。"

"杨庭长去世后,我和另一位法官分别剪下一枚他法袍上的纽扣,珍藏起来。"肖婷说,这枚纽扣时刻提醒自己,要像杨庭长一样,坚守一名法官应有的职责和信念。

法官张志浩是杨军手把手带出来的徒弟。张志浩说,杨庭长是一位用生命维护公平正义的人。为了确保公正,不管案件大小,他都要综合多个证据相互印证,形成证据链之后才作出判决。

令张志浩印象深刻的是那起非法吸收公众存款案。"因为案情复杂,杨庭长让我核对鉴定材料中有无错误,我开始还不以为然,但是在核对材料的时候,发现几个集资参与人的身份证件是错的,这会导致执行款给不到本人,损失不能挽回。这件事点醒了我,让我逐渐养成认真审核案件每一个环节的习惯。"

"他总是耐心教导年轻人运用法律思维考虑工作的事。"张志浩声音有些颤抖地说,"他曾对我说,办案一定要严格按照法律规定、证据原则裁判,当事人请你不要去,给你好处不要拿,裁判的时候才有底气。"

张志浩现在用的就是原来杨军的办公桌,笔筒里有一支灰色"英雄100"的钢笔,这是杨军生前常用的。他说:"我坐在他的办公桌前,用着他用过的钢笔,让我有一个信念:要像他一样,秉持公平正义办理每一起案件。"

"他是我们的领头'杨',工作中处处可见他对同事的关心。"女法官袁欣回忆说,有一次去松滋市开庭,杨军不忍女同事长途开车,自己握起了方向盘,到达松滋后来不及喘息就要开庭。望着一脸疲倦的杨军,袁欣半开玩笑地问:"你每天紧锣密鼓连轴转,要是为审判工作鞠躬尽瘁了怎么办?"

杨军回答,如果真有那天的话,那就是一个正途。

"没想到,一语成谶。"说这话时,袁欣的泪水夺眶而出。

(原载《法治日报》2021年10月15日,记者赵婕、刘志月)

用一生唱一首关于奉献与公正的歌

1990年的盛夏,一名高个年轻人走进了法院大门,满怀憧憬,意气风发。

这位年轻人名叫杨军,后来成为湖北省荆州市沙市区人民法院刑事审判庭庭长。从弱冠到知天命,他从"门外汉"做起,一步一个脚印,逐渐成长为沙市区人民法院乃至整个荆州市的刑事审判标杆,经他审理的近4000件案件,无一错案,无一因裁判不公而被投诉举报。

2020年,又是一个盛夏。鲜花翠柏之中,曾经青涩的年轻人已是两鬓斑白,安静阖目,身覆党旗。灵堂外排起了长长的队伍,络绎不绝的人从四面八方赶来,只为见他最后一面。

有人说,杨军纯粹,黑白分明,一辈子怀着一颗公心办案,不偏不倚,不枉不纵。

有人说,杨军拼命,一年到头"五加二"①"白加黑",常挂在嘴边的是那句"吃亏是福"。

有人说,杨军敬业到"健忘",翻来覆去想的全是案子,脑子里就忘了自己的身体。

他们说,杨军是个好法官,立起了人民法官的标杆,担得起"人民公仆"四个字。

那时,他许下了朴素的志愿,一生再没有改变

"杨军上学时读的是财务相关专业,不是法律科班出身。一开始是作为法警分配进来的。"

---

① "五加二"是指杨军法官一周七天都在工作。

在沙市区人民法院党组成员夏继亚的记忆深处，这个和自己一个办公室的年轻法警性格内敛，工作之外的大部分时间都在看书学习。

"既然到了法院工作，从事法律相关工作，成为一名好法官就是我的努力方向。"多年前，杨军这样和同事谈论着自己今后的人生道路。

1991年，杨军报名入学全国法院干部业余法律大学，向着心目中神圣的"法官"职业迈出了第一步。经过三年苦读，杨军成功通过专业考试，成为沙市区人民法院一名书记员。

从书记员到助理审判员，从审判员到一庭之长，杨军逐渐成为沙市区人民法院办理刑事案件公认的主力，在全市基层人民法院，他的年办案量也是第一名。

扫黑除恶专项斗争开展后，刑事审判任务更加繁重。作为沙市区人民法院扫黑除恶专项斗争办公室主任，杨军不仅需要带头办理涉黑涉恶涉众类重大刑事案件，还要加班加点办理其他各类刑事案件。

一天上午，杨军正在开庭，突然一股热流涌出鼻腔。审判桌上、摊开的案卷上，瞬时染上斑斑点点的红色。

简单止血后，大家都劝杨军休庭，改日再开庭，但他坚持继续开庭。"已经耽误了不少时间，不要让当事人律师再等下去了。我可以坚持，咱们回去继续开庭。"

"刑事案件容不得任何差错。当了刑庭法官之后，杨军始终严把事实证据关，让每一起案件都经得起检验。扫黑除恶专项斗争期间，他作为负责人还要承担大量的事务性工作。"每当想起自己的好战友，沙市区人民法院副院长王绍军都难掩悲痛，"没有人能够替代他。"

"杨军，你再这么拼命下去，当心有一天'鞠躬尽瘁'。"之前，有同事这样开玩笑。

"案子事关老百姓利益，不拼命不行啊。如果真的有那么一天，那也只好为审判事业'鞠躬尽瘁'了。"杨军同样用开玩笑的语气回答。

没想到，一语成谶。

杨军在开庭办案

2020年7月25日,杨军在推进扫黑除恶专项斗争"六清"工作中突发疾病,7月27日,在进手术室的前一刻,他与沙市区人民法院院长邹应斌通电话时,还惦记着正在办理的涉黑案。

杨军去世以后,同事们整理他的电脑,大量文件记录显示,晚上十点钟以后,杨军经常还在挑灯工作。

"杨军天天加班,365天加班。"荆州法律人的微信群里,有人一声长叹。

是什么支撑他三十年如一日忘我奉献?谁也没有从这个内敛的汉子口中得到过真正的答案。或许一份入党志愿书,可以解答一二:"……做到吃苦在前,克己奉公,兢兢业业地搞好本职审判工作,为维护社会稳定,为改革开放保驾护航,多作贡献……随时准备着为党和人民的利益牺牲自己的一切,把自己的一生献给党的事业。"

一言既出,便终生践行。

始终,他牢记一个法官的职责,端稳天平高举利剑

在杨军的追悼会上,来了一个中年人,径直走向安卧的杨军,上香磕头之后,沉默地离开。

这个听闻杨军去世,从外地连夜赶回的中年人,是杨军曾经审理的一起因"哥们义气"引发的寻衅滋事案的被告人晏某。当时,晏某的律师姚忠斌提出伤情鉴定存疑,杨军同意依法提请司法技术部门重新鉴定。重新鉴定的结果,使最终的判决对晏某更加有利。

庭审结束后,杨军来到羁押室,向被告人释法说理。"杨法官非常耐心,他就像邻家大哥一样,用平易近人的话教育我们要守法。当时,我们把他的话都听进去了。"晏某说,"后来,我总会想到杨法官说的话,'做事一定要在法律范围内,多想想自己的家人',就再也没有冲动行事过。"

晏某刑满释放后,带着好烟好酒,拜托姚忠斌把杨军约出来当面表达感谢。"我转达了委托人的意思,但杨庭长很干脆地拒绝了,说他是根据事实和证据办案子,不是帮谁的忙,不需要感谢。"姚忠斌回忆起杨军,很是感慨,"我们律师圈都知道杨军的为人。别说当事人,我这个认识他20年的老朋友,连一顿饭都没能和他一起吃过。"

为了案件公正,杨军在自己的身边竖起了"铜墙铁壁"。

杨军常说,从事法官这一职业,就要对得起国家和人民。面对利益诱惑,要坚持自己的底线,不吃请,不拿别人的好处,这样才有底气公正处理每一个案件。

曾经,一名亲戚因为案子带着礼物找上门,杨军说什么也不见。妻子张津怕伤了亲情,劝他见一见把原则讲清楚,从未和妻子大声说话的杨军当即发了火,说:"今天这个亲戚见了,明天别的亲戚就能找上门来,以后就可能是朋友、同学,甚至案件当事人。绝不能开这个口子!"

杨军对邀约一概拒绝的行为，使张津一度担心自己的丈夫人缘不好。但杨军去世后，各种形式的吊唁如潮水般涌来。

"我与杨军相识已久，所思所想，所谈所感，无外乎工作。虽然没有所谓的人际交往，但我们并没有人情淡漠，反是情谊历久更浓。"在追忆杨军的文章里，律师彭德江痛惜老友离去。

2019年，一起公诉机关以非法吸收公众存款罪起诉的案件摆上了杨军的案头，涉案金额达到上千万元。但仔细研究事实证据之后，杨军却认为，被告人的行为完全符合集资诈骗罪的要件。杨军说："被告人将骗取的资金按比例予以瓜分，具有非法占有的故意。"最终，被告人以集资诈骗罪定罪量刑，二审维持原判，给了240位受害人一个公正的交代。

"5·12"案中，李某某等人在工业园区内欺压群众，有组织地实施了破坏生产经营、聚众斗殴（故意伤害）、寻衅滋事等违法犯罪行为。有声音表示，关于这一伙人，法院一定要按照黑社会性质组织标准严惩重判。

然而事实和证据面前，杨军却皱起了眉头。扫黑除恶专项斗争背景下，固然需要雷霆手段，但这并不意味着对法律的任意适用。

"越是各方高度关注，我们越要顶住压力，坚持法定标准这根弦，什么时候都要绷紧，不拔高、不降格，这个原则松不得。"审判委员会上，杨军据理力争。最终，这一犯罪集团被认定为涉恶犯罪。

2020年10月27日，沙市区人民法院对杨军生前未办理完的"6·03"房地产领域涉黑案作出了一审宣判，主犯毕某获刑十九年，其余15名被告人分别被判处有期徒刑一年至十六年。

"这样的行为不受到法律严惩，天理何在！"案件宣判后，沙市区人民检察院检察官伍敏的脑海中又响起了杨军在看到毕某累累罪行后，铿锵有力的话语。"有担当，业务强，充满正义感。他是我们敬佩的大哥。"

"这起案件的前期工作都是杨军在处理。要是他还在，看到罪犯受到严惩，一定很欣慰。"沙市区人民法院副院长王绍军不住叹息。

杨军去世后，办公桌上除了摊开的案卷，还有厚厚一沓 A4 纸大小的手写阅卷笔录，仔细梳理出了一起案件卷宗中的证据。

"翻阅卷宗是一种幸福，书写判决是一种责任。"杨军的话，给法官助理刘朔峰留下了深刻印象。

从此，他法袍上的一颗扣子，成了沉甸甸的寄托

2018 年扫黑除恶专项斗争开始之后，刑庭逐渐来了年轻法官。2018 年从观音垱人民法庭借调来的杜为、2019 年成功入额的张志浩、2020 年年初新入额的曹旭华，杨军带领的刑事审判团队在壮大。

"刑事案件不能出错，不管对法官还是当事人，案子错了就是一辈子的事。他们还年轻。"每当同事们劝杨军放手把案子交给年轻人，给自己减少一点压力时，他总是微微一笑，"我经验丰富一点，精力也跟得上，还可以帮他们把把关。等我退休，就可以休息了。"

"等我退休"，杨军总是这么回答。但他终究没能等到。而庭里的年轻人，则选择扛起师傅未竟的事业，加速奔跑。

"肖婷同志：加油加油加油，加油再加油快加油。

肖婷同志：加油加油加油，再加油再再加油再再再加油。"

"2018 年 7 月 29 日 13 时许，杨庭长写于我办公室草稿纸上，但我还是加油太慢了。"

这是法官助理肖婷在杨军去世后发的一条朋友圈。那天，她在工作上遇到了困难，心情不好，杨军便趁她不在的时候，留下了两行鼓励的话。如今，她正在向员额法官的方向努力再努力，唯有尽快成为一名真正的法官，方能不负这 40 个字。

现在，张志浩坐在了杨军之前的工位上。身边渐渐垒高的卷宗，像一道道永不断绝的通往法治理想的阶梯。

"见到杨庭长如此拼，我如不紧紧追随，怎能对得起师徒的名分。"在怀念杨军的文章里，张志浩这样写道。

那天，泪痕未干，曹旭华走进杨军的办公室。阳光透过玻璃，给搭在椅背上的法袍带来了些许温度，好像这位可亲可敬的师傅，只是刚刚结束开庭，因为嗓子太干去接了一杯热水。仿佛一回头，无所不能的师傅就会出现在身后，问他的徒弟是不是案子遇到了困难，为什么神情这样沉重。

"我想留个师傅的物品当念想，作为时时刻刻提醒自己认真办案的力量。但师傅的办公室里除了工作，几乎什么都没有。"回忆起师傅的去世，曹旭华眼圈微红。

杨军的办公室，简单到单调，是一个由大量码放整齐的案卷筑成的"堡垒"。在这里，他与各种违法犯罪行为"战斗"。

庄严的黑色法袍上，四枚金色纽扣如一道直线，吸引了大家的目光。几个年轻同事一起，小心地剪下杨军法袍上的纽扣。这四枚纽扣的寓意，亦是多年来始终靠近他心脏的信仰：忠于党，忠于人民，忠于法律，忠于事实。

他们说，看到它，就像看到了杨庭长。

（原载《人民法院报》2021年10月16日，记者姜佩杉、曹硕）

"扫黑英雄"这样炼成

近日,在采访荆州市沙市区人民法院刑事审判庭原庭长、扫黑除恶办公室原主任杨军事迹时,一段庭审录像吸引了湖北日报全媒记者的注意。

画面中,在听到主审法官杨军宣判后,旁听席上,一群头发花白的老人爆发出雷鸣般的掌声。

杨军,"全国扫黑除恶专项斗争先进工作者",最高人民法院表彰的"全国法院党建工作先进个人",被湖北省委追授为"全省优秀共产党员"。

书记员张瑶回忆,当天的庭审结束后,很多老人久久不愿离开,就想跟杨军法官亲口说一声谢谢。

23年,近4000件案子,零投诉

这是2019年年底审理的一起非法吸收公众存款案,案件涉案金额高达13亿元,涉及受害人4152人,大多数受害人是老年人。

得知案子到了法院,不少受害人赶来,找到杨军"催进展""哭损失",有的甚至向他"骂不公"来宣泄情绪。

杨军一边耐心接待、暖心安抚,一边加快速度,把全部精力都用在研究案情、核实细节、推敲证据上。

此案如期宣判,148页、近10万字的判决书,每一笔钱款都查得明明白白,每一笔退赔都算得清清楚楚。

庭审结束后,见到杨军出来,老人们把他围住,紧紧拽住他的胳膊,说:"谢谢,谢谢你杨法官,感谢你保住了我们的养老钱!"

心中有信仰,脚下才有力量。

1990年8月，22岁的杨军通过招考，成为沙市区人民法院一名司法警察。每次值庭时，他看着审判席上手握法槌、明断是非、惩奸除恶的法官，心中充满向往。

他刻苦学习法律专业知识，4年后通过专业考试，成为一名书记员。此后，他又以优异的审判业绩成长为基层人民法院一名优秀的审判员。

杨军在成为法官后的第一次党支部会议上说：我珍爱法官这个职业，热爱审判这个岗位！

在沙市区人民法院大厅的法官绩效榜上，杨军总是排在前面的办案标兵。

三年间，杨军个人年均结案近300件，占沙市区人民法院刑事案件结案数一半以上，在荆州市8个基层人民法院名列第一。五年里，杨军带领刑庭干警共审结各类刑事案件2500余件，判处罪犯3300余人，无一错案。

23年法官生涯，杨军审理案件近4000件，无一投诉。

铁规矩：和当事人保持距离

"审判工作中万分之一的失误，对当事人就是百分之百的伤害。"这是杨军常常对庭里年轻人说的话。

刑事案件犯罪线索杂、案卷多，每一个定罪细节都要反复核实和甄别。杨军亲力亲为、样样带头。

法官助理肖婷第一次试着撰写判决书，杨军一眼就看到几个错别字，她忙解释是手误。

杨军却一脸严肃："判决书关系公平正义、社会安宁，关乎法律尊严，容不得一点失误，出不得一点差错！"

生活中，"与当事人保持距离"是杨军给自己立下的铁规矩，从不越线。

工作中，杨军坚持原则，不带一点杂念。

2019年8月,"5·12"专案进入审判阶段。

10名被告人为获取非法利益,长期把持一工业园区物业管理、材料供应、物流运输等业务,采用言语威胁、断水断电、聚众滋扰等非法手段排挤、驱赶竞争对手。

该团伙一经查处,就受到社会各界广泛关注、群情激愤。扫黑除恶背景下,涉黑还是涉恶,到底如何认定?不同意见众说纷纭。

仔细研究案情后,杨军敏锐地觉察到,该案犯罪行为并不符合黑社会性质组织犯罪特征,更符合恶势力犯罪集团表现。

杨军说:"社会影响再大,也不能突破法律;案情越是复杂,越要严格依法裁判!"最终,合议庭依法将其定性为恶势力犯罪集团。

"要是他能亲口宣判,该多好……"

2018年年初,根据党中央的部署,为期三年的全国扫黑除恶专项斗争全面打响。

"老刑庭"杨军受命担任沙市区人民法院扫黑除恶办公室主任——他比以前更忙了。

中午大家都休息了,他抓紧时间审阅卷宗;下班以后,他仍然在电脑上撰写判决书,办公室的灯,经常是亮到最后的那一盏。

2020年4月,疫情之后审判工作重启,在不足4个月的实际工作时间里,杨军个人审结案件达99件,相当于每个工作日至少要办结1件。

2020年7月初,"6·03"涉黑案交给杨军牵头承办。上级提出:"疫情耽误了不少时间,一定要提高结案时效,确保10月底清结完毕。"

这是荆州市关注度最高的黑恶大案之一。杨军没有一丝犹豫:"没问题,保证按时完成任务!"

2020年7月25日,星期六,原本要到武汉为儿子庆祝生日的杨军,一大早却又赶回单位,参加审判委员会会议研究案件。

晚上6点半,杨军简单吃了点东西,就又回到办公桌前,对照白天开会研究的意见，认真细致地审阅"6·03"案卷材料。

这是杨军连续工作的第 22 天。

晚 9 时许，突然胸背剧烈疼痛的杨军，被送往荆州市第一人民医院，诊断结果为主动脉夹层破裂，又紧急转送至武汉同济医院抢救。

被送进手术室前，杨军仍在叮嘱同事抓紧办案。

7 月 29 日凌晨 2 时 30 分，经抢救无效，杨军永远地离开了我们。

三个月后的 10 月 27 日，"6·03"涉黑案如期宣判。

判决当天，同事们想起杨军最后的嘱托，几度哽咽："要是他能亲自宣判，该多好……"

担当为公正，忠诚铸法魂。

如何做一名让党放心、人民满意的人民法官、法院干部，杨军用生命作出了最生动的示范，给出了最响亮的答案！

（原载《湖北日报》2021 年 10 月 15 日，记者袁超一，通讯员曹硕）

周淑琴

Zhou Shuqin

周淑琴,女,汉族,江西贵溪人,1979年10月出生,中共党员,2004年7月参加法院工作,现任江西省贵溪市人民法院党组成员、泗沥人民法庭庭长、四级高级法官。周淑琴同志坚守基层法庭19年,足迹踏遍辖区的山山水水。从建立一支专业团队,出台三项制度,到推行六步调解,运用三种庭审模式,她借着女性的温柔细腻,为群众送上一个个"贴心"服务,演绎出一幕幕温情故事。她坚持案结事了、政通人和理念,所承办的案件实现了无一错案、无一违纪、无一信访。她说服教育有苦口婆心,平息争端有韧劲恒心,评判曲直有公正公平心。正是凭着这"三心",她把奉献摆在首位,用行动温暖着每一个当事人,用大爱让胸前的法徽闪亮。她将爱心延伸到庭外,长期致力参加各项志愿活动。她身体力行传播法与德,让老百姓体会到司法的真与诚,让"农村法庭"成了群众家门口的"小法院"。她荣获"全国优秀共产党员""全国先进工作者""全国模范法官"等荣誉。

先 进 事 迹

一枝一叶总关情

周淑琴，女，汉族，江西贵溪人，1979年10月出生，中共党员，2004年7月参加法院工作，现任江西省贵溪市人民法院党组成员、泗沥人民法庭庭长。

她是如水的女人，却有着如山的力量。19年来，她政治过硬、业务精湛、爱岗敬业、公正廉洁，她凭着对法治信仰的坚守，凭着对法官职业的挚爱，凭着对人民群众的深情，努力让人民群众在每一个司法案件中感受到公平正义，践行着"人民法官为人民"的铮铮誓言。她办案2100余起，实现了无一上访缠诉、无一处理不当致矛盾激化。她把人民法庭打造成群众家门口的法治家园，成为百姓心目中的"爱心驿站"，有效促进了辖区的和谐稳定。

因工作突出，周淑琴荣获"全省岗位学雷锋标兵""江西省巾帼建功标兵""全省优秀法官""全省优秀人民法庭庭长""全省法院群众工作能手""江西好人""新时代江西十大法治人物""全省优秀共产党员""全国巾帼建功标兵""全国法院办案标兵""全国优秀法官""全国三八红旗手""全国模范法官""中国好人""全国先进工作者""全国优秀共产党员"等称号。

以"暖"释法,温情点燃法治明灯

2004年,周淑琴通过公务员招考进入江西省贵溪市人民法院,先后在雷溪法庭、泗沥法庭工作,历任书记员、助理审判员、副庭长、庭长等职务。19年的默默坚守,周淑琴创造了江西法院系统女干警连续在法庭工作时间最长的纪录;19年的法庭历练,让周淑琴深知为了法律的公平正义,必须要敢担责有担当。

周淑琴的个头不高,说话语速很快,和她打过交道的人都知道,她是位做事干练、条理清晰的人。为了让胸前的法徽更亮,让群众感受到公平正义,周淑琴心中始终摆放着一架法律天平,始终把奉献摆在首位,将公心树立在法庭,将爱心延伸到庭外。作为一名农村法官,周淑琴每天接触的大多是家长里短的小官司,但她总是千方百计让当事人辨清法理、道理、情理,珍惜亲情、友情、乡情,通过循循善诱、娓娓劝导,找到矛盾的症结点,让很多棘手的案件明明已到"山穷水尽"的地步,却又出现了"柳暗花明"的效果。

她关爱弱势群众,关注未成年人成长,主动延伸司法服务触角,让裁判更有温度。2016年,她发出了《反家庭暴力法》实施后江西省的首张人身安全保护令,与公安、司法、妇联等部门共同筑起反家庭暴力的"钢铁长城";2020年,她发出了首份《家庭和睦劝诫书》,开创了全国法院家庭和睦劝诫书的先河;2022年,她发出了鹰潭地区首份《家庭教育令》,督促家长依法"带娃",为未成年人的全面健康成长保驾护航。她把法庭搬到田间地头,让巡回审判成为村民的普法公开课;她通过以案释法普法,淳化民风乡风社风,乡村治理法治水平大幅提升;她走村入户,用脚步丈量民情,用案例弘扬法治,为群众点燃法治的明灯。

从"心"出发,开创家事审判新风

周淑琴视事业为生命,视群众如亲人,办案中,为了有效化解这些

周淑琴向未成年人了解生活学习现况

"婆婆妈妈"的小矛盾,为了妥善处理那些"琐琐碎碎"的小纠纷,周淑琴热心接待每一位当事人,与他们拉家常,倾听他们的埋怨,了解他们的委屈,让他们吐露心中的不满。"法官只有当好矛盾纠纷的'调处阀',用心用情倾听每一个诉求,才能更好地引导当事人,才能寻找到化解纠纷症结的'钥匙'。"周淑琴说。就这样,她总结出"明理立心、接待热心、倾听耐心、调解公心、关怀爱心"的"五心"工作法,有效化解了矛盾纠纷,维护了社会和谐稳定。

她勤于学习、善于思考、勇于创新,探索出一套行之有效的家事审判工作思路,成立"周淑琴工作室",建立一支专业团队,实现审判队伍精英化;出台三项制度,实现办案方式规范化;推行"五诊"工作法,实现纠纷化解多元化;完善家事审判设施,实现审判氛围温馨化;摸索出三种庭审结合模式,实现家事审判人性化……在她的带领下,"周淑琴工作室"变被动求主动,围绕"解纷、维权、教化"三大目标,成立"婚姻家庭学校",主动延伸司法新职能;组建"琴姐姐家事帮帮团",为化解纠纷注入新力量;推出"琴"谈家事、"琴"护未来栏目,搭建普法新阵地;打造"淑琴"解纷码,拓展多元解纷新渠道。"一校一团一谈一护一码"等特色平台,成为贵溪法院少年家事审判的重要载体,为老百姓提供法律宣传、多元调解、心理疏导为一体的综合服务,为探索诉源治理新路径提供有力支撑,为营造和谐稳定新成效贡献司法效能。

勋章的闪耀离不开汗水的浇灌,荣誉的背后离不开忠诚的奉献。19年来,从青春年少到双鬓染霜。她,从一名书记员,成长为人民法庭庭长;她没有豪言壮语,有的只是恪尽职守和埋头苦干;她忠实地履行使命,固守那份对公正的执着;她以诚挚的爱,深刻诠释那份不变的为民情怀。人民群众在司法案件中不断增强的获得感、幸福感和安全感,是她只争朝夕的结果,更是她不负韶华的写照。

扫码观看视频

工作感悟

信仰之光引领我奋勇前行

光阴荏苒，一晃 19 年过去了，眼角的皱纹是岁月留下的痕迹，也见证着我的成长。回首来时的路，信仰之光始终引领我奋勇前行。年少时，和所有女孩一样，我有过很多很多的梦想。直到有一天，在电影里看到庄严肃穆的法庭和手持正义法槌的法官时，我的心不再徘徊，扶弱济困，匡扶正义，这不就是梦里自己的模样吗？

1997 年，我从技校毕业后，分配到供销社成为一名售货员。这与我的法官梦可以说是相距十万八千里。但有梦就要去追寻，何惧山高水长。2001 年 9 月，我光荣加入中国共产党。2004 年 7 月，我通过自学取得成人高考法律本科学历，并在同年通过公务员考试，进入贵溪市人民法院工作，终于实现了我的法官梦。我按住心中奔跳的"小鹿"，来到雷溪法庭报到。从那一刻起，我在心里默默地告诉自己，哪里挂着国徽，哪里就是我的法庭，我就得主持公平正义，就得彰显人间正道。

努力工作就是快乐源泉。办理一个案子，结识一帮乡亲，了解一方人情。就这样，从青春年少到两鬓染霜，我不再年轻。到法院 19 年，我一直在人民法庭工作。有人问我，在法庭工作苦不苦？看着被当事人推搡留下的伤疤，听着电话里儿子的埋怨，理着手上忙不完的工作，苦自不必言。但当我看到当事人舒展的眉头、满意的笑容，当他们拉着我的手，一声声情真意切叫我"闺女""大姐"的时候，我觉得一切辛苦和付出都值得。

为大局服务、为人民司法，把群众的"急难愁盼"处理好，是我们基层法庭的头等大事。我们不能随意定性一个案子是否简单，也不能随意处理一个案件，因为在当事人的眼里，这个案子也许就是他生活的重心，甚至全部。结案不是终点，交心只是起点。每办理一起案件，我都喜欢和当事人拉拉家常，听听他们的喜怒哀乐，倾听不同的声音，找出心结在哪里，诉求是什么，做到情理法交融，让司法温暖人心。19 年来，我背着挎包、讲着方言，走村串户，每一串脚印都是一个故事，感觉这是自己对勤劳朴实的家乡人民最好的回报。

伴随着新时代人民法院事业不断进步，我们基层法庭各项建设也得到新的发展。家事审判谆谆细语、线上庭审智能流畅、服务企业高效便捷、执行现场雷霆出击……我和同事通过一桩桩群众身边的"小案件"，润物细无声地讲好社会主义核心价值观的"大道理"，让审理的案件成为群众喜闻乐见的法治公开课。

因为在家事审判中总结了一些成功经验，2020 年 3 月，贵溪市人民法院成立了以我的名字命名的工作室。我带领同事在工作室建立"婚姻家庭学校"，主动延伸司法职能；开设"琴"谈家事、"琴"护未来栏目，搭建新型沟通桥梁；组建"琴姐姐家事帮帮团"，拓展多元解纷渠道。工作室围绕"解纷、维权、教化"目标，用温情司法守护万家灯火，点亮群众心中的法治明灯。

2022 年，我光荣当选为党的二十大代表。在北京参会的第一天拿到材料，我迫不及待地打开阅读，崭新的党代表证在众多材料里熠熠生辉。看到它的第一眼，我的眼眶就湿润了，它仿佛在提醒我——这是肯定、是鼓励，更是责任、担当，我代表的不仅仅是个人，更代表了人民法官为大局服务、为人民司法的形象。既已选择坚守，便无惧风雨。虽然我们长期身在基层法庭，处理的都是日常琐碎的纷争，但我们从未有丝毫倦怠，前进的脚步从未停歇。我轻轻抚摸着党代表证，有一种沉甸甸的质感从手里传到心里。于是，我在当天的日记中写下了这么一段话：

"我期盼以党的二十大为荣光,汲取更多法治力量,为铸就法治中国梦奉献一份微光。"

19年来,党和组织培养着我、呵护着我;一路走来,领导同事关心我、支持我。看着那些坚守在岗位上无怨无悔、默默奉献的同事,凝视着庄严的国徽、鲜红的党旗,抚摸着胸前的法徽,我深深地知道:我是基层法官的代表,我的身后是江西全体法院人,是他们用拼搏和奉献成就了我。

心有所信,方能远行。回首来时的路,我从一个外行的技校生,成为人民法官,成长为党的二十大代表,是共产主义理想信念引领着我,是法治信仰支撑着我。19年的执着坚守,我懂得人生的价值在于奉献,人民法官就要把人民放在心中最高位置;19年的办案实践,我学会寻找法、理、情的契合点,妥善处理好各类纠纷,努力让人民群众在每一个司法案件中感受到公平正义。

群 众 评 价

是什么支撑了一位普通女性埋头苦干奉献十九年青春?是周淑琴同志对党的事业无限忠诚,对人民群众无比热爱,对法治事业发自肺腑的赤诚,更是人民群众需要这样忠于职守、秉公办案的好法官、好党员、好干部。

——贵溪市妇女联合会　周津京

周姐的好,也许没有山河壮烈,但却细水长流。她的好,在长达十九年的风雨兼程里,在她无数次奔波于说法叙情讲理的脚印里,在她苦口婆心的劝说里,在她关心的举动和话语里,在群众的眼里,在当事人的心坎上。

——江西信江律师事务所律师　黄涛

周法官小小的个子,但身体里却似乎藏着无尽的能量。在琐碎的家事纠纷里,她春风化雨,是矛盾化解的钥匙;在拒执案件里,她义正辞严,是守护公平正义的利剑。

——案件当事人　黄瑾

重要媒体报道

扎根山村践行为民情怀

在江西省贵溪市人民法院,有一名"奇女子"。

她非科班出身,却靠着勤奋和对职业的热爱,成长为一名在全国都"叫得响"的女法官,获得过"全国法院办案标兵""全国优秀法官""全国模范法官""全国先进工作者""全国优秀共产党员"等诸多荣誉。

她个子不高,却雷厉风行、做事干练。18年来,她一直在最基层的法庭工作,身处矛盾纠纷处理最前沿,老百姓喜欢喊她"知心大姐""贴心闺女"。

周淑琴是贵溪市人民法院党组成员、泗沥法庭庭长,2004年,她通过公务员招考进入贵溪市人民法院,常年的基层法庭工作让周淑琴深知基层法官的不易,也更懂得了人民群众对公平正义的向往。

基层法庭审理的案件大多是离婚、赡养等家事纠纷,案件虽小,但对当事人的影响却不小。出身农村的周淑琴深知,农村人怕打官司,但一旦有了官司,如果介入不及时、化解不妥当,就可能让小纠纷引发大问题,甚至可能影响到几代人。

为有效化解这些矛盾纠纷,周淑琴总是热心接待每一位当事人,倾听他们的埋怨,了解他们的委屈。很多棘手的案件看似"山穷水尽",但因为有了周淑琴和风细雨般的劝解,又变得"柳暗花明"起来,最终让当事人冰释前嫌、握手言和。

据泗沥镇党委书记黄宝财介绍,泗沥镇连续多年无上访案件,很关

周淑琴与"琴姐姐家事帮帮团"成员交流

键的一点就是泗沥法庭通过公开、公平、公正地办理案件,增强了泗沥群众的法治思维,推进了泗沥镇的平安建设。

周淑琴跑遍了辖区的每一个村落,常常是办理一个案子,结识一帮乡亲,了解一方人情。她把法庭搬到田间地头,搬到村民中间,让山村法庭审理的案件,成为村民的法治公开课,有效淳化了民风乡风社风,提升了乡村治理的法治化水平。

2017年,周淑琴担任周坊镇库桥村第一书记。为深入了解贫困村民的需求,不会开车的她就挤公交,风里来雨里去,走村串户。当得知贫困村民汪某在丈夫意外身亡后,因缺钱而无法料理丈夫后事时,周淑琴第一时间上报情况,并迅速开展"心连心"帮扶活动,及时为汪某送去钱款物资,帮助汪某化解了燃眉之急。

在审判实践中,还总结出了"六步调解法",即诉前、诉中、诉后和庭前、庭中、庭后全过程调解,把调解工作贯穿于家事审判的各环节。为妥善处理好家事纠纷,周淑琴还调动社会各方力量,共同推进家事纠纷的矛盾化解。

贵溪市人民法院还成立了以周淑琴个人命名的"周淑琴工作室",工作室中成立了"婚姻家庭学校",组建了"琴姐姐家事帮帮团",打造了"琴"谈家事栏目,这三个平台已成为贵溪家事纠纷诉源治理的重要载体。

(新华社2021年9月28日电,作者胡佳佳)

巧断家长里短促家和

个子小小，音甜爱笑，说起话来让人如沐春风，亲切得就像邻家姐姐……初遇周淑琴，很难将她与庭上威严的法官形象联系起来。

办案2000余起无一错案，因案件里半数以上为家长里短的"小官司"，被人们称为"家事法官"的周淑琴，是江西省贵溪市人民法院泗沥法庭庭长。在她扎根农村法庭的18年里，以法官严密的法律思维和女性特有的温柔细腻，在一次次审判调解中寻找法、理、情的结合点，让法治明灯悄悄燃起在田间地头、群众心间。

她说："要学会和群众共情，有时候当事人心里憋着一口气，和他们聊聊家常，听他们发发牢骚，案子也许就调解撤诉了。"

她接手的"疑难杂症"，经常出现"神转折"

在许多同事和村干部眼中，周淑琴是家事审判领域的高手，她接手的"疑难杂症"经常出现"神转折"。

贵溪市人民法院院长童力回忆说，2022年元旦前夕，泗沥镇一起已经判离的离婚诉讼官司，女方突然来到法庭外服下安眠药自杀，"矛盾这么尖锐，但周淑琴介入调解后，元旦后第二天双方摆酒复婚，并邀请周淑琴去吃酒席"。

周淑琴的助理黄芳记得，在一场继承纠纷案中，因老人生前未订立遗嘱，子女间存在较大争议。刚进法庭时，被告就向原告做出羞辱性动作，庭审过程中双方多次发生争吵。经过周淑琴耐心细致的疏导与释法，最终双方调解成功。临走前，之前做出羞辱性动作的当事人对周淑琴竖起了大拇指。

"神转折"的背后，是周淑琴做群众工作时的用心。

她的协调能力让周坊镇库桥村党支部书记丁文良十分钦佩。库桥村之前有户人家的屋檐总漏水到隔壁家，引发纠纷。丁文良调解无果，求助当时在村里挂职第一书记的周淑琴。周淑琴上门找两家人聊天，并不评判对错，只对他们说："你们两家住一块儿，以后子子孙孙也会住一块儿，谁争赢了都是输家，因为子孙在纠纷中长大肯定会受影响。"几句话让两家人都服了，矛盾随即化解。

据了解，43岁的周淑琴原本是一名乡镇供销社的业务员。2000年，她放弃供销社的工作，考入南昌大学成人本科法律专业，脱产学习4年，并通过公务员考试进入贵溪市人民法院工作。从此，她在基层法庭一干就是18年，经手的案件2000余起，至今无一错案。

一纸判决：要明辨是非，更要解决问题

周淑琴擅长和群众拉家常，这是她化解纠纷的秘诀。

泗沥法庭副庭长李进原来在刑庭工作，一直觉得法官就该"端着"才显威严。但他很快发现，庭长周淑琴一点架子都没有，而且尽可能以最快速度和老百姓打成一片。

周淑琴总说，法庭既是恨的放大镜，也是爱的万花筒，必须左右衡量，倾听每个声音，才能做到情、理、法交融。她调解时有一句口头禅"你要是我家里人……"，也正是这份把群众家事当作自家事的同理心，让她赢得了群众的信任。

"家事无对错，只有和不和。"基于这一家事审判理念，周淑琴总结出"六步调解法"，即诉前、诉中、诉后和庭前、庭中、庭后全过程调解。周淑琴追求的是"一纸判决既要明辨是非，更要解决问题"。

律师黄涛曾代理过一桩法律援助案。当事人和她的两个小孩都有不同程度的智力残疾，她的爱人是家里唯一的劳动力，做工时意外身亡，雇主是两个小孩的亲叔叔。黄涛当时的想法很简单，帮当事人拿到赔偿，把孩子交给孤儿院。

周淑琴判后回访家事案件未成年人

但出于对孩子成长环境的考量,周淑琴对被告说:"赔偿的钱,不论是调解或判决下来,你可以不支付,但条件是小孩放在你家里养。你们毕竟是亲人,相信你会善待他们。"

"这件事颠覆了我对法官的刻板印象。"黄涛说,农村家事案件不好做、不好取证,传统思想也难改变,往往是判决容易、调解难。但正因为有了周淑琴这样积极介入的法官,让最难的调解环节变得简单,"她用大量的个人时间,节省了司法成本"。

2021年,泗沥法庭受理的114件家事案件中,撤诉调解率逾六成,还有至少20件案子没有进入诉讼程序就被周淑琴利用休息时间调解好了。有人问周淑琴,这么耐心细致做调解,为了什么?她说,为了案件少到法庭上来,"化解总比判决好。我所做的,就是把人民法庭的前沿阵地功能再往前推一推"。

"周淑琴不是院里办案最多的庭长,也没有主审过重大案件。但正是这份把人民放在心尖上的家事审判理念,让她在庭审前和庭审后都比别人多走了一小步。"贵溪市人民法院院长童力说,这恰恰体现了她对工作的热爱、对百姓的真诚以及对专业的执着。

柔性办案探索家事纠纷化解新路

在周淑琴的推动下，贵溪市人民法院摒弃传统的对抗式审判方法，不断探索多元化解家事纠纷新路径。

家暴，一直是农村女性的难言之隐。2016年4月，一名女子焦急地来到法庭求助，哭诉她在离婚案件审理期间，多次遭到丈夫的威胁和殴打。周淑琴核实情况后向施暴方发出了人身安全保护令。保护令发出的日期，是《反家庭暴力法》施行之后的第53天。

"家暴伤害的不仅是夫妻关系，还有无辜的孩子。这张保护令承载着我的期望。"周淑琴曾把泗沥法庭和贵溪市人民法院各个庭室的家事案件逐一归纳、分析、总结，发现婚姻家庭类案子，起诉时说被家暴的非常多，但是开庭时能提交证据的，100个案子里也找不到一个。她走进农村、走进社区，做反家暴宣传，希望更多被施暴女性能够拿起法律武器保护自己。

这份文号为"（2016）赣0681民保令1号"的裁定书虽然只有数百字，是周淑琴在没有可参照的文书格式、认定证据标准的情况下，请教江西省高级人民法院多名法官后，字斟句酌、反复推敲后成文的。

2020年，贵溪市人民法院在泗沥法庭打造家事审判品牌，在法院建起了"周淑琴工作室"，统筹全院家事审判工作，并将"周淑琴工作室"向所有派出法庭延伸，提炼了"周淑琴工作流程"和"周淑琴工作法"。工作室成立"琴姐姐家事帮帮团"，录制"琴"谈家事节目，在市级媒体上播放。这些平台都成为当地家事纠纷诉源治理的重要载体。

2020年4月22日，周淑琴工作室成立不久，即发出了全国首份《家庭和睦劝诫书》，既满足了部分被施暴方不想离婚的期望，又劝诫了施暴方并告知不听劝诫的法律后果。"敢于创新，就是为了给群众提供更高效、优质、便捷的司法服务，也为老弱妇幼撑起一把安全伞。"周淑琴说。

（原载《新华每日电讯》2022年6月23日，记者胡锦武、袁慧）

坚守法庭 18 年，只为心中那份热爱

9月的江西贵溪，风轻云淡，碧空万里。

记者沿着蜿蜒曲折的山路，来到江西省贵溪市人民法院设在该市白田乡姚家村的巡回法庭，看到早早到来的一位女法官正在和当事人聊着。

"我就是觉得亏欠了女儿！"

"你不去看你女儿，真的做得不对！"

经庭前、庭中、庭后做工作，案件最终调解结案，旁听的群众议论起来："这个法官讲得样样在理！"

群众所说的女法官就是贵溪市人民法院党组成员、泗沥法庭庭长周淑琴。凭着对法治信仰的坚守，对法官职业的挚爱和对人民群众的深情，

周淑琴（左四）正在巡回开庭

周淑琴在矛盾纠纷最前沿的人民法庭一待就是18年。她用自己的坚守和苦干，秉持着那份初心，诠释着那份为民情怀，书写着一个又一个的为民故事。

找准症结，做一个善解纠纷的人

个子不高的周淑琴说话语速很快，和她打过交道的人都知道，她是位做事干练、条理清晰、雷厉风行的人。

2004年，周淑琴通过公务员招考进入贵溪市人民法院，在雷溪法庭工作。2016年2月后，她就一直在泗沥法庭。

在法庭默默坚守了18年，创造了贵溪法院女干警在法庭工作时间的最长纪录。18年的法庭生活，让周淑琴深知法官的辛酸和不易。

"能坚持下来，能在法庭工作18年，最重要的还是心中那份对工作的热爱，这是一种坚持，更是一份坚守，是对法院工作的满腔热情。"周淑琴告诉记者。

法庭审理的案件大多是离婚、赡养等家事纠纷，案件虽小，但因当事人心存怨气、情绪激动，案件产生的影响却不小。

出身农村的周淑琴对农村人怕打官司的心情了然于胸，但一旦有了官司，如果介入不及时、化解不妥当，就可能让小纠纷引发大问题，甚至可能影响到几代人。

为了有效化解这些"婆婆妈妈"的小矛盾，为了妥善处理那些"琐琐碎碎"的小纠纷，周淑琴总是热心接待每一位当事人，与他们拉家常，倾听他们的埋怨，了解他们的委屈。

"周淑琴的洞察力很强，在与当事人拉家常时，能敏锐地捕捉到一些细节，并从这些细节中找准问题症结，有针对性地突破。"泗沥镇敬老院院长杨进英告诉记者，她还给记者讲述了一个例子。

2020年4月，泗沥镇尹家村的一对夫妻闹离婚，起诉到了法庭。"来法庭前，我们村的女子调解队就对该纠纷调解了多次，但没调解成功。"

杨进英说。

受理该案后,周淑琴在与女方拉家常的过程中,发现女方没有因离婚而心情低落,反而时时会露出笑脸。看到这种不正常的表现后,周淑琴试探性地说:"村里人都说你有外遇,究竟有没有?在法律面前可不能撒谎。"

女方听后一愣,经周淑琴严肃追问后,女方默认了。

周淑琴据此从法律、道德、情义入手,继续做双方当事人的思想工作,最终,双方达成了女方向男方支付4万元精神抚慰金和7万元小孩抚养费的调解协议,案件调解结案。

周淑琴在审判实践中,还总结出了"六步调解法",即诉前、诉中、诉后和庭前、庭中、庭后全过程调解,把调解工作贯穿于家事审判的各环节。在她的推动下,建立了家事审判工作团队,打造了一支专业化的家事审判队伍;出台了家事审判相关的工作制度,确保了家事审判的规范化;完善了家事审判设施建设,让家事审判更温馨;推行圆桌法庭、微信法庭等庭审模式,让家事审判凸显人性化。

"家事无对错,只有和不和。"每一位到法庭的当事人,在周淑琴的引导下,总能打开心扉,辨清法理、道理和情理,珍惜亲情、友情和爱情,通过有效的调解,让当事人的矛盾消除在萌芽状态。

2008年5月,周淑琴担任法官以来,她年办案件百余件,结案率、服判率、调撤率均位居全院前列。"周淑琴给自己约法三条,不出现违法违纪情况、不办裁判不公的案件、不让群众受到冷落,她所办理的案子,老百姓都服!"贵溪市人民法院院长童力告诉记者。

大胆探索,做一个敢于创新的人

为了给群众提供更优质的司法服务,周淑琴敢于探索,创新性推进了多项改革。

2016年4月,周淑琴向一离婚案件当事人发出了人身安全保护令,这也是《反家庭暴力法》实施后江西省发出的首张人身安全保护令。

"那张人身安全保护令送达给了相关人员、公安机关、村委会和妇联等相关部门。如果当事人违反了禁令，将会根据情节轻重，面临着多种处罚。"周淑琴说。

2020年4月22日，针对实施家庭暴力的行为，贵溪市人民法院"周淑琴工作室"又发出了首份《家庭和睦劝诫书》。"这是全国法院发出的首份家庭和睦劝诫书。"周淑琴告诉记者。

记者看到，劝诫书的前半部分载明了男女双方当事人的姓名、身份证号码、家庭住址等基本信息，正文阐述了该院工作室收到女方当事人求助事项及赴当地派出所核实等情况，后半部分则劝诫施暴方应珍惜家庭、停止家暴行为以及不听劝诫的法律后果。

"制作家庭和睦劝诫书的目的，就是要劝诫、警示家庭施暴方停止施暴。"周淑琴说。

"周淑琴是一个勇于探索创新的人。为了方便群众诉讼，她敢于蹚改革新路，从改革中推进为民司法，在创新中更好地服务群众。"江西赣星律师事务所律师何接华告诉记者，这些年来，周淑琴为群众提供了很多实实在在的创新服务。

为了方便当事人办理相关事项，"周淑琴工作室"于2020年4月27日又发出了首份《离婚证明书》，这也是鹰潭法院系统发出的首份《离婚证明书》。

该《离婚证明书》系证明离婚纠纷案件当事人婚姻关系解除的法律文书，记载了当事人信息及证明离婚等事项，不涉及案件事实，能充分保护离婚案件当事人的隐私。

这一系列创新，目的就是给群众提供更高效、优质、便捷的司法服务，要让群众知道，法官并不是冰冷地执行法律，在让群众感受到公平与正义的同时，也感受到法官的温度。"法律无情人有情，周淑琴就是这样一位有温度、有人情的法官。"江西信江律师事务所律师黄涛评价周淑琴。

贴近群众，做一个干净纯洁的人

10多年来，周淑琴跑遍了辖区的每一个村落。她常常是办理一个案子，结识一帮乡亲，了解一方人情。

周淑琴用脚步丈量民情，用真心传递爱心，用案例弘扬法治。她把法庭搬到田间地头，搬到村民中间，让山村法庭审理的每一起案件，都成为一堂村民共享的法治公开课，有效淳化了民风乡风社风，提升了乡村治理法治化水平。

为妥善处理好家事纠纷，周淑琴还调动社会各方力量，共同推进家事纠纷的矛盾化解。贵溪市人民法院成立了以周淑琴个人命名的"周淑琴工作室"，工作室中成立了"婚姻家庭学校"，组建了"琴姐姐家事帮帮团"，打造了"琴"谈家事栏目，3个平台已成为贵溪家事纠纷诉源治理的重要载体。

在周淑琴多年的努力下，"知心大姐"成了她的专用词，"贴心闺女"成了她的代名词。由于她执法用法贴心、知心、暖心，为老百姓燃起了法治明灯。"有法律问题找'知心大姐''贴心闺女'"成了当地群众的口头禅。

"群众的纠纷化解工作，花费了我大量时间，所以我就没时间来陪家人。"周淑琴常因此而内疚。

"小孩都是爷爷奶奶帮忙带，在我那12岁的小孩眼中，爷爷奶奶排在最前面，其次是爸爸，我是排在最后的。"当看到小孩送给她的一张画有"妈妈您辛苦了"的图画时，一向坚强的周淑琴流下了眼泪，心中的酸楚涌了出来。

"看到我们夫妻俩忙得都顾不上家，有时我父母都不理解，他们经常会问，'你们真的有那么忙吗？'"周淑琴的丈夫李军笑着跟记者说。

"周淑琴怀孕时，曾晕倒过2次。现在工作强度这么大，我真担心她的身体吃不消，也担心她的安全，怕万一有哪个当事人在法庭耍横，伤到了她。"李军的言谈中，充满了对妻子周淑琴的关心。

辛勤的付出带来了丰厚的回报。周淑琴先后荣获了"全省岗位学雷锋标兵""江西省巾帼建功标兵""全省优秀法官""全省优秀人民法庭庭长""全省法院群众工作能手""全国巾帼建功标兵""全国法院办案标兵""全国优秀法官""全国模范法官""全国先进工作者""全国优秀共产党员"等荣誉称号。

勋章的闪耀离不开汗水的浇灌。18年来,周淑琴从青春年少到双鬓染霜,从一个普通的书记员成长为基层法庭庭长,一路走来,她司法为民、公正司法的初心未变,人民群众在司法案件中不断增强的获得感、幸福感和安全感,是她只争朝夕的结果,更是她不负韶华的写照!

(原载《人民法院报》2021年9月28日,作者胡佳佳)

办理一个案子，结识一帮乡亲

"作为一名基层法官，每天面对的都是群众的一些琐事、杂事，把群众的这些'关键小事'办好，把群众的'急难愁盼'处理好，就是我们工作中的头等大事。"这是党的二十大代表、江西省贵溪市人民法院泗沥人民法庭庭长周淑琴常挂在嘴边的一句话。

十八载坚守基层，周淑琴用脚步丈量民情，用真心传递爱心，用案例弘扬法治。"有法律问题找'知心大姐''贴心闺女'"，成了当地群众的口头禅。

善于化解"婆婆妈妈"的小事

个子不高的周淑琴说话语速很快，和她打过交道的人都知道，她是位做事干练、条理清晰、雷厉风行的人。

2004年，周淑琴通过公务员招考进入贵溪法院，在雷溪法庭工作，2016年2月至今，她一直在泗沥法庭工作。

在法庭默默坚守了18年，周淑琴创造了贵溪法院女干警在法庭工作时间的最长纪录。18年的法庭生活，让她深知法官的辛酸和不易。

基层法庭审理的案件大多是农村离婚、赡养等家事纠纷，出身农村的周淑琴深知，案件虽小，但因当事人心存怨气、情绪激动，案件的处理难度却不小。如果介入不及时、化解不妥当、处置不满意，就可能让小纠纷引发大问题，产生大影响，甚至可能影响到几代人。

办案中，为了有效化解这些"婆婆妈妈"的小矛盾，为了妥善处理那些"琐琐碎碎"的小纠纷，周淑琴总是热心接待每一位当事人，与他们拉家常，倾听他们的抱怨，了解他们的委屈，让他们发泄生活中的不满，让他们吐露心中的不快。

"法庭要当好矛盾纠纷的'调处阀',对当事人就要做到接待热心、倾听耐心、处理公心,要认真倾听每位当事人的声音,才能更好地引导当事人,才能找准化解纠纷的'钥匙'。"周淑琴说。

"她的洞察力很强,在与当事人拉家常时,能敏锐地捕捉到一些细节,并从这些细节中找准问题症结,有针对性地突破。"贵溪市泗沥镇敬老院院长杨进英这样评价周淑琴。

贵溪法院立案庭干警饶路新给记者讲述了一个案例。

2022年7月,贵溪法院受理了一起抚养费纠纷,"该案中男孩的父母已于几年前协议离婚,双方约定男孩随母亲共同生活,由父亲每月支付抚养费至小孩成年,男孩父亲依约定履行了义务,但男孩母亲作为男孩的法定代理人起诉要求男孩父亲承担额外的培训教育等费用。立案前,我曾多次参与该案的诉前调解,但因男孩父母对支付标准和支付范围各执一词,调解陷入僵局"。

在随后的沟通过程中,周淑琴站在一个母亲的角度释法明理,男孩母亲彻底卸下了防备和"盔甲",抱着周淑琴哭诉这些年来自己一个人带孩子的不易,对男孩父亲鲜少关心、陪伴孩子有诸多不满,却对诉状中要求对方支付培训等费用的主张只字未提。

观察到这里,周淑琴更加坚定了此前对原告诉讼意图的推测,转身对男孩父亲说:"父母是孩子的第一任老师,应该共同承担起对未成年子女的家庭教育责任。虽然你已经支付了抚养费,但却与孩子的沟通交流甚少,忽视了孩子的生理、心理状况和情感需求,我必须对你进行批评教育,希望你今后能够重视亲情的维系,为孩子的健康成长营造良好环境。"

此时,男孩父亲也不再极力争辩,而是默默低下了头。最终双方达成了由男孩父亲支付部分教育培训费的调解协议,案件以调解结案。

完善的机制是做好家事审判工作的前提和基础。周淑琴在家事审判工作中,总结出了"六步调解法",即诉前、诉中、诉后和庭前、庭中、庭

周淑琴与案件代理律师沟通案情

后全过程调解,把调解工作贯穿于家事审判的各环节。在她的推动下,贵溪法院建立了家事审判工作团队,打造了一支专业化的家事审判队伍;出台了家事审判相关的工作制度,确保了家事审判的规范化;完善了家事审判设施建设,让家事审判更温馨;推行圆桌法庭、微信法庭等庭审模式,让家事审判凸显人性化。

"家事无对错,只有和不和。"每一位到法庭的当事人,在周淑琴的引导下,总能打开他们的心扉,辨清法理、道理和情理,珍惜亲情、友情和爱情,通过有效调解,让当事人的矛盾消除在萌芽状态,化解于无形之中。

"很多棘手的案件看似到了'山穷水尽'的境界,因为有了周淑琴和风细雨般劝解,又重现了'柳暗花明'的情形,最终让当事人冰释前嫌、握手言和。"贵溪法院院长童力说。

敢于在创新中体现法律温度

2016年4月,周淑琴向一离婚案件当事人发出了人身安全保护令,这是《反家庭暴力法》实施后江西省发出的首张人身安全保护令。

"那张人身安全保护令送达给了相关人员、公安机关、村委会和妇联等相关部门。如果当事人违反了禁令，将会根据情节严重程度，面临着多种处罚。"周淑琴说。

2021年4月，针对实施家庭暴力的行为，贵溪法院"周淑琴工作室"又发出了一份《家庭和睦劝诫书》。

记者看到，劝诫书的前半部分载明了男女双方当事人的姓名、身份证号码、家庭住址等基本信息，正文阐述了该院工作室收到女方当事人求助事项及赴当地派出所核实等情况，后半部分则劝诫施暴方应珍惜家庭、停止家暴行为以及不听劝诫的法律后果。

"制作家庭和睦劝诫书的目的，就是要劝诫、警示家庭施暴方停止施暴。"周淑琴说。

"周淑琴是一个勇于探索创新的人。为了方便群众诉讼，她敢于蹚改革新路，从改革中推进为民司法，在创新中更好地服务群众。"江西赣星律师事务所律师何接华说。

为了方便当事人办理相关事项，"周淑琴工作室"于2021年4月又发出了首份《离婚证明书》，这也是鹰潭法院系统发出的首份《离婚证明书》。

该《离婚证明书》系证明离婚纠纷案件当事人婚姻关系解除的法律文书，记载了当事人信息及证明离婚等事项，不涉及案件事实，能充分保护离婚案件当事人的隐私。

这一系列创新，就是为了给群众提供更高效、优质、便捷的司法服务，要让群众知道，法官并不是冰冷地执行法律，在让群众感受到公平与正义的同时，也感受到法官的温度。"法律无情人有情，周淑琴就是这样一位有温度、有人情的法官。"江西信江律师事务所律师黄涛评价周淑琴。

乐于帮乡亲燃起法治明灯

十多年来，周淑琴跑遍了辖区的每一个村落。她常常是办理一个案子，结识一帮乡亲，了解一方人情。

为妥善处理好家事纠纷，周淑琴还调动社会各方力量，共同推进家事纠纷的矛盾化解。贵溪法院成立了以周淑琴个人姓名命名的"周淑琴工作室"，工作室中成立了"婚姻家庭学校"，组建了"琴姐姐家事帮帮团"，打造了"琴"谈家事栏目，三个平台已成为贵溪家事纠纷诉源治理的重要载体。

"群众的纠纷化解工作，花费了我大量时间，所以我就没时间来陪家人。"周淑琴常因此而内疚。

"看到我们夫妻俩忙得都顾不上家，有时我父母都不理解，他们经常会问，'你们真的有那么忙吗？'"周淑琴的丈夫李军笑着跟记者说。

辛勤的付出带来了丰厚的回报。周淑琴先后荣获了"全省岗位学雷锋标兵""江西省巾帼建功标兵""全省优秀法官""全省优秀人民法庭庭长""全省法院群众工作能手""全国巾帼建功标兵""全国法院办案标兵""全国优秀法官""全国模范法官""全国先进工作者""全国优秀共产党员"等荣誉称号。

2022年，周淑琴又光荣当选为党的二十大代表。"一份荣誉，一份肯定。面对荣誉，我心怀尊崇，面对压力，我不断学习。只有心怀对法治的信仰，坚守对公正的捍卫，才能不负胸前的法徽、鲜红的党旗和人民的期盼。"周淑琴说。

（原载《人民法院报》2022年10月14日，记者刘锋）

人民庭长

个头不高，才 1.5 米出头，留齐耳短发，多穿平底鞋。如果不穿制服，看外表，怎么都跟"法官"二字联系不起来。

声音脆润，语速极快，说案件滔滔不绝，谈事理入木三分；调解纠纷以理说事，法庭判案一槌服众。2021 年 42 岁的她，扎根基层法庭 17 年，先后获"全国法院办案标兵""全国优秀法官""全国巾帼建功标兵""全国模范法官"和"全国先进工作者"等称号。2021 年 6 月，被中共中央授予"全国优秀共产党员"称号。

她叫周淑琴，贵溪市人民法院党组成员、泗沥法庭庭长。

初心

周淑琴中学毕业那年，供职于供销社的父亲让她报考了供销技校。1997 年，周淑琴技校毕业，被分配到基层供销社，卖起了化肥农药。

那些年，市场经济大潮已涌向农村，出现了一些皮包公司，供销社很多停薪留职下海的职工被骗。官司打到法院，法院判决后执行，被骗的人拿回了钱。"这时候，我开始有'执行'的概念，对穿制服的人，特别是法官，非常崇敬。"周淑琴说。2000 年，她放弃供销社的工作，考入南昌大学成人本科法律专业，脱产学习 4 年。

学习结束，她考上了公务员，进入贵溪市人民法院，被分到了基层法庭。

做了 10 多年执业律师的黄涛，因为一桩案子对周淑琴刮目相看。

案件简单：当事人和她两个小孩都有不同程度的智力残疾。她老公是家里唯一的劳动力，但却在做工时不幸身亡。当事人的姐姐寻求法律援助，找到黄涛。"我想法很简单。"黄涛说，"我帮她起诉，拿了钱，把孩子交给孤儿院,孩子有所养,有所依,就可以了。"

但是,案子到了周淑琴手上,她说,把孩子放到孤儿院,不是办法。被告是两个小孩的亲叔叔。周淑琴对被告说:"赔偿的钱,不论是调解或判决下来,你可以不支付,但条件是小孩放在你家里养。你们毕竟是亲人,相信你会善待他们。"

泗沥镇农业技术推广服务站副站长叶根才当了几年人民陪审员,谈起周淑琴直竖大拇指。因为很多案子在他看来,三分钟能解决的事,周淑琴却要花上三四个小时。

两兄弟为了一栋房子的继承问题打官司。"在我看来,这个案子非常简单,槌子一敲,房子一人一半。"叶根才说。但周淑琴却调解了三个多小时,先是在法院院子里调解,下雨了,她就和当事人站在走廊上说。"我后来就问她,三分钟能做的事,你干吗用三小时去做?她说,判,得到了法律的公平公正。调,得到的是家庭和谐、亲情融洽。"

泗沥法庭副庭长李进原来在刑事庭工作。他说,以往办刑事案子,会把法官的气派端得足足的,但到了泗沥法庭办家事案,就得学着周淑琴,放下身段,跟老百姓打成一片。

"老百姓打官司,就是把公平托付给你了。"周淑琴说。下村送达、调解,都希望能够送达、调解顺利;哪怕调不好,也为今后打下基础,以后再调,成功概率就大。"农村很多事单纯用法律去衡量行不通,表面看,是100公斤谷子或200元的事,其实关键是当事人心里都憋着一口气。跟他们聊聊天,听他们倾诉,也许这口气就消掉了。"

周淑琴善于借助"多元解纷"渠道,联系特邀调解员、家事调解员,共同做诉前调解工作。"只有平时多和村干部、群众充分地沟通和交流,才能获取大量的、真实的信息,以后要向某个村了解当事人的情况,就容易开口,也能了解到真实情况。如果我跟群众都是泛泛之交,关键时候就不容易从他们那里掏到心里话。"

有人问周淑琴,这么耐心细致做调解,为了什么?她说,为了案件少到法庭上来。"化解总比判决好。判决之后要执行，执行困难，增加了法院的工作量。我所做的，就是把人民法庭的前沿阵地功能再往前推一推。"2019年，泗沥法庭共审理300多件案子，2020年受理了120件；2021年前8个月，受理117件。

深情

这是一份简短的民事裁定书，短得只有数百字——申请人毛某于2016年4月20日向贵溪市人民法院申请人身安全保护令。毛某称，她老公自结婚以来从不关心她，并数次殴打她。2016年3月31日，她老公再次殴打她，造成她轻微伤……

法院经过审查，认为毛某因面临遭受家庭暴力的现实危险，向法院申请人身安全保护令，法院应该受理。法院依照《反家庭暴力法》第二十三条第一款、第二十六条、第二十七条、第二十九条、第三十条、第三十一条的规定，裁定：禁止被申请人威胁、殴打毛某。如被申请人违反禁令，法院将依据《反家庭暴力法》第三十四条之规定，视情节轻重，处以罚款、拘留；构成犯罪的，依法追究刑事责任。

裁定书末尾写着"审判员：周淑琴 2016年4月22日"。

这是一份特别的民事裁定书，裁定书的文号是"（2016）赣0681民保令1号"——这是贵溪市人民法院向申请人发出的第一份人身安全保护令。据了解，这也是《反家庭暴力法》实施后江西省第一份向申请人发出的人身安全保护令。保护令发出的日期，是《反家庭暴力法》施行之后的第53天。

贵溪市人民法院院长童力回忆，2016年4月初的一天，周淑琴来到他办公室，报告她从省里参加完《反家庭暴力法》培训，就接到了一个因家暴起诉离婚的案子。当事人起诉后，她老公还威胁要打她。"作为一个女人，我没办法容忍！"周淑琴对院长说，"正好刚学了《反家庭暴力法》，我觉得可以建议当事人申请人身安全保护令，用这个保护令来制止施暴的人，保护弱者。"童力问她程序上有没有问题，周淑琴说，《反家庭暴力法》刚施行，程序上不一定跟得上，但她会把握好。就这样，贵溪市人民法院发出了《反家庭暴力法》实施后江西省第一张人身安全保护令。"这体现了周淑琴同志的爱心，体现了她对法治精神的追求。"童力说。

在拟定这份裁定书时，周淑琴字斟句酌。原因是当时江西还没有哪个法院作出过这样的裁定，没有可参照的文书格式、认定证据标准等。她多次同江西省高级人民法院民一庭法官沟通请教，终于拟定了这数百字的裁定书。她说："家暴伤害的不仅是夫妻关系，还有无辜的孩子。这张保护令承载着我的期望。"

周淑琴的感慨来自她的调研。她把泗沥法庭和贵溪市人民法院各个庭室的家事案件逐一归纳、分析、总结，发现婚姻家庭类案子，起诉时说被家暴的非常多，但是开庭时能提交证据的，100个案子里也找不到一个。她走农村、进社区，做反家暴宣传。有一次，她正在录制反家暴宣传节目，一女子闯进演播大厅。只见她情绪激动，问周淑琴，作为一个旁观者，如果遇到别人被家暴，可不可以报警？周淑琴斩钉截铁地说："可以报警，应该报警！"

她把手机号码向群众公开，随时接听咨询。

德治

一名当事人在离婚诉状上数落妻子种种不是，要周淑琴教育他妻子"嫁鸡随鸡，嫁狗随狗"。周淑琴批评这名当事人："嫁鸡随鸡，嫁狗随狗，这是动物！就凭你诉状上这句话，我就不同意你们离婚！"

一位老大爷得了征地补偿款，买了新房，就想把妻子赶出家门。周淑琴了解到，老人和妻子是半路夫妻，他没房子住的那些年，都是住在女方家。周淑琴严厉批评老人："你做人不能这样啊，没房子时住老婆家，有了新房就不要老婆了。我不会判你离，下次你再来，还是不会判你离！"

一段时间，高价彩礼攀比风越来越严重，周淑琴结合案例，到贵溪农

周淑琴进校园开展普法活动

村巡回上课:"这家女儿出嫁,要了多少彩礼,那家说,我女儿不比这家差,彩礼一定要比这家的多。攀比风害死人,女人的价值不是靠彩礼去衡量的。"

……

周淑琴进村普法,看到小孩子,会给他们讲些故事,让孩子们树立正确的人生观、世界观、价值观;看到村民,她就叫大哥大姐、爷爷奶奶、公公婆婆。泗沥镇王湾村有个赡养案件,儿子不肯给父亲200公斤谷子。老人找到村委会,让村干部评理。村支书向周淑琴求援。周淑琴来到老人晚辈家,先讲道德,后讲法律,花了3个多小时,做通了晚辈的工作。

"本院认为,尊老爱幼是中华传统美德,更是人之基本准则。古有云:百善孝为先。孝,是千百年来中国社会维系家庭和睦之道德准则。鸦尚有反哺之孝,羊且知跪乳之恩,更何况人乎……"这是2019年9月28日周淑琴在一份民事判决书上写下了数百字的"感言"。这起赡养纠纷案并不复杂，判决书在道德层面与法律层面同时陈述，从《婚姻法》到《老年人权益保障法》，从"家和万事兴"的家风家训到"孝子之养也，乐其心，不违其志；乐其耳目，安其寝处"的古语，深入浅出，循循善诱，既是一纸判决书，更是一篇道德"提醒告诫书"。

"仁义礼智信，法律是底线。"童力说，"底线思维当然是必需的，但是如果能像周淑琴那样，多从道德层面去化解，更有利于社会和谐。'德礼为政教之本，刑罚为政教之用。'德法共治，周淑琴一直在实实在在地践行。她丰富了法官的内涵，是一个真正的法官，一个接地气的法官，一个新时代的人民法官。"

担当

周淑琴个子小，在公安部门工作的丈夫李军很担心："审案子，特别是执行的时候，你要观察当事人的表情。如果他情绪不对，你要赶紧控场。"他还对派出所的同事说："拜托你们多留点心，一旦法庭有情况，出警要快点，不要让我老婆吃亏。"

周淑琴同事说："别看她个子小，在法庭上气势一点也不弱。"

有一次，周淑琴正在审一桩案子，一方当事人突然冲到另一方当事人面前打了对方一巴掌，周淑琴噌地站到两位当事人中间，呵斥动手的一方。"法庭干警就两三个人，我不上谁上？"她说。有一次审案，一当事人不时捂裤口袋，周淑琴看出了蹊跷，就问他："口袋放啥啊，带了什么宝贝？是不是带了证据来，想拿给我们看？"当事人死活不肯。周淑琴和一位同事把他口袋里的木工锤子抢到手里。抢夺过程中，她和同事手上都受了伤。

来法庭的人，有性格暴躁的，有情绪紧张的，还有喝了酒的，什么情况都有。而周淑琴手里，只有一柄法槌。但法槌在手，她就充满了无穷的力量。

2021年上半年，周淑琴和同事到一个村开设巡回法庭，审理一桩离婚案。

法庭设在村口一棵大树下，树下有石凳石桌。周淑琴正襟危坐，把法槌摆在石桌上。当事人是一对夫妻。双方都觉得受了天大的委屈。男当事人特别激动，从头到尾骂骂咧咧，说到激动处，还拍起了石桌。周淑琴见状，拿起法槌腾地站起来，大声呵斥，法槌重重敲在桌面上，四周顿时鸦雀无声。

事后，周淑琴对同事说，村头那么多旁听的群众，如果你不控住这场面，老百姓会说，原来在法庭上是可以随便骂人的。"这肯定不行，所以我敲槌，就是警告他。"

知新

周淑琴办公室，放着《裁判是怎么写成的》，她在一些书页上画上了一道道线"我也在尝试一种'对话式裁判文书'，所谓'对话'，首先要跟当事人对话……""经典文书来源于对案件的精准把握，也来源于法学理论的深厚积淀；来源于理性的殷殷情怀，也来源于对对话式文书的孜孜以求"……

一本发黄的笔记本上，周淑琴记下了她刚到法院工作时记录的几百个案子，从序号、案号、原告、被告、案由到诉讼费、程序、结案方式等，字迹工整，一目了然。她说，刚入职法院头几年，先做内勤，那时没有电脑录入，只有手写，"所有案子相关流程，我都要写在本子上，记在心里，随时能拿得出来"。2016年，她到泗沥法庭任庭长，把前三年的案子全调出来，分门别类，一个一个研究。尤其对天价彩礼进行归纳，做成宣传册，"贵溪法院受理婚约财产案件""什么是彩礼""法律层面说彩礼""为什么彩礼会逐年攀升，金额越来越高""天价彩礼造成的社会不良后果""案例总结与反思"等，从全国说到贵溪，从案例到思考，图文并茂，通俗易懂。

每次庭里新进年轻人，周淑琴就告诉他们，既要学会向前看，也要学会向后看。"温故知新。向后看，是反思曾经走过的路，去看自己的不足。这样，前面的路才能走得更好。"她经常看自己写过的判决书，总能找出很多欠周全的地方，下次碰到类似的案子，就会避免出现相同的瑕疵。2012年，她撰写的裁判文书，被评为江西全省法院优秀裁判文书；后来她写的一份离婚纠纷案案例，收入2015年《中国审判案例要览》。

"现在做智慧法院、法官e助理、多元解纷e平台，我觉得都要试，一定要用。庭长怎么管理？试了之后才知道某一项工作的量到底有多大，分配工作时才能做到均衡。"

贵溪市人民法院在泗沥法庭打造家事审判品牌，在法院建起了"周淑琴工作室"，统筹全院家事审判工作，并将"周淑琴工作室"向所有派出法庭延伸，提炼了"周淑琴工作流程"和"周淑琴工作法"。工作室成立"琴姐姐家事帮帮团"，录制"琴"谈家事节目，在市级媒体上播放。"现在，我们做妇女维权工作更有底气了。"贵溪市妇联二级主任科员王丽说，"琴姐姐成了全市女同胞的知心姐姐。"

脾气

"她常常给老百姓做点好事，群众很感激她。"周淑琴的公公李树生说。2020年，一位老人拎了两只老母鸡来他们家。老人事先并不知道周淑琴住哪，托人问到李树生一位老同事，老同事就带着老人找上门来了。

老人说，周淑琴帮她调解了一个婚约财产的案子，拿回了彩礼钱，就来表个心意。李树生不肯收，说："我儿媳就是这脾气，您老人家不要见怪。"老人丢下东西就走，李树生只好让那位带路的老同事把母鸡拎了回去。

2020年4月的一个上午，周淑琴刚开完一个庭，正准备开下一个庭时，突然看到法庭门口停着一辆三轮车，车旁边站着一名50来岁的女子，脚边放着一只蛇皮袋和一小篮鸡蛋。蛇皮袋里有两只鸭子在动。这不是上次判她不离婚的付某吗？周淑琴走出法庭，来到女子身边。付某说,感谢周庭长没有判决她离婚,今天特意送鸭子和鸡蛋给庭长。

周淑琴对付某印象很深。付某爱人向法庭递交诉状,以夫妻关系破裂为由,要求判离婚。收到诉状不久,周淑琴先后接到两封信,是付某两个女儿写的,各自说了父母共同生活的细节,都表示不希望父母离婚。周淑琴又详细了解了其他情况,找到付某爱人,对他说:"疫情时,你们一家人都在一起过日子,同一屋生活,同一桌吃饭,并没有天天吵架,证明你们的矛盾并没有到不可调和的地步……"苦口婆心做通了付某爱人的工作。

见到周庭长,付某有些激动,硬要她收下鸭子和鸡蛋,周淑琴坚决不收。两人推了很久,周淑琴说:"你硬要给我,我就出钱买。"见她这样说,付某只好收拾起东西,骑上三轮车离开了。

看着付某离开的背影,周淑琴有些感慨:"他们的感情可能不会因为一纸'不离'的宣判就挽回了,但她从这个判决中,看到了一点希望,给了她一次机会。"

一名精神病患者,被妻子起诉离婚,周淑琴两次到精神病院探望被告。调解离婚后,周淑琴从口袋里拿了200元给患者;一桩赡养案子,调到最后,兄弟为了200元争执不下,周淑琴自己掏出200元,送到两兄弟的老父亲手上。"这钱总要有人出,200元能解决的事,我能拿出来,不就顺利解决了?"她说。

……

她不会开车,儿子上学,一天来回两趟,都是公公接送;上班,爱人开车送她到单位,爱人没空,她就坐公交;她兼任扶贫村第一书记时,到村里有1小时车程,驻村没有休息日,开会常常在晚上。她到村里去,有时公公送,有时爱人送,有时弟弟送,有时妹夫送。难怪她公公打趣说:"你当庭长5年了,我到现在都不知道,你那庭里到底有没有车子。"

家人不理解:周末或节假日加班,为什么不用庭里的公车呢?周淑琴解释:"周末开着法院的车,会让人误解,我觉得不太好。加上法庭没有专职司机，让干警休息日开车接送，会影响同事休息。"

坚守

2010年，31岁的周淑琴怀孕了。

她当时所在的雷溪法庭人手很紧。这一年，庭里只有庭长夏素明和周淑琴两个人，连书记员都要临时到乡政府去借。

不巧，有个离婚案亟待开庭。男方当事人因诈骗罪在陕西榆林服刑。夏素明和周淑琴商量，他准备去榆林监狱，他问周淑琴："你能不能去？"

周淑琴二话不说："去！"

当时她已有两个多月的身孕。但她想，法庭人手太少，到院里或其他法庭借人，人家对案子不熟悉，还不如她自己去。

就这样，她和庭长坐飞机到了西安。出了机场，到火车站。因临时购票，他们连坐票都没买到。

这一晚，周淑琴一辈子也忘不了。她和庭长在拥挤的车厢内站了10个多小时，只在中途，插空靠在洗手池上打了个盹。天亮赶到榆林，又马不停蹄赶到监狱开庭……

2016年，端午节。信江泗沥河段划龙船。镇里出于安全考虑，组织全镇干部维持秩序，龙船不上岸，干部不能走。端午节前夕，镇长洪明友让镇政府办公室的同志跟驻镇单位联系，请驻镇单位的干部支持配合镇里的工作。"特别是请穿制服的驻镇单位多支持。"洪明友特意交代。

到了端午这天，他来到江边，突然看到穿制服的周淑琴在维持秩序，上前招呼："你跑来干什么？"周淑琴说："镇长，我庭里4个干部，只有我是贵溪人，他们三个都是外地的，端午能不让他们回家啊？"

同事节假日可以回家，她留下；同事在基层法庭待了几年就回了城，她仍留下。到今天，她在基层法庭待了整整17年。

周淑琴当妈妈后，跟领导提过一次回机关的想法，院领导对她说："庭长是军转干部，刚到雷溪，业务还是你更熟悉些。法庭需要你，再坚持坚持吧。"

坚持坚持，坚持到了 2017 年。这一年，公公李树生突发心脏病，好在抢救及时，挽回了生命。到广州做了手术，体重从 75 公斤降到 60 公斤。住院期间，周淑琴工作正忙，只好利用周六周日两天，坐高铁到广州，看了公公一眼就回到了工作岗位。

公公出院后，对药物严重过敏；孩子每天接送两趟，周淑琴爱人在派出所工作，加班也是没日没夜，既然法庭离不开周淑琴，周淑琴爱人就向组织提出申请，从派出所调到了交警上班。

2018 年，周淑琴第二次向组织提出，能不能回机关。院领导说，院里考虑把泗沥法庭作为家事审判的试点法庭，需要她通过实践探索，不断增强基层群众的获得感、幸福感、安全感。

她把进机关的念头收了回去。这以后，她再也没提过。

雷溪法庭、泗沥法庭离贵溪市区说近不近，说远也不远。早上到了法庭，一直要忙到晚上，中午不能回家。这几天，泗沥法庭副庭长李进的小孩呕吐，他爱人单位事情也多，家人和孩子很希望他中午回家。周淑琴看在眼里，怜在心中："我这么多年的体会是，离家越近，家人对你的期望就更高，要求也更多。如果在机关，中午就能回家；如果离家很远，家人就不指望你什么了。这么多年，唯一对不住的，就是家里人。"

她常跟庭里的年轻人说："坚持，坚持，我就是这么坚持过来的。"因为基层法庭是最锻炼人的地方。

（原载《江西日报》2021 年 9 月 27 日，记者江仲俞、刘静）

肖海棠

Xiao Haitang

　　肖海棠，女，汉族，广东大埔人，1977年6月出生，中共党员，2003年7月参加法院工作，现任广州知识产权法院专利审判庭庭长、三级高级法官。肖海棠同志从事知识产权审判事业20年，办案数量连续多年名列前茅，审判质效良好。她长期承担知识产权重大案件审理工作和重要课题调研任务，成功审理华为与三星、华为诉交互数字等多宗具有国际性影响案件，在中国法律语境中充分论证了"FRAND""禁令救济"等国际法律难题，充分证明"世界最前沿疑难的案件中国法院也能审理"，其办理案件入选"全国十大知识产权案件""50件典型案例""改革开放四十周年40个重大司法案例""WIPO知识产权典型案例（中国卷）"等。她始终保持人民法官敬业爱岗、清正廉洁、秉公执法的优良作风，树立了共产党员立政德、明大德、守公德、严私德的良好形象。她荣获"全国优秀共产党员""全国先进工作者""全国法院办案标兵"等荣誉。

先 进 事 迹

奏响中国知识产权法治强音的奋斗者

肖海棠,女,汉族,广东大埔人,1977年6月出生,中共党员,2003年7月参加法院工作,现任广州知识产权法院专利审判庭庭长、三级高级法官。她曾荣获"全国优秀共产党员""全国先进工作者""双百政法英模""全国法院办案标兵""全国法院知识产权审判工作先进个人""省直机关优秀共产党员"等荣誉,入选2020年度人民法院十大亮点人物。她荣立个人二等功2次、个人三等功2次。

肖海棠是习近平法治思想的坚定信仰者、忠实实践者,从事知识产权审判工作20年,永葆忠诚之心,锤炼担当之能,激扬越是艰险越向前精神,知重负重,攻坚克难,以国际视野和中国法律语境相融合的司法裁决和调研成果,向世界唱响了中国法治的时代强音。

以担当之能勇挑重任,向世界阐释中国司法智慧。弘扬斗争精神,不畏挑战、勇挑重任,以过硬本领展现作为,多次圆满办结具有国际性影响的重大疑难案件,向世界展示中国法院知识产权保护成就和中国司法智慧。2013年,华为公司诉美国IDC公司垄断纠纷案,系中国企业向外国企业提起的第一宗反垄断诉讼,广受国内外关注。该案涉及通信领域标准必要专利这一国际社会公认的最为前沿的知识产权审判难题,不仅国内没有先例,在国际上也没有达成共识。肖海棠一头扎进这一陌生领域,以近乎疯狂的状态阅读中外法律研究、相关商业惯例和行业规则,

肖海棠工作照

边学边办。最终不辱使命，她将全球思维、国际视野与中国法律语境相融合，在裁判文书中详细阐述了对"FRAND""过高定价"等法律问题的解读，认定美国IDC公司滥用市场支配地位，需赔偿华为公司2000万元经济损失。该裁判获得国内外广泛认可，认为"该案判决确立的裁判标准对中国乃至国际知识产权司法保护领域均将产生重要影响"。该案入选"改革开放四十周年40个重大司法案例""全球年度案例""2008—2018年中国法院反垄断民事诉讼10大案件"，最高人民法院亦高度评价该案"充分证明世界知识产权领域最前沿的法律问题人民法院也能审理"。

作为知识产权法官，她对国之大者心中有数，讲求斗争艺术，始终把实现政治效果、社会效果、法律效果相统一作为工作目标，有效维护国家利益。2018年华为诉韩国三星专利侵权纠纷案，不仅涉及标准必要专利疑难法律难题，还涉及世界通信领域知识产权布局和市场博弈，且正值中美贸易摩擦，引发国际社会高度关注。作为该两案承办法官，她深入研究国际标准必要专利禁令救济规则和技术难题，精心做好依法裁判和促进双方和解的两手准备。在已艰辛拟出 40 万字判决书的情况下，为争取全球和解的最佳效果，仍多次召开专场调解会议反复进行调解，最终成功促使两大通信巨头签订全球专利交叉许可协议，一揽子和平解决双方持续三年的全球 44 宗诉讼纠纷，并就纠纷达成调解结案，有效化解美国禁诉令造成的局势危机，巩固了广东法院国际知识产权审判优选地位，体现出中国法院解决新时代国际纠纷的智慧担当。中央政法委、最高人民法院给予高度评价，认为该两案"充分展示了知识产权审判在国家治理结构和国际经贸斗争中的重要作用"。

　　以忠诚之心攻坚克难，为建立公平合理的全球知识产权治理规则争取中国话语权。以强烈的政治责任感和职业使命感全身心投入调研工作，贡献中国法院对知识产权司法难题的思考路径及解决方案，积极构建公平合理的全球知识产权治理规则和国际竞争秩序。针对知识产权赔偿难这一业界公认的司法瓶颈问题，在历经长达 7 年的连续调研、跟踪试点基础上，她形成破解知识产权赔偿难瓶颈问题的研究报告，归纳出广东经验并向全国推广。针对通信领域标准必要专利国际规则阙如而各国竞相强化己国规则影响力的形势，她在办理大要案基础上潜心研究该领域前沿疑难问题，形成《关于通信领域标准必要专利司法实务问题》调研报告及办案指引，相关成果不仅获第二届全国知识产权优秀调研成果特等奖，还受到通信行业、国际标准组织甚至 WIPO 的密切关注和高度评价，被誉为"汲取全球标准必要专利诉讼相关规则，符合中国法律规定、行业惯例和司法实践的集大成者"，对推动国内立法、引领形成国际规则，起到积极作用。针对当下新兴行业如游戏行业、网络平台开展调研，出台网络游戏知识产权审判指引，保护其创新成果，引领其健康规范发展。这些调研成果和司法经验不仅多次获得全国调研奖项，还在对外交流中为国际同行所关注和认同，加深了世界对中国司法智慧的认可和理解,为国际规则的形成争取了中国法院的话语权和影响力。

以为民之情履职尽责,充分发挥裁判导向作用。不管是对受国际关注的大案要案,还是对涉及企业发展、个人权益保护的普通案件,肖海棠都以真挚的为民情怀和强烈的社会责任感,围绕大局履职尽责,公正司法。多年来主审、参审案件5000件,审核案件上千件,办案质效连续多年名列前茅。她承办的案件已有20件成为全国或全省典型案例、载入法院工作报告或知识产权白皮书,其中"非诚勿扰"商标侵权案被选入"WIPO知识产权典型案例(中国卷)",以汉英双语向世界分享中国经验,充分发挥了裁判指引和评判作用,为依法保障新业态新模式健康发展,为营造市场化法治化国际化营商环境,为实现经济高质量发展,贡献出应有力量。

扫码观看视频

工 作 感 悟

以奋斗者姿态奔跑在新征程

2023年春天,根据组织安排,我离开工作了将近20年的广东省高级人民法院,前往广东知识产权审判前沿阵地——广州知识产权法院工作。从春天出发,一刻都不能耽误,我咀嚼着诗一般的语句,继续以奋斗者的姿态奔跑在知识产权审判赛道上。

回想工作以来的20年,我倍感幸运、无比感恩。我有幸在组织的关怀、培养和同事们的教导、帮助下,一直从事自己热爱的知识产权审判事业,在时代浪潮中彰显中国法官应有风采,不断验证生命的意义、工作的价值。尽管当前换了平台、改了视野,但我初心依旧、责任依旧。无论年岁几何、身处何方,我相信,我将始终奋斗不息,为中国审判事业贡献自己应有的力量。

一是始终弘扬斗争精神,练就过硬本领,做拼搏奋斗的践行者。实现伟大梦想就要顽强拼搏、不懈奋斗。知识产权是国际竞争力的核心要素,也是国际争端的焦点。知识产权法官所遇上的每一个知识产权大案,都可谓一次考验、一个难关。身处改革开放前沿阵地,我和我的同事们有幸经历并经受住了华为诉美国IDC公司垄断纠纷案、"非诚勿扰"商标侵权案、"快播案""高通案"等一系列新颖疑难案件的考验。而当我们关关难过关关过,摸索学会了在全球视野、家国情怀下进行专业表达,努力将案件事实、行业经验与中国国情相结合,以共通的法理进行专业阐释,并赢得国际尊重和认可时，这种幸福感和成就感是无法言喻的。这也让我更加体会到，只有激扬越是艰险越向前精神、知重负重、敢于斗争、敢于胜利，磨炼出过硬的专业实力和业务能力，才能有效维护国家利益，向世界传播更动人的中国法治故事。

二是始终牢记国之大者，做中国司法智慧和责任担当的贡献者。华为三星案的调解让我对"为大局服务、为人民司法"有了更深的体会。其实在决定调解结案的那一刹那，我的内心还是有那么一点点遗憾的。因为这对我来说，意味着放弃那份倾注了无数心血、足以作为法官生涯代表作的判决书。记得调解成功的那个黄昏，我心情复杂地走在回家路上，远远传来广播的声音，当听到习近平总书记"功成不必在我，功成必定有我"①掷地有声的话语，我就像突然被光照耀到一般，被狠狠地戳中内心，所有的阴霾一扫而空，身上充满温暖和力量。人生的价值，本不在于向世人证明你的能力你的成功，而在于你为了理想信念那么坚定不移地努力过拼搏过，更何况，我还突破自身局限，争取到对当事人、社会公众和行业最圆满的结局，充分展示了中国司法智慧和责任担当，这样的幸福感、成就感和满足感不正是最大的回报吗？当然，组织没有忘记我，给予了很多荣誉和肯定。但我想，即使没有后面的鲜花和掌声，我的内心也是富足的，因为我清晰地感受到，为人民美好生活而奋斗是真的幸福。将青春之歌融入时代旋律，将个人理想融入国家梦想，与时代同步、与人民同行，是实现人生价值的正确路径。

三是始终站稳人民立场，回应民众关切，做践行宗旨的担当者。司法工作就是要把对党和人民的忠诚和热爱体现在为大局服务、为人民司法的实际行动中。我始终相信，一个案件就是一个营商环境，一份判决就是一次智慧发展，必须努力使我们的裁判护航创新、维护公平。同时，人民有所呼，司法有所应，理应积极回应人民群众关切，研究解决知识产

---

① 洪向华主编：《完整准确全面贯彻新发展理念》，人民出版社2021年版，第235页。

权审判中的热点难点堵点问题。无论是聚焦聚力解决举证难、周期长、成本高、赔偿低等制约知识产权发展的瓶颈问题,还是探索以科技赋能解决案多人少、提效增速的改革措施,抑或出台审判指引助推新业态新模式健康发展,这些大大小小的举措、路径、渠道,只要能够满足社会公众对司法工作的期待,有益于审判工作和社会发展,我们都乐于探索、用心研究、不断完善,力求踩准时代需要和人民需求的节奏,做好助推经济社会高质量发展的司法服务。

新的征程,新的奋斗。我将继续发挥好先锋模范作用,牢记初心使命,不负时代、不负人民,继续谱写中国法治的美好华章,为新时代、新征程奉献自己的全部力量。

群众评价

　　肖海棠法官从事知识产权审判工作多年，审理过大量在省内外有着重大影响的知识产权案件，为广东的知识产权司法保护事业作出了不可磨灭的贡献，是一名优秀的专家型法官，在法庭上严谨耐心细致，在法庭外热情随和周到，对待行业协会组织的普法教育工作乐于奉献，在业界收获了广泛的赞誉和口碑。

—— 广东知识产权保护协会　　陈胜杰

　　肖海棠法官是一个既能把技术研究透彻熟稔于心，又能把法理阐述清晰高屋建瓴的法官，在她审理的案件中，处处体现着专利创新高度与保护范围边界以及社会公众利益的平衡和协调，专利案件的审判在肖海棠法官身上变成了真正的艺术。

—— 广东三环汇华律师事务所律师　　肖宇扬

　　肖海棠法官很好地承担起了法官的责任，以深厚的知识和无比的耐心，倾听每一个案件，公正无私地作出裁决。中国当下的知识产权事业需要她这样的法官：以刻苦钻研和专业的精神，为保护创新、鼓励发明、促进科技发展作出贡献！

—— 暨南大学知识产权研究院副教授　　仲春

重要媒体报道

屡办大案要案 向世界知产司法保护贡献中国智慧

工作 18 年来，她累计主审、参审的知识产权案件达 4000 多件，她用自己的专业智慧为行业画线定则，为知识产权创新与保护注入司法能量，她就是肖海棠，现任广东省高级人民法院民事审判第三庭副庭长，曾获"全国法院办案标兵""全国先进工作者"等荣誉。在 2021 年的全国"两优一先"表彰大会上，她获评"全国优秀共产党员"。

初入职场遇难关　打造"全球年度案例"

肖海棠初到法院工作时，正值我国加入世界贸易组织不久，知识产权法律制度刚迎来新一轮的改革。"刚工作时，庭里常遇到的是'奥利粤''雷碧'之类的侵权案件，法律关系比较简单。"肖海棠记得，从 2009 年起，一些疑难复杂案件开始出现。当时，广东法院经历着知识产权案件的持续井喷，知识产权日益成为企业的核心竞争力。就在这个时候，肖海棠遇到了"职业生涯中的第一大难关"——华为公司与美国 IDC 公司滥用市场地位垄断纠纷案。

那年国庆假期，肖海棠把自己关在了办公室里，行业背景、类似案例、国际商业惯例和规则等中英文各类材料、案例、报告摊了一地，反反复复论证验证。

肖海棠在开庭审理案件

案件宣判后,获得国内外同行高度赞赏。这起案件作为唯一一个民商事案件,入选"2013年度十大热点案件"。有世界知识产权界"福布斯"之称的权威杂志《知识产权管理》,将该案评选为2013年"全球年度案例"。

办案讲究手段　展现中国司法智慧

2018年,华为与三星专利侵权纠纷案上诉至广东省高级人民法院。此前,双方已就专利交叉许可问题进行多轮谈判,并在全球范围内提起互诉达44宗。该案国内一审宣判后,美国法院即作出禁诉令裁定,要求华为不得在美国法院作出裁决前申请执行一审判决。在世界通信领域激烈博弈的背景下,这一案件备受全球关注。

周期短、成本低、定分止争,这个案件中,调解有明显的优势。在肖海棠的促成下，2019年5月，该侵权纠纷系列案在广东达成全球和解，双方还就全球范围内的标准必要专利交叉许可问题，达成框架性的《专利许可协议》，全球范围内的有关诉讼得到解决。

这一结果也获得了国内外高度评价，肖海棠通过案件调解，亮出一张不同寻常的司法名片，向世界展现了中国司法的智慧。

制定裁判规则　　向世界传递"中国声音"

与其他审判领域不同的是，随着近年来知识产权的快速发展，国际知识产权纠纷高发，重大、疑难、新类型知识产权纠纷不断涌现，不正当竞争行为日趋多样化，公平公正的市场竞争秩序亟待完善。

新的秩序要如何构建？如何为中国企业走出去保驾护航？面对这些问题，肖海棠和同事们根据行业调研情况和司法审判实践组成课题组，尝试制定《关于审理标准必要专利纠纷案件的工作指引》，为全球通信领域出现的标准必要专利纠纷提供中国法院的解决思路。该指引发布后，获得了国际知识产权界的肯定。

"我国是知识产权大国，涉及国家利益的纠纷越来越多。作为一名知识产权审判法官，肩负沉甸甸的责任，必须增强政治意识、家国情怀，自觉弘扬斗争精神，掌握斗争本领，讲求斗争艺术，才能有效维护国家利益。"肖海棠说。

（原载人民网2021年9月24日，记者孝金波、周静圆）

博观约取厚积薄发

只要拿起那本《关于通信领域标准必要专利司法实务问题》调研报告及办案指引，肖海棠都会想起初到庭里的那个忐忑的上午。

17 年前，刚从中山大学国际法专业硕士毕业的她，走进广东省高级人民法院的大门，机缘巧合，成为民三庭的一名书记员。

17 年后，她已主审、参审知识产权案件超 4000 件。华为、小肥羊、路虎、"非诚勿扰"等众多大要案件的审理，为行业画线定则，竖起标杆。

从苦学专业到成为专家，反差，成就了肖海棠的每一次成长。每一件事都做到最好的初心，构建了她"简单"法官的"不简单"人生。

初见肖海棠，是一个暑气蒸人的上午。彼时的她刚结束庭审回来，一身深黑色的法袍，简单的马尾将头发高高束起，案卷攥在左手，快走几步抬起右手打开了会议室的灯，先探头交代了一句，"这案子事实清楚，建议做上诉人工作撤诉。"再回头对笔者笑了笑，"久等了，请坐。"

狭长的过道里忽然起了一阵风，清新而迅疾。

一个大案　就是一场挑战

2013 年 10 月 28 日，一场跨越太平洋的较量落下帷幕。

广东省高级人民法院终审判决，美国 IDC 公司在专利许可谈判中实施了不公平的高价销售行为，构成垄断。这场备受瞩目的拉锯战，以美国 IDC 公司赔偿华为公司 2000 万元告终。

案件主审法官，就是肖海棠。

此时，广东法院正经历着知识产权案件的持续井喷。广东省高级人民法院民三庭资深审判长邓燕辉回忆说："2009 年全省新收一、二审知产案件还只有 7000 多件，2013 年就已达到了 3 万件左右，而且我们院

肖海棠在查阅资料

还首次接到了一审案件。"

与此同时,重大、新型、疑难案件持续增加,知识产权日益成为企业的核心竞争力。家喻户晓的 3Q 大战、锦兴微软互诉案等,都折射出市场竞争的日趋激烈,以及市场主体对知识产权司法保护的强烈期望。

就是在这个时候,肖海棠接到了华为公司与美国 IDC 公司滥用市场地位垄断纠纷案。

7 年后提起该案时,肖海棠坦言:"这是我职业生涯中的第一大难关。真是完全陌生的领域,当时连标准必要专利这个词,很多人都念不顺溜。"

全球电信巨头之间的交锋，不仅涉及当时知识产权领域最前沿的法律问题，更对世界通信领域裁判标准的确立有着重要影响。

国内当时并没有相关的案例，一审参照国外某些个别案例，认定标准必要专利构成天然的垄断地位。这个论证逻辑放在国外或许没有问题，但无法说服国内同行。被同事称为"海绵学习状态"的肖海棠，一头扎进了书堆里，查资料、找案例，在我国现有反垄断法框架中，对通信领域市场界定、超高定价判断标准、反垄断法域外管辖等多方面，对美国IDC公司为什么具有垄断地位、相关行为为什么构成滥用市场支配地位行为，进行深入探索和详细论证。

这是肖海棠一直以来的习惯，任何案件下判前都反复换位思考。换一个场景，换一方当事人，会不会还这么判？当事人、业界人士和公众的疑问有没有很好的回应？以后对类似案件，能不能起到一定的指引作用？

那年国庆假期，肖海棠一直把自己关在办公室里，看行业背景，看类似案例，看国际商业惯例和规则，中英文各类材料、案例、报告摊了一地，反反复复论证验证。"到第五天的时候，突然感觉，通了！"直到现在，她还止不住地兴奋，"当时案卷堆了满桌满地，坐在地上环视着那些案卷，就像得胜的将军清扫战场。"

案件宣判后，国内外同行高度赞赏，该案作为唯一一件民商事案件，入选"2013年度十大热点案件"，有世界知识产权界"福布斯"之称的《知识产权管理》将之评为"全球年度案例"。2018年，周强院长在十三届全国人大一次会议上做工作报告时，将此案作为过去5年审理的25件典型案件之一进行推荐，高度评价其证明世界知识产权领域最前沿的法律问题人民法院也能审理。6年后，"改革开放四十周年40个重大司法案例"评选出炉，仅有4件知产案入选，该案榜上有名。

"在前人的基础上，去做更多适合本国语境的发展。对我个人来说，这是一件非常自豪的事情！"

一份未面世的判决

如果说一名法官的成就，在于审理的案件被历史铭记，那判决书就是最好的载体。

翻开肖海棠办过的知名案件：小肥羊商标侵权案、微盟诉泉芯侵害集成电路布图设计专有权案、"非诚勿扰"商标权纠纷申诉案、捷豹路虎诉奋力公司商标侵权纠纷案……无论是维持原判，还是改判，说理论述都条理清晰、逻辑严密。

她，有自己的坚持。

时代发展下，知识产权的价值日益得到市场、行业、公众的认可，在全新的领域和行业，当事人很多时候希望通过司法厘清权利边界，确立规则秩序。"对可能紧盯着案件审理的从业者和公众来说，判决往往能起到更好的效果。"

2018年，华为与三星专利侵权纠纷案上诉至广东省高级人民法院。

当时正值世界通信领域战略布局和市场博弈阶段，华为与三星就专利交叉许可问题进行多轮谈判，并在全球范围内提起互诉达44宗。此案国内一审宣判后，美国法院即作出禁诉令裁定，要求华为不得在美国法院作出裁决前申请执行一审判决。暗潮涌动下，全球不少眼光盯在这件案子上，各怀心思。

但令更多人没想到的是，2019年5月，该侵权纠纷系列案在广东达成全球和解，不仅如此，双方还就全球范围内的标准必要专利交叉许可问题，达成框架性的《专利许可协议》，全球范围内的有关诉讼得以一揽子解决。

案件的主审法官，仍旧是肖海棠。

一审以判促调在前，二审将调解工作做到最后一刻，全球和解成果获国内外高度评价。连当年的师傅法官邓燕辉都为肖海棠的专业竖起大拇指："论现在的专业水平，她都可以当我的老师了。"

然而,在至今仍未平息的讨论声中,很少有人知道,此案背后,还有一份未面世的长达40多万字的判决书。

"加了60多天班。"书记员孙燕敏回忆,"没日没夜地分析论证,但最终,这份裁判文书还是被锁进了抽屉。"

"其实当时我是很矛盾的。"肖海棠说,"这件案件涉及非常前沿的专业问题,遇到这样的案子,是一个知产法官职业生涯中非常有成就感的事,对自己的知识结构和审判经验都将是极大丰富,也可以判得很漂亮,判决书还有可能让同行点赞、社会瞩目。可如果就这么判下去,双方其他纠纷就会在世界各地不停开庭审理。两个公司的正常生产经营、通信技术的广泛运用以及世界人民的便利需求,不是一纸判决所能满足的。"

周期短、成本低、定分止争,调解的优势毋庸置疑。而在知产领域,肖海棠却感受到了更深一层含义。"知识产权具有专有性,大部分时候,判决确实可以实现案结事了,但如果能以调解促成双方合作,在实现企业互利共赢的同时,将推动新技术普及更多人,更好地实现知识产权价值。"

与此同时,全省法院知产案件调撤率节节攀升。2017年,广东全省知识产权民事案件一审、二审调撤率还分别为34.8%、16.7%,2019年已达到50.7%和19.6%,其中广东省高级人民法院二审调撤率从25.7%升至37.9%。在强化知识产权保护的同时,创造合作机会实现知识产权智力成果市场化,已然成为"知产人"的共识。

当再提起那份未面世的判决,肖海棠心里还有些五味杂陈。"说实话,现在想想还是有点儿心痛,因为裁判文书下了很大的功夫,我自己也很满意。"但她说,经此一役,同样是一次成长,"对于行业标准和规则树立来说,个案判决固然很重要,但从更高层面来看,调解与禁令救济制度的宗旨本身都是促使当事人诚信谈判,而且在实际纠纷的化解、后期合作的促进和更广阔前景的形成方面,调解确实具有判决不能达到的作用。"

而对庭里后来津津乐道的"三个案例促调解"传说,肖海棠听闻后笑笑:"其实没那么玄,就是摆出多种可能,共同寻求一个最有利的结果。调解和判决无所谓优劣，最终都是为了追求法律效果和社会效果的统一。"

海棠情怀！

知产论坛上的广东好声音

对于肖海棠而言，2013 年前后，很多事情都在发生着变化。

2012 年年末，创新驱动发展战略得到明确提出，专利实力日渐成为构建企业竞争优势和激发区域创新活力的核心要素。

2013 年年末，党的十八届三中全会强调加强知识产权运用和保护，探索建立知识产权法院，对创新成果、自主品牌和文化传播的保护需求日益强烈。同时，国际知识产权纠纷高发，重大、疑难、新类型知识产权纠纷不断涌现，不正当竞争行为日趋多样化，公平公正的市场竞争秩序亟待建立。

同样是在 2013 年年末，肖海棠的"第一大难关"华为公司诉美国 IDC 公司垄断纠纷案落下帷幕，但案件的影响远未结束，国际国内论坛、会议邀约接踵而至。肖海棠粗粗给自己算了笔账，中国反垄断民事诉讼论坛、"中国竞争政策论坛"暨"知识产权与反垄断国际研讨会"、中国社会科学院美国研究所反垄断与知识产权研讨会、"机遇与挑战：新时期知识产权司法保护"国际研讨会、"国家知识产权战略架构下的司法保护"论坛……稿子和 PPT 堆满了文件夹，肖海棠一下子成了"红人"。

"你就是肖海棠？那个审理华为公司诉美国 IDC 公司垄断纠纷案的法官？"

2014 年 5 月，肖海棠参加中国反垄断民事诉讼论坛并发言。在论坛上，很多国外专家学者认出了她，并纷纷上前交流。

"论坛上，我发现很多专家对这个案件都很了解，甚至会就判决书中的很多细节和具体法律适用来交流讨论。"肖海棠的眼中满是自信和期待，"这说明，中国的知产审判已经走入了国际视野，有了更高的曝光度和话语权。当时国际上案例很少，规则也还没有完全树立，每个法官都希望作出权威的、世界接受的判决，能帮助国家在国际市场秩序和规则建立方面出一份力，这是非常好的机会。"

对每一次论坛，肖海棠都全力以赴做准备。她的心里始终回荡着一番话。

那是一次座谈时企业提到的："我国技术长期落后，企业想争取发展，需要付出非常高的代价。我们之所以想在国内打官司，就是希望中国司法把旧的不合理的秩序打破，建立一个新的公平合理的秩序。"当时听到这段话的肖海棠热血沸腾。

面对一些国家对国内司法干预商业交易的疑义，肖海棠不卑不亢。"我们认为，司法不是无所不能，不能随意干预正常的商业谈判，但在个案中合理探索和确立司法裁决介入商业谈判的条件和边界，这样的司法态度和方法是应予肯定的，特别是涉及高新技术产业、对经济增长有重大突破性带动作用的技术应用问题，涉及市场份额争夺和国家利益博弈的敏感案件，法院更应该具有政治意识和大局意识。"

《关于审理标准必要专利纠纷案件的工作指引》发布后，得到国际知识产权界的高度肯定。2019年国际研讨会后，英国高等法院法官理查德·阿诺德还就该指引内容专门联系广东省高级人民法院座谈，并赞扬："这是一个浩大得令人惊讶的工程，其中很多内容对我们来说都有非常好的学习价值。"作为该指引反垄断部分的主笔人，肖海棠心中满是雀跃，"前后有不少企业联系我们，称案件在国外审理时，法官专门要求提供指引作为裁判参考，这对我们是很大的鼓舞。"

而与此同时，一场国内的变革也正在悄然酝酿。2019年，广东区域创新能力、知识产权综合发展指数再次位列全国首位。2019年2月，《粤港澳大湾区发展规划纲要》正式颁布，同年7月，广东省委、省政府出台粤港澳大湾区三年行动计划，习近平总书记亲自谋划、部署、推动的重大国家战略在广东扬起风帆。

2020年1月，广东省高级人民法院发布三年行动方案并召开首届粤港澳大湾区司法案例研讨会，这是国内首次以三地模拟法庭的形式，对同一起商标侵权案进行审理。其中，内地庭审对认定知名商标的举证，法官的专业、干练、精准，都要求很高。肖海棠，任内地模拟法庭主审法官。

于探索中成长，于时代浪潮下有所思、有可为。肖海棠认为，我们每个人都迎来了一个最好的舞台。

初心不改　读书、办案乐在其中

初见肖海棠的人，或许都不太能把眼前这个瘦瘦小小的女法官和那么多荣誉和大要案联系到一起。

她的办公桌在一间大办公室的最里端，背后就是高高的装放案卷的铁皮柜，小小的身子一伏下，就像隐形在了电脑后面。

由于知识产权案件涉及大量技术性、专业性的问题，国际法学专业毕业的她来到庭里，内心长期忐忑。"说实话，刚来的时候无时无刻不在想着专业对口，不然不白学了吗？"谈及以前，她笑得依旧略带腼腆，"但当你真正沉下去，会发现5年轮岗的机会来得太快，更会发现，在一个领域内，5年的时间是远远不够的，要学的可以做的还有太多太多，赶都赶不及，根本不会去想其他。"

但在跟她最久的法官助理张胤岩眼中，"海棠姐是一座难以逾越的高山。学习能力特别强、特别注意关注各方动态、记忆力特别好、思路特别清晰、文字能力特别强"。作为当前"庭龄"最久的"五特"人物，肖海棠被贴切地誉为庭内的"法律小百度"，从资深老法官到新来的书记员，从案件难点、相似案例比对到日常法律问题，庭里人时常都会来敲敲她的门，跟这个"人形百度"聊一聊。

"你首先是研究生，再是法学院的研究生，最后才是国际法专业的研究生。术业有专攻，要建立在广泛的阅读和无比扎实的基础之上。"入中山大学读研时，恩师谢石松教授的一席话始终留在她的心中。

生在客家梅州大埔，常听闻着"一门九清华"的世家传奇，肖海棠家族中的读书氛围十分浓厚。而身为医护人员的父母，随时放下手中的活、随叫随到更是常态。在小小的肖海棠心里，从来都觉得全身心扑在工作上是理所应当的事。

她爱看小说，也爱看案例。经常看着看着就会啧啧感叹，这个文书写得好，以后也可以这么论证，这个思路有待探讨，要再查查资料。兴趣所在，就不觉得是在工作，只觉得是充实，让自己变得更有质感，就特别有冲劲去做。

其实，每次看裁判文书的时候，肖海棠都会想起写毕业论文的那段日子。标点符号不能有任何错漏，初稿必须看不出任何问题才能上交，论文上密密麻麻几百个问号打回思考，无时无刻不在警醒着她。"导师常说，要对自己的每个签名负责。上学的时候不太懂，只觉得老师严格，后来真成了法官成了审判长，才尤其感谢。判决书就体现了一个法官的水平，要把每件事都做到最好。"

工作上的经验和阅历赋予了肖海棠更多层面思考的可能，而反差下始终初心不改的十几年，也逐渐成就了一个更有质感，也愈发厚重的女知识产权法官。

"全国法院办案标兵""全国法院知识产权审判工作先进个人""省直机关优秀共产党员"、连续三年"年度十佳办案能手"、二等功2次、三等功2次……越来越多的嘉奖落下，实至名归。

看案例，看政策，看时事，想事实，想论证，想效果，追追小说，"晒晒"女儿，无事逗逗"猫儿子"，一周一回过过"家庭集体日"……

17年后的今天，海棠依旧很忙，且乐在其中。

（原载《人民法院报》2020年9月21日，记者黄慧辰）

一个大案就是一场挑战，
她办的案件影响着全球通信领域

全国劳动模范和先进工作者表彰大会 2020 年 11 月 24 日上午在北京人民大会堂隆重举行。习近平总书记代表党中央、国务院，向受到表彰的全国劳动模范和先进工作者表示热烈的祝贺。法院系统有 20 位干警获得"2020 年全国先进工作者"荣誉称号，肖海棠便是其中之一。

一个大案就是一场挑战

2013 年 10 月 28 日，一场跨越太平洋的较量落下帷幕。

广东省高级人民法院终审判决，美国 IDC 公司在专利许可谈判中实施了不公平的高价销售行为，构成垄断。这场备受瞩目的拉锯战，以美国 IDC 公司赔偿华为公司 2000 万元告终。

案件主审法官，就是肖海棠。

此时，广东法院正经历着知识产权案件的持续井喷。广东省高级人民法院民三庭资深审判长邓燕辉回忆说："2009 年全省新收一、二审知产案件还只有 7000 多件，2013 年就已达到了 3 万件左右，而且我们还首次接到了一审案件。"

与此同时，重大、新型、疑难案件持续增加，知识产权日益成为企业的核心竞争力。家喻户晓的 3Q 大战、锦兴微软互诉案等，都折射出市场竞争的日趋激烈，以及市场主体对知识产权司法保护的强烈期望。

就是在这个时候，肖海棠接到了华为公司与美国 IDC 公司滥用市场地位垄断纠纷案。

7 年后提起该案时，肖海棠坦言："这是我职业生涯中的第一大难关。真是完全陌生的领域，当时连标准必要专利这个词，很多人都念不顺溜。"

全球电信巨头之间的交锋，不仅涉及当时知识产权领域最前沿的法律问题，更对世界通信领域裁判标准的确立有着重要影响。

国内当时并没有相关的案例，一审参照国外某些个别案例，认定标准必要专利构成天然的垄断地位。这个论证逻辑放在国外或许没有问题，但无法说服国内同行。被同事称为"海绵学习状态"的她，一头扎进了书堆里，查资料、找案例，在我国现有反垄断法框架中，对通信领域市场界定、超高定价判断标准、反垄断法域外管辖等多方面，对垄断地位、滥用市场支配地位行为的法律问题进行深入探索和详细论证。

那年国庆假期，肖海棠一直把自己关在办公室里，看行业背景，看类似案例，看国际商业惯例和规则，中英文各类材料、案例、报告摊了一地，反反复复论证验证。"待到第五天的时候，突然感觉，通了！"直到现在，她还止不住地兴奋，"当时案卷满桌满地，坐在地上环视的我，犹如得胜的将军。"

案件宣判后，国内外同行高度赞赏。该案作为唯一一个民商事案件，入选"2013年度十大热点案件"，有世界知识产权界"福布斯"之称的《知识产权管理》将之评为"全球年度案例"。2018年，周强院长在十三届全国人大一次会议上做工作报告时，将此案作为过去五年审理的25个典型案件之一进行推荐，高度评价其"证明世界知识产权领域最前沿的法律问题人民法院也能审理"。6年后，"改革开放四十周年40个重大司法案例"评选出炉，唯有4件知产案入选，该案仍旧榜上有名。

一份未面世的判决

如果说一名法官的成就，在于审理的案件被历史铭记，那判决书就是最好的载体。

翻开肖海棠办过的知名案件：微盟诉泉芯侵害集成电路布图设计专有权案、"非诚勿扰"商标权纠纷申诉案、捷豹路虎诉奋力公司商标侵权纠纷案、小肥羊商标侵权案……无论是维持原判,还是改判,说理论述都条理清晰、逻辑严密。

她,有自己的坚持。

时代发展下,知识产权的价值日益得到市场、行业、公众的认可,在全新的领域和行业,当事人很多时候希望通过司法厘清权利边界,确立规则秩序。"对可能紧盯着案件审理的从业者和公众来说,判决往往能起到更好的效果。"

2018年,华为与三星专利侵权纠纷案上诉至广东省高级人民法院。

当时正值世界通信领域战略布局和市场博弈阶段,华为与三星就专利交叉许可问题进行多轮谈判,并在全球范围内提起互诉达44宗。此案国内一审宣判后,美国法院即作出禁诉令裁定,要求华为不得在美国法院作出裁决前申请执行一审判决。暗潮涌动下,全球不少眼光盯在这个案子上,各怀心思。

但令更多人没想到的是,2019年5月,该侵权纠纷系列案在广东达成全球和解,不仅如此,双方还就全球范围内的标准必要专利交叉许可

肖海棠参加粤港澳大湾区模拟庭审

问题，达成框架性的《专利许可协议》，全球范围内的有关诉讼得以一揽子解决。

案件的主审法官，仍旧是肖海棠。

一审以判促调在前，二审将调解工作做到最后一刻，全球和解成果获国内外高度评价。

然而，在至今仍未平息的讨论声中，很少有人知道，此案背后，还有一份未面世的长达40多万字的判决书。

"加了六十多天班。"书记员孙燕敏回忆，"没日没夜地分析论证，但最终，这份裁判文书还是被锁进了抽屉。"

周期短、成本低、定分止争，调解的优势毋庸置疑。而在知产领域，肖海棠却感受到了更深一层含义。"知识产权具有专有性，大部分时候，判决确实可以实现案结事了，但如果能以调解促成双方合作，在实现企业互利共赢的同时，将推动新技术、文化普及更多人，更好地实现知识产权价值。"

当再提起那份未面世的判决，肖海棠心里还有些五味杂陈。"说实话，现在想想还是有点心痛，因为裁判文书下了很大的功夫，我自己也很满意。"但她说，经此一役，同样是一次成长，"对于行业标准和规则树立来说，个案判决固然很重要，但从更高层面来看，调解与禁令救济制度的宗旨本身都是促使当事人诚信谈判，而且在实际纠纷的化解、后期合作的促进和更广阔前景的形成方面，调解确实具有判决不能达到的作用。"

而对庭里后来津津乐道的"三个案例促调解"传说，她听闻后笑笑："其实没那么玄，就是摆出多种可能，共同寻求一个最有利的结果。调解和判决无所谓优劣，最终都是为了追求政治效果、法律效果、社会效果的统一。"

（原载最高人民法院微信公众号2020年11月26日，作者黄慧辰）

为世界知识产权司法保护贡献中国智慧

2019年5月，华为与三星专利侵权纠纷系列案，在广东省高级人民法院达成全球和解。彼时，世界通信领域暗流涌动，案件结果一出，吸引了全球目光。面对全球各怀心思的眼光，推动案件定分止争的，是一名看起来文文静静的中国法官——肖海棠。

2003年，刚从中山大学国际法专业毕业的肖海棠来到了广东省高级人民法院民三庭。从书记员到主审法官，从知产"小白"到业务骨干，从审理简单的"山寨"侵权案件到负责各种疑难复杂跨国纠纷——18年来，肖海棠的成长足迹，见证了我国知识产权一路飞速猛进，并逐渐影响世界的历程。

在2020年全国劳动模范和先进工作者表彰大会上，肖海棠获得"全国先进工作者"表彰；在近日举行的全国"两优一先"评选中，她获得"全国优秀共产党员"殊荣。

护航创新，不负时代。这是她对知识产权审判的寄语，也是始终鞭策自己的方向。

初遇职业难关，打造"全球年度案例"

肖海棠初到法院工作时，正值我国加入世贸组织不久，知识产权法律制度刚迎来新一轮的改革。对她来说，岗位是新的，领域是新的，条文也是新的。她像块海绵一样，一头扎入知识产权的海洋里，通过看条文、看判决、实地跟案，一点点汲取累积。

"刚工作时，庭里常遇到的是'奥利粤''雷碧'之类的侵权案件，法律关系比较简单。"肖海棠记得，从2009年起，一些疑难复杂案件开始出现。当时，广东法院经历着知识产权案件的持续井喷，知识产权日益成为企业的核心竞争力。

就是在这个时候,肖海棠遇到了"职业生涯中的第一大难关"——华为公司与美国IDC公司滥用市场地位垄断纠纷案。

"这是完全陌生的领域,国内也没有相关案例,当时连案件涉及的'标准必要专利'这个词,很多人都念不顺溜。"肖海棠说,案件一审参照国外个案,认定"标准必要专利"构成天然的垄断地位,但这个论证无法说服国内同行。

那年国庆假期,肖海棠把自己关在了办公室里,行业背景、类似案例、国际商业惯例和规则等中英文各类材料、案例、报告摊了一地,反反复复论证验证。

"待到第五天的时候,突然感觉,通了!"直到现在,她还止不住地兴奋,"当时案卷堆了满桌满地,坐在地上环视着那些案卷,就像得胜的将军清扫战场。"

肖海棠在庭审现场组织比对

案件宣判后，获得国内外同行高度赞赏。这起案件作为唯一一个民商事案件，入选"2013年度十大热点案件"。世界知识产权界"福布斯"之称的一家国外刊物，将此案件评为"全球年度案例"。2018年，最高法院工作报告再次高度评价：这证明世界知识产权领域最前沿的法律问题，人民法院也能审理。

青年法官初长成。"第一大难关"的克服，让肖海棠收获了自信和勇气，"以后再遇到什么疑难案件都敢迎头上，心里不会发怵了"。

彰显东方智慧，促成华为三星全球和解

这起2013年办理的案件，成为肖海棠最深刻的一个案件，也让她第一次对家国情怀有了更具体的思考：中国知识产权审判如何走入国际视野，获得更高的话语权？

5年后，又一个大案来了。

2018年，华为与三星专利侵权纠纷案上诉至广东省高级人民法院。此前，双方已就专利交叉许可问题进行多轮谈判，并在全球范围内提起互诉达44宗。该案国内一审宣判后，美国法院即作出禁诉令裁定，要求华为不得在美国法院作出裁决前申请执行一审判决。

在世界通信领域激烈博弈的背景下，这一案件备受全球关注。肖海棠连加了60多天班，没日没夜地分析论证，写了一份数百页的判决书。

然而，这份判决最终并没能"问世"，反而被她锁进了抽屉。

"我当时很矛盾。承办这样的案件，是一名知识产权法官职业生涯中非常有成就感的事。如果作出一份漂亮的判决书，还有可能让同行点赞，社会瞩目。但对案件本身来说，这是不是最好的处理方式？"

肖海棠认为，如果这样判下去，双方其他纠纷就会在世界各地不停开庭审理。两个公司的正常生产经营、通信技术的广泛运用以及世界人民的便利需求，不是一纸判决所能满足的。

周期短、成本低、定分止争，这个案件中，调解有明显的优势。在她

的促成下，2019 年 5 月，该侵权纠纷系列案在广东达成全球和解，双方还就全球范围内的标准必要专利交叉许可问题，达成框架性的《专利许可协议》，全球范围内的有关诉讼得以一揽子解决。

这一结果获得了国内外高度评价，时至今日，讨论都未停息。她通过案件调解，亮出一张不同寻常的司法名片，向世界展现了中国司法的智慧。

制定裁判规则，向世界传递"中国声音"

与其他审判领域不同的是，随着近年来知识产权的快速发展，国际知识产权纠纷高发，重大、疑难、新类型知识产权纠纷不断涌现，不正当竞争行为日趋多样化，公平公正的市场竞争秩序亟待完善。

在一场知识产权行业论坛上，一名企业代表发言说："我国技术长期落后，企业想争取发展，需要付出非常高的代价。我们之所以想在国内打官司，就是希望中国司法把旧的不合理的秩序打破，建立一个新的公平合理的秩序。"

这段话在肖海棠心中久久回荡，让她感到热血沸腾、使命在肩。

新的秩序要如何构建？如何为中国企业走出去保驾护航？这需要贡献中国自己的司法方案。

于是，她和同事们根据行业调研情况和司法审判实践组成课题组，尝试制定《关于审理标准必要专利纠纷案件的工作指引》，为全球通信领域出现的标准必要专利纠纷，提供中国法院的解决思路。该指引发布后，获得了国际知识产权界的肯定。

2019 年国际研讨会后，英国高等法院法官理查德·阿诺德专门就该指引内容，联系广东省高级人民法院座谈，赞扬称："这是一个浩大得令人惊讶的工程，其中很多内容对我们来说都有非常好的学习价值。"

作为该指引反垄断部分的主笔人，肖海棠也很受鼓舞："前后有不少企业联系我们，称案件在国外审理时，法官专门要求提供指引作为裁判参考。这证明了我们发布的指引，在国际规则制定上的价值。"

与时代共成长，于探索中前进。在肖海棠看来，她的成长与国家发展密切相关。中国知识产权审判，正在不断走向世界，作为一名知识产权审判法官，奋斗正当其时！

在举国上下庆祝党的百年华诞的重要历史时刻，对于获得"全国优秀共产党员"这个称号，肖海棠感到无比光荣、无比幸福！在她看来，这份荣誉不仅是对她个人工作的肯定，更是对整个广东知识产权审判队伍、广东法院的肯定。

肖海棠表示，作为一名共产党员，她将时刻牢记为中国人民谋幸福、为中华民族谋复兴的初心和使命，不断提高政治判断力、政治领悟力、政治执行力，坚持司法为民、公正司法，与时代同步、与人民同行，以更加强烈的使命担当、更加饱满的精神状态，发挥好先锋模范作用，为和谐美丽的新时代奉献自己的全部力量。

（原载最高人民法院微信公众号 2021 年 7 月 8 日，编辑何雨潇、段茜茜）

以知产审判贡献中国法治方案

肖海棠，女，广东大埔人，1977年6月出生，1998年加入中国共产党，现任广东省高级人民法院民三庭副庭长。从事知识产权审判工作18年来，其公正高效办理了华为诉美国IDC公司垄断纠纷案、华为诉三星标准必要专利侵权纠纷案、"非诚勿扰"商标侵权纠纷案等具有国际性影响和全国性影响的重大疑难案件。她曾获"全国优秀共产党员""全国先进工作者""全国法院办案标兵""全国法院知识产权审判工作先进个人"等荣誉称号，并入选"2020年度人民法院十大亮点人物"。

她是知识产权审判能手，主审、参审知识产权案件超4000件，连续三年获评广东省高级人民法院"年度十佳办案能手"；她是大要案"专业户"，办理的案件曾入选"全国十大知识产权案件""改革开放四十周年40个重大司法案例""WIPO知识产权典型案例（中国卷）"；她致力于专业护航创新，参与完成《关于审理标准必要专利纠纷案件的工作指引》《关于以知识产权市场价值为导向破解侵权损害赔偿难问题的研究报告》等多项重大课题，在中国法律语境中充分论证"FRAND""禁令救济"等国际法律难题，为国际规则的形成扩大了中国法院的话语权和影响力……

"我感到无上光荣、无比幸福！这份荣誉不仅是对我个人工作的肯定，更是对整个广东知识产权审判队伍、广东法院的肯定！"2021年6月28日，全国"两优一先"表彰大会在北京举行，肖海棠在荣获"全国优秀共产党员"称号后，难掩内心的激动。

2003年，刚从中山大学国际法专业毕业的肖海棠，来到广东省高级人民法院民三庭工作。从书记员到主审法官，从知识产权审判"小白"到业务骨干，从审理简单的"山寨"侵权案件到负责各种疑难复杂跨国纠纷，18年来，肖海棠的成长足迹，演绎着一名新时代法官的华丽蜕变，更见证了我国知识产权保护的一路乘风破浪。

跨越太平洋的专利较量

知识产权审判涉及各方利益和方方面面知识，要求审判者站得高、想得深、看得远。"刚工作时，庭里常遇到的是'奥利粤''雷碧'之类的侵权案件，法律关系比较简单。"肖海棠还记得，大概从 2009 年起，一些疑难复杂案件开始出现。当时，知识产权日益成为企业的核心竞争力，广东法院也正经历着知识产权案件数量的持续"井喷"。

2013 年，已在知识产权审判领域摸爬滚打了近 10 年的肖海棠，遇到了职业生涯中的第一个艰巨挑战——主审华为诉美国 IDC 公司案。

该案是我国第一起通信领域标准必要专利垄断纠纷案，涉及国际社会公认的最为前沿的知识产权审判难题，不仅在我国尚无先例，在国际上也未达成共识。同时，该案也是中国企业对外国企业提起的第一宗反垄断诉讼，还事关中美两国知识产权布局和利益博弈。

"接手该案后，我深知其中的分量和责任，也清楚作为一名党员法官，在关键时刻就要站得出来、豁得出去，迎难而上。"肖海棠说。为此，她拿出了当年攻读博士学位的劲头"死磕"：资料太多，看完后面忘记前面，就反复多看几次；焦虑失眠、辗转反侧，就干脆起床查资料，直至凌晨两三点钟……

那年国庆假期，肖海棠一直把自己关在办公室里，看行业背景，看类似案例，看国际商业惯例和规则。她将中英文各类材料、案例、报告摆了一地，反反复复思考验证。"闭关"到第五天时，她突然感觉："通了！"如今回想起当时的情形，她还难掩兴奋："案卷铺满了书桌和地面，自己坐在地上环视，犹如得胜的将军！"

最终，肖海棠不辱使命，将全球思维、国际视野与中国法律语境相融合，认定美国 IDC 公司滥用市场支配地位，须赔偿华为公司 2000 万元经济损失。该案判决受到中央电视台、英国《金融时报》等中外媒体的追踪报道，并赢得了知识产权界的肯定。业内人士认为，该案树立的相关裁判标准对我国乃至世界知识产权领域均产生了重要影响。

其后，该案被评为当年"全国十大热点案件"，英国《知识产权管理》杂志将之评为"全球年度案例"。2018年全国两会期间，最高人民法院将此案作为人民法院过去5年审理的25个典型案件之一进行推介，并评价其"证明世界知识产权领域最前沿的法律问题，人民法院也能审理"。2018年11月，"伟大的变革——庆祝改革开放40周年大型展览"在中国国家博物馆开幕，其中收录了40个重大司法案例，华为诉美国IDC公司案便名列其中。

多年后再次提起该案时，肖海棠坦言："这是我职业生涯中的第一大难关。真的是完全陌生的领域，当时连'标准必要专利'这个词，很多人都念不顺溜。"

令世界瞩目的巨头和解

当华为诉美国IDC公司案落幕5年后，肖海棠再次遇到了标准必要专利案。2018年，华为与三星专利侵权纠纷案上诉至广东省高级人民法院。当时正值世界通信领域战略布局和市场博弈阶段，华为与三星双方此前已就专利交叉许可问题进行了多轮谈判，并在全球范围内提起互诉达44宗。更为棘手的是，该案在我国国内一审宣判后，美国法院即作出禁诉令裁定，要求华为不得在美国法院作出裁决前申请执行一审判决。

"挑战比上次更大，不仅法律适用难度没有减少，还因为中美贸易摩擦等问题受到广泛关注。"肖海棠解释说，"一方面，双方当事人在中美两地相互提起了40余起诉讼，而交到我手上的两案是唯一进入二审程序的，示范效应不言而喻；另一方面，美国法院直接对该两案一审判决作出了禁诉令，要求华为在美国法院下判前不得申请该两案执行。这意味着，即使二审判决作出，也可能面临无法执行而被架空的问题。"

如何处理这两起大案，考验着中国法院的智慧，同样吸引着世界的目光。针对复杂的形势，合议庭作出了"调解与判决同步走、两手抓"的决策。为避免落后于美国判决而陷入被动局面，肖海棠和团队成员连续几个月没日没夜地研究问题、制定方案，最终争分夺秒赶出了两案的裁判文书初稿。

而在此时，一直停滞不前的调解僵局，也因时局变化而开始出现转机——双方当事人同意再次谈判。

直接作出判决，还是转而推动调解？肖海棠和合议庭同事不曾犹豫地选择了后者。在合议庭的全力推动、反复说服之下，华为与三星就全球范围内的标准必要专利达成相互许可，双方持续三年的全球44宗纠纷"一揽子"和解，美国法院的禁诉令因此失效，危机得以全部化解。

法院将调解工作做到最后一刻，最终促成华为、三星所涉相关纠纷全球和解的成果，赢得了国内外的高度评价。然而，在赞誉声纷至沓来的当时，却很少有人知道，此案圆满落幕的背后，还有一份未能与公众见面的长达40多万字的判决书。

"加了60多天班，但这份裁判文书还是被锁进了抽屉。"担任该案书记员的孙燕敏回忆说。

"可惜了40多万字的心血。"也有团队的年轻同事感到有些遗憾，"一份直面国际难题的判决书，远比调解书更能证明我们的业务能力。"

"说实话，现在想想还是有点心痛，因为撰写裁判文书下了很大的功夫，我自己也很满意。"肖海棠说，"不过，对于行业标准和规则树立来说，个案判决固然很重要，但在纠纷的实质化解、后期合作的促进和更广阔前景的形成方面，调解确实有着判决所难以达到的效果。'一揽子'调解方案，也体现着中国法院解决新时代国际纠纷的智慧和担当。"

富有生命力的司法裁判

习近平总书记指出，知识产权保护工作关系国家治理体系和治理能力现代化，关系高质量发展，关系人民生活幸福，关系国家对外开放大局，关系国家安全。①18 年来，肖海棠始终牢记身为一名知识产权审判法官的光荣使命，时刻要求自己以更全局的思维、更广阔的视野审视所从事的工作。

随着知识产权价值的日益凸显，在全新的领域和行业中，从业者常常将目光投向法院，希望通过司法厘清权利边界、确立规则秩序。

"对于可能紧盯着案件审理的从业者和公众来说，判决往往能起到更好的示范效果。"肖海棠认为，从法院如何处理一起案件，可以推知当地营商环境情况；而一份高质量的判决，就是在助力一次经济社会发展。

2016 年，肖海棠承办了金阿欢诉江苏电视台"非诚勿扰"商标申诉案。此前，二审法院推翻了一审判决关于不构成侵权的认定，改判江苏电视台构成商标侵权。因案涉节目知名度高，加之所谓的"蚂蚁绊倒大象"现象，该案引发了社会热议，学者们纷纷撰文评论。

"刚开始办理这个案子，压力很大。但是，我不断提醒自己，要从维护公平正义、有利于促进创新的角度出发，全面客观地处理问题。"肖海棠说。她认识到，该案之所以引发争论，不仅因为原告商标注册的正当性存疑，还在于被诉行为属于电视行业的常见情形，该案如何定性将直接影响电视行业的行为模式和文化创新。

为此，肖海棠决定，不仅要查阅案卷、了解案情，还要全面了解掌握电视行业的发展背景、业态环境、节目创作流程等情况。为慎重起见，她梳理提炼了过去 5 年全国法院的类案裁判经验，走访了广播电视行业资深从业人员。最终，广东省高级人民法院再审改判江苏电视台不构成商标侵权。

该案因生动演绎了知识产权司法保护力度与创新程度相适应的"比例协调"原则，合理维护了广播电视行业的创作空间，由此入选"WIPO 知识产权典型案例（中国卷）"，以汉英双语向世界分享中国经验。

---

① 中央全面依法治国委员会办公室：《中国共产党百年法治大事记（1921 年 7 月—2021 年 7 月）》，人民出版社 2022 年版，第 323 页。

肖海棠（右）和助理讨论一起商标侵权案的比对问题

"我深信，一个富有生命力的司法裁判，决不止步于个案纠纷的解决，而应怀揣社会大局、人民幸福，反映对客观事实与行业规律的尊重，化解源头矛盾，对行业与社会发展形成正确引导。"肖海棠如是说，亦是如此做。

多年来，肖海棠将这一理念贯穿于所办理的每一起案件中。无论是在微盟诉泉芯集成电路布图纠纷案、路虎诉奋力公司商标侵权案，还是真假"红日"不正当竞争纠纷案等案件中，她均没有简单地停留在法律适用问题层面，而是通过加强了解相关行业知识、请教专家、探索规制侵权行为的司法对策等方式，着力提升办案效果，为营造市场化法治化国际化营商环境诠释着一名人民法官的司法担当和作为。

肖海棠还记得，在一场知识产权行业论坛上，一名企业代表曾发言说："我国技术长期落后，企业想争取发展，需要付出非常高的代价。我们之所以想在国内打官司，就是希望中国司法把旧的不合理的秩序打破，建立一个新的公平合理的秩序。"这一番话让她心中久久不能平静。

如何为更多的中国企业"走出去"保驾护航？肖海棠和同事们根据行业调研情况和司法审判实践组成课题组，尝试制定《关于审理标准必要专利纠纷案件的工作指引》（以下简称《指引》），为全球通信领域出现的标准必要专利纠纷，提供了"中国方案"。《指引》发布后，获得了国际知识产权界的肯定。英国高等法院法官理查德·阿诺德赞扬称："这是一个浩大得令人惊讶的工程，其中很多内容对我们来说都有非常好的学习价值。"

"我不会忘记，是因为党的教育、培养、关心和爱护，才使我在阳光雨露下茁壮成长，让我在政治上成熟起来，明白一名法官应该具备的忠诚品质、为民情怀和责任担当；是组织为我提供为党工作、为人民服务的平台，让我在知识产权审判的舞台上发挥自己的光和热；是组织给予我方向和力量，使我在面对国际知识产权纷争时具备无比坚定的志气、骨气和底气，面对困难时保持越是艰险越向前的精神状态和勇往直前的坚强意志。"肖海棠说，"从事知识产权审判工作的18年，自己有幸成为中国知识产权保护和发展的亲历者、见证者和参与者。未来，我将不忘初心、牢记使命，为维护国家利益、护航创新发展不懈努力，让中国法治强音更加铿锵有力！"

（原载中国审判微信公众号2021年12月30日，记者张春波）

深耕知识产权20年，这个领域，越"窄"也越"宽"

刚结束一场案情复杂的庭审，肖海棠回到办公室换下法袍，无暇小憩，便翻开案头尺高的卷宗，开始了另一宗案件的工作。肖海棠，一位"七零末"的知识产权审判专家，已在这片领域中执着耕耘了20个春秋。

"从业20年，对我来说，知识产权这个领域，一方面是越来越'窄'，另外一方面也是越来越'宽'。"当谈及从业多年的感想，她这么说。

2003年，刚从中山大学国际法专业硕士毕业的肖海棠，走进广东省高级人民法院的大门，成了民三庭的一名书记员。长期专注于知识产权审判领域，一路"打怪升级"，她从一名业务"小白"逐渐成长为一名知识产权专业法官。"全国优秀共产党员""全国先进工作者""全国法院办案标兵"……大大小小各种荣誉是对她公正高效办案服务人民的肯定。

扎根知产，术业专攻

"越来越窄是因为，知识产权司法确实是一个非常专业的领域。"

中国的知识产权法律实践，背负着推动实施国家创新驱动发展战略、加强知识产权司法保护工作的时代任务。专业的知识产权法官不仅需要具备极高的党性和法律素养，还需对这一日新月异领域所发生的案件作出灵活判断，要站得高、想得深、看得远。

"我原来学的是另外一个领域，投身知识产权领域之后，发现这个领域只有深耕进去才能精通，专业的事确实需要人专心钻。"

从相对简单的商标侵权到复杂的跨国专利纠纷，一路走来，肖海棠累计办案超5000件。其间，她主审过华为诉美国IDC垄断纠纷案、华为与三星专利纠纷案、乐拼恶意侵权案等一大批具有全国乃至国际影响

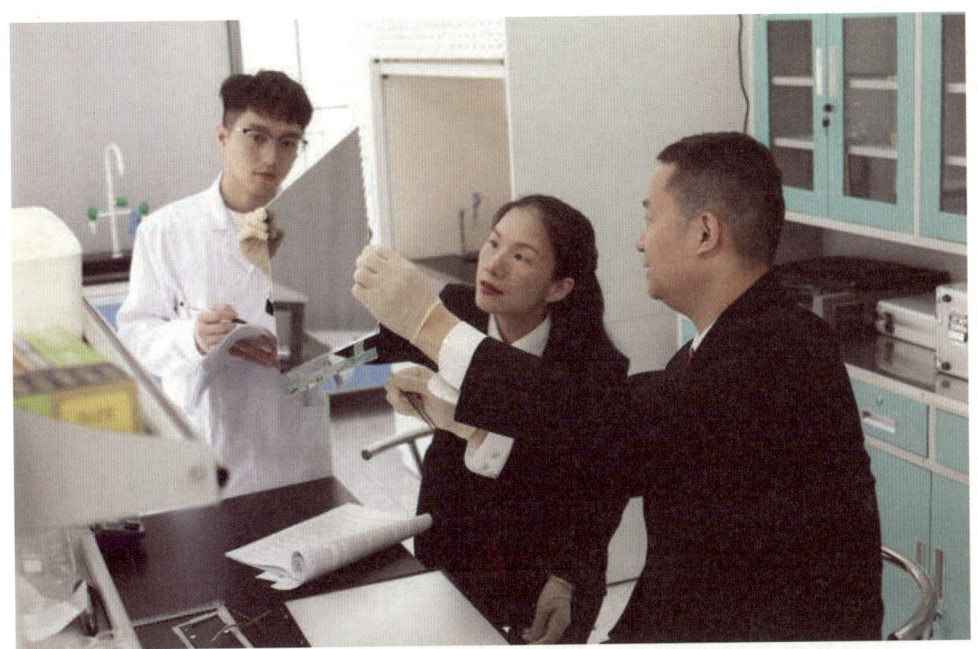

肖海棠与技术调查官讨论技术问题

力的重大疑难案件,相关裁判标准对我国乃至世界知识产权领域均产生了重要影响。这些背后,是没日没夜钻研法律条文、行业知识、国际商业惯例和规则的付出,是对知识产权司法领域的一路坚守,更是为民情怀和责任的担当。

2014年,脱胎于知识产权法律领域的实践探索,广州知识产权法院背负着时代使命诞生了。2023年1月,肖海棠从广东省高级人民法院来到广州知识产权法院。

"现在我专精知识产权案件,未来的方向目标更加明确更加坚定了。"肖海棠说。

探索知产,披荆斩棘

"感到越来越宽,是因为当你专注到这个领域之后,你会发现接触的面和呈现的问题越来越多。"知识产权案件这几年呈现上升趋势,各种新型疑难案件不断出现。"新技术、新产业、新业态、新模式"的经济形态下，对知识产权司法保护提出了新需求。

来到广州知识产权法院，肖海棠发现，专门法院审理的案件，类型更多，案情更复杂，百姓日常手指间与航天芯片星空下的科技创新无所不及。

"知识产权的情况其实非常复杂，我们要接触大大小小各种创新主体，他们的需求是不一样的。通过更多地倾听和观察，你会发现更多问题。"平台的转变给肖海棠带来视角的转变，面临的问题不一样，挑战也不一样。大量接触案件细节和当事人的机会，使得肖海棠逐渐站在了离行业一线最近的地方。在审理的几宗关联案件中，肖海棠发现，欠缺规制的商业性维权引发的权利滥用情况，应当引起重视。

"我正在结合审判实际，开展知识产权恶意诉讼和商业性维权方面的调研。"肖海棠说。

知识产权审判，涉及各方利益和方方面面知识。"即使我已从业20载，我始终以一个'学生'态度去面对每一个案件。而且在每一个案子里面，你都要去仔细分析该案的知识产权相关情况。"在肖海棠看来，并非每个知识产权案件都如华为三星纠纷那般惊心动魄。即使看似普通小案，也蕴藏行业存续和发展。处理知识产权案件处处都是大学问，不能掉以轻心。

赋能知产，驱动创新

"科技赋能是法治建设的一个趋势，知识产权领域可以也应当先行做出探索。"谈到广州知识产权法院开发使用的外观设计专利智能辅助审判系统，肖海棠如此评价。

肖海棠坚持创新理念，积极推进案件繁简分流、简案快审。她在专利审判庭设立外观设计一审速裁示范合议庭，全面推进外观设计智审系统的适用和完善，以智能化手段助推审判质效的提升。

"广东市场经济活跃,各类知识产权纠纷案件多,法官们的日常工作量都比较大。如何以创新手段守护创新,运用智能辅助审判系统是提升审判质效的实践途径之一。"

她还致力于专业护航创新,参与完成《关于审理标准必要专利纠纷案件的工作指引》《关于以知识产权市场价值为导向破解侵权损害赔偿难问题的研究报告》等多项重大课题,在中国法律语境中充分论证"FRAND""禁令救济"等国际法律难题,为国际规则的形成扩大了中国法院的话语权和影响力……

从事知识产权审判工作20年,肖海棠成了中国知识产权保护和发展的亲历者、见证者和参与者。未来,她将继续践行共产党人铮铮誓言和知识产权法官的初心使命,为维护国家利益、护航创新发展而不懈努力,向世界贡献更多解决知识产权法律纠纷的"中国智慧",提供更多处理知识产权问题的"中国方案"!

(原载南方网2023年7月7日,记者谢晓,通讯员罗冠明)

滕启刚

Teng Qigang

滕启刚,男,汉族,辽宁鞍山人,1964年1月出生,中共党员,1991年4月参加法院工作,生前任辽宁省鞍山市千山区人民法院四级高级法官。2021年6月4日突发疾病去世,终年57岁。滕启刚同志扎根基层法院工作30年,历经刑事审判、行政审判、派出法庭等多岗位锻炼,对党和人民始终怀着深厚情感,勤勉履职、忘我工作。他坚持严格公正办案,以对司法事业极端负责的态度,深入调查研究,准确适用法律,确保每一起案件都经得起法律、历史和人民的检验。他积极投身基层治理,主动走进群众中间,用乡亲们熟悉的语言、听得懂的方式释法说理,真正把矛盾纠纷化解在根子上、源头里。他廉洁自律,珍惜法官名节,涵养家庭美德,从不用身份和权力谋私利。他崇德向善,关心照顾性侵受害女童,见义勇为抢救落水群众,常年帮扶病患乡邻,用实际行动树立起一名人民法官的光辉形象。他荣获"全国模范法官""辽宁省优秀共产党员"等荣誉。

学习决定、通知

中共中央政法委员会

关于学习宣传滕启刚同志先进事迹的通知

中政委〔2022〕24号

各省、自治区、直辖市党委政法委,新疆生产建设兵团党委政法委,最高人民法院、最高人民检察院、公安部、国家安全部、司法部党组(党委),中国法学会党组:

滕启刚,男,汉族,辽宁鞍山人,1964年1月出生,1995年11月加入中国共产党,1991年4月参加法院工作,生前系辽宁省鞍山市千山区人民法院行政审判庭庭长、四级高级法官。2021年6月4日突发疾病去世,终年57岁。

滕启刚同志扎根基层法院工作30年,历经刑事、行政审判和派出法庭多岗位锻炼,始终奋斗在执法办案、服务群众最前沿,以恒心践初心、以生命担使命,对党忠诚、爱岗敬业、一心为民、忘我工作,在平凡的工作岗位上创造了不平凡的业绩、成就了不平凡的人生,曾荣获"辽宁省人民满意的政法干警"等近30项荣誉,是政法系统深入学习贯彻习近平新时代中国特色社会主义思想、践行习近平法治思想的优秀代表，是新时代忠诚履职、执法司法为民的先进典型，是全国政法队伍教育整顿期间涌现出的英雄模范。人力资源社会保障部、最高人民法院追授滕启刚同志"全国模范法官"称号，辽宁省委追授滕启刚同志"优秀共产党员"称号。中央政法委号召，全国政法机关和全体政法干警要认真学习宣传滕启刚同志的先进事迹和崇高精神，不忘初心、牢记宗旨、担当作为、干事创业，展现新时代政法队伍的时代风采。

一、学习滕启刚同志对党忠诚、勇毅前行的政治品格，始终保持赤胆忠心。滕启刚同志的一生，是信党爱党、为党护党的一生。"坚定不移听党话、跟党走"是镌刻在滕启刚同志灵魂深处最朴素的情感。入党之后，他时刻把共产党员作为第一身份，接待群众时常挂在嘴边的是"请大家相信我，我是共产党员"；他在《这就是我的忠诚》心得中写道，"对党忠诚，一定要体现在日常工作与生活中，体现在和人民群众的感情上"；在生命的最后一程，妻子劝他"还有两三年就退休了，找组织换个轻松点的岗位"，他却坚持"更得珍惜为组织工作的机会"。30年来，他把对党忠诚融入每一项工作中，通过耐心细致的司法服务，把党的温暖送到百姓心坎上，以实际行动兑现了他26年前在入党申请书中写下的承诺："无论何时，集体利益高于我个人利益，一切服从组织需要，党叫干啥就干啥。"全体政法干警要学习滕启刚同志，始终坚定信念、对党忠诚，坚持以习近平新时代中国特色社会主义思想为指导，深入学习贯彻习近平法治思想，把对党忠诚落实到热爱党的事业、执行党的决定、践行党的宗旨上，体现在严格公正执法司法的实际行动上，永葆忠于党、忠于国家、忠于人民、忠于法律的政治本色。

二、学习滕启刚同志甘当公仆、心系群众的为民情怀，始终坚持人民至上。滕启刚同志扎根乡土，对群众充满深情大爱，几十年如一日，俯下身子，掏出心窝子，践行司法为民宗旨。他在最平凡最前沿最艰苦的人民法庭工作9年，背得出辖区2镇、18村每一条街道，记得住3个月内每一名当事人的电话，拜访过每一起复杂案件当事人的"家门"。他常在田间地头厘清"鸡毛蒜皮"事，在村口炕头掰透"婆婆妈妈"理，上门劝和因私领动迁款"闹离婚"的夫妻，进村调解因"下错葬、埋错坟"急了眼的乡亲。他舍得投入比坐堂断案多上几倍的精力调处乡邻纠纷，总结出用心调解、用情疏导、用法释疑的"滕氏调解法"，把百姓打官司的成本降下来、满意度升上去。工作之余，他传承弘扬辽沈大地孕育的雷锋精神，帮助遭性侵女童走出阴影，关心精神疾病患者日常生活，见义勇为抢救落水群众，利用木瓦水电工专长热忱帮助乡亲邻里，是当地群众熟悉和爱戴的百姓法官。全体政法干警要学习滕启刚同志，始终牢记"江山就是人民、人民就是江山"，在任何时候都把群众利益放在第一位，保持同人民群众的血肉联系，用心用情解决好群众"急难愁盼"问题，不断增强人民群众获得感、幸福感、安全感。

　　三、学习滕启刚同志担当作为、公正司法的敬业精神，始终坚守公平正义。滕启刚同志30年如一日扎根基层审判一线，多办案、办难案、办好案，以扎实的业务素养、严谨的工作作风和高度的责任担当守护公平正义。为断明一起行车纠纷伤人案，他买来8倍放大镜用3个小时一帧一帧查看十几分钟的监控视频，确定肇事人员；在审理一起财产损害赔偿案件中，他顶着高温踏进十余厘米的污染层进行勘查鉴定，让百姓获得公平合理赔偿；在处理一起复杂经济纠纷案件中，他通过反复沟通协调，3个月内妥善解决了7家外省企业当事人与本地企业的经济纠纷，做到胜败皆服。2018年，千山区法院被确定为全市行政案件集中管辖的法院之一，作为庭里唯一的员额法官，他一人审理三个区级行政区域的所有行政争议案件，结案率100%，平均审结时间仅为法定审限的四分之一。他还推动千山区法院与区司法局联合成立"行政争议调处中心"，为"官民"纠纷多元化解探索了一条新路。全体政法干警要学习滕启刚同志，坚持严格规范公正文明执法司法，精研实干、追求极致，努力让人民群众在每一起案件办理、每一件事情处理中都感受到公平正义。

四、学习滕启刚同志克己奉公、清正廉洁的高尚情操，始终做到作风过硬。滕启刚同志甘于清贫、廉洁自律，珍惜法官名节，涵养家庭美德。他生活简朴，一直住在农村老宅，远离交际应酬，把全部业余时间用来钻研业务，一步步从非科班出身的"门外汉"成为同事们敬重的审判专家；他处世清廉，30年来从未因私向组织提过任何要求，妻子因单位改制下岗后，他鼓励支持妻子摆摊卖凉拌菜；他注重家风家教，培养儿子考入清华大学，激励儿子在亚运会、世界大学生运动会上取得佳绩；他秉公办案，抵制人情干扰，带家人一起学习防止干预司法"三个规定"，并约法三章：不准收取任何钱物、不准接受任何请托、不准过问任何案情，从不徇私说情、打招呼。全体政法干警要学习滕启刚同志，从严要求自己、从严管好家人，清清白白做人、干干净净做事，以一身正气、两袖清风自觉抵制各种诱惑，锻造党和人民信得过、靠得住、能放心的政法铁军。

各级政法机关要坚持以习近平新时代中国特色社会主义思想为指导，深入学习贯彻习近平法治思想，把学习宣传滕启刚同志先进事迹与推动党史学习教育常态化长效化、巩固全国政法队伍教育整顿成果、学习贯彻全国"两会"精神结合起来，精心组织、周密安排，激励引导广大政法干警以滕启刚同志为榜样，汲取先进典型的精神力量，自觉做"两个确立"的忠诚拥护者和"两个维护"的示范引领者，忠实履行党和人民赋予的新时代使命任务，以实际行动迎接党的二十大胜利召开！

2022年3月30日

人力资源社会保障部　最高人民法院

关于追授滕启刚同志"全国模范法官"称号的决定

人社部发〔2022〕3号

各省、自治区、直辖市及新疆生产建设兵团人力资源社会保障厅（局），各省、自治区、直辖市高级人民法院，解放军军事法院，新疆维吾尔自治区高级人民法院生产建设兵团分院：

党的十九大以来，全国各级人民法院在以习近平同志为核心的党中央坚强领导下，坚持以习近平新时代中国特色社会主义思想为指导，深入贯彻习近平法治思想，全面贯彻落实党的十九大和十九届历次全会精神，紧紧围绕"努力让人民群众在每一个司法案件中感受到公平正义"目标，坚持服务大局、司法为民、公正司法，忠实履行宪法法律赋予的职责，为维护国家政治安全、确保社会大局稳定、促进社会公平正义、保障人民安居乐业作出突出贡献，涌现出一大批品格高尚、实绩突出的先进典型，滕启刚同志就是其中的优秀代表。

滕启刚同志是中国共产党党员，生前任辽宁省鞍山市千山区人民法院四级高级法官。滕启刚同志扎根基层法院工作30年，历经刑事审判、行政审判、派出法庭等多岗位锻炼，对党和人民始终怀着深厚情感，以恒心践初心、以生命担使命，勤勉履职、忘我工作，为人民司法事业作出积极贡献。他坚持严格公正办案,以对司法事业极端负责的态度,深入调查研究,严把案件事实关、证据关、程序关和法律适用关,确保每一起案件都经得起法律、历史和人民的检验。他积极投身基层治理,主动走进群众中间,用乡亲们熟悉的语言、听得懂的方式释法说理,用心调解、用情疏导、用法释疑,真正把矛盾纠纷化解在根子上、源头里。他甘于清贫、廉洁自律,珍惜法官名节,涵养家庭美德,从不用身份和权力谋私利。他崇德向善、心有大爱,帮助遭性侵女童走出阴影,见义勇为抢救落水群众,常年帮扶疾患乡邻,不计得失,不慕名利,用实际行动树立起一名人民法官的光辉形象。滕启刚同志忠诚担当、甘于奉献,表现突出、事迹感人,是深入学习贯彻习近平新时代中国特色社会主义思想、积极践行习近平法治思想的优秀党员,是新时代人民法官中忠诚敬业、倾心为民的杰出代表,是全国法院队伍教育整顿期间涌现的先进典型。为表彰先进,激励队伍,人力资源社会保障部、最高人民法院决定,追授滕启刚同志"全国模范法官"称号。

全国各级人民法院要坚持以习近平新时代中国特色社会主义思想为指导,深入贯彻习近平法治思想,全面贯彻党的十九大和十九届历次全会精神,增强"四个意识"、坚定"四个自信"、做到"两个维护",弘扬伟大建党精神,深入学习领会"两个确立"的决定性意义,巩固提升党史学习教育和队伍教育整顿成果,大力加强法院队伍革命化正规化专业化职业化建设,锻造绝对忠诚、绝对纯洁、绝对可靠的法院铁军。要广泛开展向滕启刚同志学习活动,教育引导广大干警以先进典型为榜样,不忘初心、牢记使命、锐意进取、拼搏奉献,奋力推进新时代人民法院工作高质量发展,切实履行好维护国家安全、社会安定、人民安宁的重大责任,为建设更高水平的平安中国、法治中国提供有力保障,以实际行动迎接党的二十大胜利召开。

2022 年 1 月 26 日

最高人民法院
关于学习宣传滕启刚同志先进事迹的通知

法〔2022〕161 号

全国地方各级人民法院、各级军事法院、新疆生产建设兵团各级法院：

近年来，全国各级人民法院在以习近平同志为核心的党中央坚强领导下，坚持以习近平新时代中国特色社会主义思想为指导，深入贯彻习近平法治思想，全面贯彻落实党的十九大和十九届历次全会精神，紧紧围绕"努力让人民群众在每一个司法案件中感受到公平正义"目标，坚持服务大局、司法为民、公正司法，忠实履行宪法法律赋予的职责，为维护国家政治安全、确保社会大局稳定、促进社会公平正义、保障人民安居乐业作出突出贡献，涌现出一大批品格高尚、实绩突出的先进典型，滕启刚同志就是其中的优秀代表。

滕启刚，男，汉族，辽宁鞍山人，1964 年 1 月出生，1995 年 11 月加入中国共产党，1991 年 4 月参加法院工作，生前任辽宁省鞍山市千山区人民法院四级高级法官。他扎根基层法院 30 年，长期奋斗在执法办案、服务群众最前沿，勤勉履职、忘我工作，真心实意为老百姓办实事办好事，在平凡的工作岗位上创造了不平凡的业绩，受到干部群众高度赞誉。2021 年 6 月 4 日因突发疾病去世，终年 57 岁。

滕启刚同志去世后，最高人民法院党组书记、院长周强同志作出重要批示，对学习宣传滕启刚同志提出明确要求。人力资源社会保障部、最高人民法院追授"全国模范法官"称号，中共辽宁省委追授滕启刚同志"优秀共产党员"称号。中央政法委印发通知，号召全国政法机关和全体政法干警认真学习宣传滕启刚同志的先进事迹和崇高精神。为大力弘扬英模精神、深化英模教育，激励广大干警不忘初心、牢记使命、担当作为、干事创业，推进新时代过硬法院队伍建设，最高人民法院决定，在全国法院系统广泛开展向滕启刚同志学习活动。

一、学习滕启刚同志坚定理想信念、对党赤胆忠心的政治品格。对党忠诚，是共产党人首要的政治品质。滕启刚同志时刻牢记共产党员第一身份，矢志永做"一名坚韧不拔、永不生锈的共产党员"。30年来，滕启刚同志先后任职刑事审判、行政审判、派出法庭等多个岗位，不论在哪个地方，他都像一颗螺丝钉紧紧拧在那里，把对党忠诚融入每个岗位、每次审判，把对党忠诚体现在对崇高理想的不懈追求、对审判事业的无私奉献上。他常说："我们是最基层的法官，我们面对的是朴实厚道的老百姓，要把所有的矛盾化解在基层，要为党分忧。老百姓通过我们，相信我们的法院、相信我们的党。"滕启刚同志的一生，是忠诚于党、信党爱党、为党护党的一生。全体法院干警要向滕启刚同志学习，坚持以习近平新时代中国特色社会主义思想为指导，深入贯彻习近平法治思想，深刻领悟"两个确立"的决定性意义，增强"四个意识"、坚定"四个自信"、做到"两个维护"，弘扬伟大建党精神，坚决筑牢政治忠诚，始终做到维护核心、绝对忠诚、听党指挥、勇于担当。

二、学习滕启刚同志坚持人民至上、真心服务群众的公仆情怀。滕启刚同志是一位对人民群众胸怀朴素而真挚感情的法官，他把群众当成自家人，把群众的事当成天大的事，用心调解、用情疏导、用法释疑，倾注一生把"人民"二字刻在天平上，用法理情全力解决群众"急难愁盼"问题。

他走进基层、融入群众,懂得群众语言、熟知群众需求,在田间地头厘清"鸡毛蒜皮"事儿,在村口炕头掰透"婆婆妈妈"理儿,上门劝好因私领动迁款"闹离婚"的夫妻,进村调和因"下错葬、埋错坟"急了眼的乡亲。他崇德向善、心有大爱,帮助遭性侵女童走出阴影,关心精神疾病患者日常生活,见义勇为抢救落水群众,把好事实事做到群众心坎里。全体法院干警要向滕启刚同志学习,坚持以人民为中心的发展思想,认真践行党的群众路线和根本宗旨,继承发扬"一刻也离不开群众"的优良传统,深入开展"为群众办实事示范法院"创建活动,把体现人民利益、反映人民愿望、维护人民权益、增进人民福祉落实到活动全过程。

三、学习滕启刚同志坚定法治信仰、严格公正司法的职业精神。滕启刚同志始终把坚定法治信仰、坚守社会公平正义作为毕生追求,在专业上求精,在细节上求严,在作风上求实。他高举天平不倾斜,精益求精办铁案,无论案件大小都努力做到查明事实真相,严谨细致核实每一个证据、求证每一处细节。他仔细分析证据认定关联关系,为身患艾滋病的吸毒人员讨回公道;买来 8 倍放大镜用 3 个小时一帧一帧查看监控视频,断明行车斗殴纠纷;顶着高温踏进十余厘米的土地污染层勘查鉴定,让老百姓获得公平合理赔偿。全体法院干警要向滕启刚同志学习,深入贯彻习近平法治思想,坚持以事实为根据、以法律为准绳,严把案件事实关、证据关、程序关和法律适用关,确保每一起案件都经得起法律和历史的检验,让人民群众切实感受到公平正义就在身边。

四、学习滕启刚同志严格律己守身、甘于无私奉献的道德情操。滕启刚同志热爱司法事业,珍视法官名节,自觉践行共产党人价值观,清清白白做人,干干净净做事,克己奉公、坦荡无私。他节俭处世、为人谦和,住农家小院、过平淡日子,从不爱慕虚荣,从不贪图名利,自觉净化生活圈、朋友圈。他廉洁自律、廉洁用权,从不用审判权作交换谋私利,妻子因单位改制下岗,他鼓励支持妻子卖凉拌菜自食其力。他严格执行防止干预司法"三个规定",带领家人共同学习遵守并约法三章,不准收取任何人钱物、不准接受任何人请托、不准过问任何案情,他所办案件无一关系案、人情案、金钱案,体现了一名优秀法官的高尚品格。全体法院干警要向滕启刚同志学习,牢记"打铁还需自身硬"的道理,从自己做起、从身边人做起、从小事做起,始终绷紧拒腐防变这根弦,恪守政法职业操守,自觉抵制外界干扰诱惑,以赤诚之心、无私之爱、公正之举、廉洁之德树立起新时代法院铁军形象。

滕启刚同志忠诚担当、甘于奉献,先进事迹厚重感人,具有鲜明的时代性、先进性和代表性,是深入学习贯彻习近平新时代中国特色社会主义思想、积极践行习近平法治思想的优秀党员,是新时代人民法官中忠诚敬业、倾心为民的杰出代表。全国各级人民法院要坚持以习近平新时代中国特色社会主义思想为指导,深入贯彻习近平法治思想,深刻领悟"两个确立"的决定性意义,结合推动党史学习教育常态化长效化、巩固拓展队伍教育整顿成果,迅速开展学习宣传滕启刚同志先进事迹活动,教育引导广大干警以先进典型为榜样,见贤思齐、争当先锋,扎实工作、勇毅前行,奋力推进新时代人民法院工作高质量发展,以实际行动迎接党的二十大胜利召开!

2022 年 6 月 10 日

先 进 事 迹

一生坚守公平正义

2021年6月4日,是一个让人心痛的日子,滕启刚庭长突发疾病去世,我们失去了一位好兄长、好同事,老百姓失去了一位他们爱戴的好法官。

时间一天天过去,滕庭长已经离开一年多了,可只要想起他,我仍然禁不住流泪。

我在审判管理办公室,和滕庭长几乎每天都要打交道,因为他的审判数据每天都会进入到审判管理系统。这些数据,以往觉得普通寻常,现在却是那样珍贵。一个数据就是一个案件,饱含着滕庭长的辛劳与付出,满满都是他对党的忠诚和对人民的热爱。

在同事们眼里,滕庭长就像一个高速旋转的陀螺,不是在忙于办案,就是在忙于办案的路上。在法院工作30年,他先后从事了9年刑事、9年民事和10年行政审判工作,他去世后,我们对他的审判数据进行了统计分析,这些年,他承办、参与审理和审核案件6000余件,所承办的案件无一例冤错案件、无一起违纪违法举报。

滕启刚庭长一生坚守公平正义,他办案作风硬朗,总是与证据较劲,与真相较真,最大限度还原案件的客观事实。

现在,在滕庭长的办公桌上,仍然摆着一个8倍的放大镜,这是滕庭长为了办案特意买的。正是这个放大镜,让受害人任某在取证困难的情况下最终胜诉。

2019年5月的一天，王某因行车冲突，动手打了任某，路上监控距离现场太远，难以辨别实际情况。对此，公安机关没有处罚，任某一纸诉状把公安机关告到法院。

为了查明真相，滕庭长买来那个8倍放大镜，对着视频一帧一帧细致查看，短短几分钟的视频，他反反复复看了3个多小时，终于在不清晰的画面中捕捉到王某抬手打人的瞬间动作，锁定了关键证据，依法作出公正判决，判处公安机关重新作出行政决定。最终，打人者受到了治安行政处罚。

滕启刚庭长一生坚守公平正义，他注重源头化解矛盾，力争一次性解决纠纷，尽最大可能让公平正义快速抵达。

为了实质性化解矛盾纠纷，滕庭长传承了"马锡五审判方式"，他审理民事案件886件，调撤率近70%。担任行政庭负责人后，他注重源头治理，借鉴"枫桥经验"，推动鞍山市千山区人民法院与鞍山市千山区司法局建立了"行政争议调处中心"，使大量的行政纠纷在进入诉讼程序之前就得到化解，有效地维护了社会稳定，在基层社会综合治理中发挥了积极作用。

2018年，鞍山市实施行政案件集中管辖，千山法院负责三个行政区行政案件的审理，一时间案件数量大幅增加。为了快速审理案件，他专门研究制定了一套行政案件审判流程，从立案开始就实行简单案件快速审理、疑难案件精细审理。2019年、2020年两年时间，滕庭长审理行政案件316件，结案率均为100%，平均审理时间45天，仅为法定审限的四分之一。

与时间赛跑，让公正提速。我们不知道，在这些数据的背后，他度过了多少伏案疾书的夜晚，又付出了多少心血和汗水。在他心里，只有法官多挨"累"，当事人才能少受"累"。

滕启刚庭长一生坚守公平正义，他坚持平等保护，从来不搞厚此薄

滕启刚参加千山区行政争议调处中心揭牌仪式

彼、远近亲疏,下最大功夫实现政治效果、法律效果和社会效果的统一。

滕庭长曾经办理的一起民事案件,是法院加强法治化营商环境建设的经典案例。本溪某公司在承建鞍山市政重点工程某污水处理厂项目时,因拖欠省外7家企业500多万元设备款,被起诉到千山法院。立案后,滕庭长第一时间到本溪,依法查封了该公司的基本户,并到公司调查生产经营情况,当他了解到基本户冻结将导致公司无法正常运转,还可能延误市政工程的工期时,当即决定改封公司一般账户。回到法院,滕庭长考虑到,如果按照正常程序,等到执行完毕恐怕要大半年,不仅无法保障7家企业债权的尽快兑现,还会增加外省企业的诉累,于是,他立即与各方当事人通过电话反复沟通,不断调整完善调解方案,经过半个月的努力,最终促成双方和解,本溪某公司在3个月内分期支付了全部欠款,外省7家企业撤回起诉。外省企业纷纷表示,这么大数额的案件,连法官的面都没见到就解决了,鞍山法官素质高、效率高、公平公正,到鞍山投资有法治保障，没有后顾之忧。

此案圆满审结后，滕庭长在办案笔记中写道："经济运行越活跃，营商环境越复杂，在涉及该类案件的审理中，一定要主持好公平正义，让当事人赢得明明白白、输得心服口服。"

案案都是试金石。滕庭长审理每一起案件都胸怀大局、彰显担当，他就是"人人都是营商环境、个个都是开放形象"的模范践行者。

滕启刚庭长一生坚守公平正义，他不分案件大小，始终铁心办铁案，把办案标准锚定在经得起历史和人民的检验上。

"一件案件对于我们来说是工作，但是对于当事人来说，可能就是他的整个人生！"这是滕庭长经常挂在嘴边的一句话。他曾经审理的一起刑事案件，引起了社会的广泛关注。

2019年1月，最高人民法院对一起诈骗罪案件改判无罪，而20年前一审作出无罪判决的法官，正是滕启刚。当年，滕庭长经过两次庭审，并仔细梳理案件证据后，认为诈骗罪证据不足，应属于经济纠纷，因此判被告无罪。滕庭长当年的判决观点与20年后最高人民法院的改判理由基本一致。他对公平正义的坚守，经受住了历史和人民的检验。

哪有什么岁月静好，不过是有人替你负重前行。滕庭长生命的最后一周，他开了7次庭，接待了4件案子的当事人，参加了两次审委会和一次业务研讨会。他去世前一天晚上，我七点多下班回家，看见他办公室的门敞开着，他戴着老花镜，敲着键盘，桌上摆满资料。看见我，他笑了笑，摘下眼镜，使劲揉了揉太阳穴。我说："滕庭长，有啥需要我做的吗？"他摆摆手说："你赶紧回家，还有俩宝贝等着你照顾呢！"

万万没想到，一句普通的道别竟成为永远的离别。

他走的那天，院里的同事、政法的同行、熟悉的百姓都在痛惜怀念，微信朋友圈里无数留言——

"清晨一个噩耗，从此世间少了一位公平正义的裁判者。"

"那个热心肠，一心想着老百姓的老庭长一路走好！"

"幽默风趣的您,严肃认真的您,积极向上的您,热爱生活的您,为了公正斤斤计较的您,为了百姓孜孜不倦的您,您是我们心中永远的'滕叔'。"

斯人已逝,精神永存。滕启刚庭长生命长度虽短,但宽度绵长。他信仰如天、初心如虹、公正如水、爱民如己,就像一面旗帜,引领我们在司法为民、公正司法的道路上昂首前行,努力让人民群众在每一个司法案件中感受到公平正义!

(黄茜)

师傅教我做法官

我是滕启刚庭长一手带过的徒弟。自己从毛头小伙进入法院,一声"师傅",叫了13年,他是我心中的榜样、事业的引路人;一声"师傅",两字千钧,道出我无尽的思念。师傅离开了我,但忠诚的信仰、法治的理念,薪火相传。

最初见到师傅是在2008年,我考进鞍山市千山区人民法院,当时被分到离城区较远的千山法庭。现在我还清楚记得师傅跟我说的第一句话,他说:"晋锋呀,你要用心学业务、学本领,将来才有底气更好地为老百姓服务!"

可我心想,自己就是个书记员,有啥本领可学呢?有一次,我送达时图省事,拜托治保主任把判决书捎给了村里的当事人,可师傅知道了,严厉地批评了我:"晋锋啊,送达裁判文书是案件办理的重要环节,哪能这么随便?更何况,送达是接触群众多好的机会呀!"

后来我才知道,师傅当年从刑庭的书记员干起,自己整理卷宗的习惯保持了30年。书记员的活绝不是跑龙套,贯穿整个审判流程,直接影响着案件的质量和效率。师傅一番话让我有点明白了,要想成为一名合格的法官,不能眼高手低,要脚踏实地从小事学起干起,这就是我要学的本领。

千山法庭管辖18个村,师傅的法官生涯有近三分之一时间是在这个偏远的农村法庭度过的。调解、走访、普法宣传,师傅每天都在忙,不是在庭里,就是在村里。说实话,当时师傅的形象和我想象中法官的形象相差太大。上大学时,我们进行模拟法庭教学,法官总是端坐在庄严的法庭上,头顶国徽、身披法袍、手持法槌,审理大案、要案。可师傅呢,经常穿着一件磨得泛白的旧夹克,踩上一双黑布鞋,带着我走村串户,处理的纠纷大多是家长里短、鸡毛蒜皮的事情。

跟师傅去老百姓家里次数多了,我发现,师傅开口就喊:"老张,你家有狗吗,看好了啊,我进院了。"一句话拉近了法官和群众的距离。然后进屋聊天,说的都是百姓爱听的实在话。有一回,一个农户非法占地索求高价补偿,村长找到师傅要起诉农户。这个农户刚做完心脏手术,师傅没有着急安排立案,而是来到农户家,一进门就坐在炕上,唠起了家常:"你不用把我当法官,我也是农村出来的,现在还住在谢房身村,今天来就是帮你出出主意。"几次登门后,一起骨头案,化解在立案前。

用群众语言,做群众工作;用老百姓的"理",平老百姓的"事";走进群众家门,打开群众心门。原来法官还可以这样当,我一下明白了,这就是我要学的本领。

"清官难断家务事",农村的一些案子断起来更难。我曾经遇到一个下错葬、埋错坟的怪案、难案。王家大儿子把母亲的骨灰埋到了张家的坟里,这在农村可犯了大忌。两家人剑拔弩张,互不相让。一无法规遵循,二无案例参考,如果立案判决,容易导致一个官司三代仇。师傅没着急立案,直接找王家大儿子做工作,讲法律、论孝道、谈民俗。一番贴心话扎进了王家大儿子的心窝,最后王家赔礼迁坟,两家人化干戈为玉帛。

像这样的案子,在农村时有发生,跟着师傅办案,我渐渐明白,基层法官办案不能单纯从书本中找答案,更要深入群众接地气,做到天理、国法、人情的有机统一。这就是我要学的本领。这些年来,师傅密切联系群众,厚植为民情怀,真心实意为老百姓办实事、解难题。有一次,一家矿产公司发水造成附近村民大片土地和果树被淹,大批村民涌到千山法庭讨说法。我头一次面对这么多情绪激动的村民,当时师傅不在法庭,我着急忙慌地给师傅打电话,师傅说:"不要怕,老百姓是讲理的。耐心听他们讲,不要反驳,我马上回去处理。"一会师傅回来了,村民瞬间围了上去,"滕庭长""滕叔""老滕"地叫着,那一刻,我感受到了老百姓对师傅的那份信任。立案后第二天,师傅就带着我挨家挨户了解情况、固定证据，还几次带我到矿山公司做工作，说服矿山公司先垫付了评估费。为了配合评估勘验，他顶着高温，不顾污染物对皮肤的伤害，一脚踏进了10多厘米厚的污染层，一棵棵勘查受损果树……最终，老百姓获得了合理赔偿，双方都没有上诉。

将心比心，方得人心。跟随师傅办案使我渐渐明白，师傅生长在农村，扎根在农村，心中满满装着群众，他离不开群众，群众也离不开他。师傅办案总是用心调解、用情疏导、用法明理，所以，师傅说的话老百姓才听，讲的道理老百姓才信，下的判决老百姓才服。这些就是我要学的本领。

师傅是一个特别有担当的人，他常说，基层法庭离群众最近，这是我们最大的优势。小法庭要有大作为，要做守护社会和谐稳定的桥头堡，努力把矛盾解决在源头，把纠纷化解在基层。那些年，师傅带领我们全庭同事多办案、快办案、办好案，结案量和调撤率连年攀升，而带领大家在诉前调处的纠纷更是不计其数。师傅是个调解高手，有一年，师傅自己办理案件的调撤率达到了95%。

师傅特别注重对年轻干警的培养。从整理卷宗、庭审规范到裁判文书撰写、文书送达，他手把手地教我们。新法律法规出台，他亲手整理打印，组织我们学理论、学业务，分享办案经验。师傅还总结出一套"滕氏调解法"：办理家庭纠纷，运用"亲情融化法"；矛盾复杂，依托各类组织运用"外力协助法"；涉及利益分配，运用"换位思考法"；纠纷激烈运用"背靠背法"。这些方法让庭里的同事们办起案来，得心应手、屡试不爽。

师傅要求我们做到的，自己总是首先做到。有时案结事了，当事人为了表达敬佩和感谢，想请我们吃饭，可师傅拉起我拔腿就走。师傅说，天平两端是双方当事人，法官的一举一动，都关系到老百姓对司法公信力的评价。"廉洁"的含义，师傅不讲大道理，每每用这样的行动为我们作出最好解答。

师傅把法庭当成家。为了节约经费，锅炉工生病了，他不舍得再雇人,大冬天的为了不让大家挨冻,每天都早早到单位烧锅炉。平时,他还经常下厨房,为大家做一手好菜。他带领我们年轻干警自己设计装修法庭,还把爱人叫来一起给大门刷油漆、安装挡板玻璃。小法庭被他收拾得明净漂亮,他笑着说,这是咱们的门面,是老百姓对法院和法官的第一印象。

在千山法庭跟师傅办案的那段时光,使我得到彻底的改变,我的脸经受了风吹日晒,脚上沾满了泥土,心中沉淀了真情。现在进村访家串户,我也会笑着喊一声:"老王,把你家狗拴好啊,我法院的,过来唠唠。"然后像师傅一样,进屋盘腿上炕,一直讲到当事人想通为止。

在师傅的培养下,这些年,我在工作上取得了一些成绩,先后荣立个人二等功一次、三等功三次,在 2021 年政法队伍教育整顿期间还被评为"新时代鞍山政法标兵"。每一次进步,师傅都由衷地替我高兴,也不忘提醒我:"晋锋,一定还要继续钻研学习啊,莫把百尺当尽头!"

一心践行司法为民,一生追求公平正义。这就是我心中的师傅。此时此刻,我想对师傅说,2021 年 7 月,我当上千山法庭庭长了。请您放心,我将担起您一生践行的使命,传承您的宝贵精神,我将努力成为另一个您,为党和人民的审判事业铿锵前行、奉献一生!

(吕晋锋)

启刚心中的爱

今天，是启刚离开我的第 394 天。这 394 天，我没有一天不想启刚。他的手机，我每天都充满电带在身上。我多希望，启刚会出现在我面前，笑着说："老李呀，我的手机怎么在你那儿……"

我清楚记得，2021 年 6 月 3 日，启刚加班很晚才回家，简单吃了口饭，连衣服都没脱，就躺在炕上睡着了。第二天早上，天刚放亮，就听启刚叫我。我一看，他抱着头，表情非常痛苦。我赶紧给 120 打电话，并告诉在南京的儿子。救护车来了，我紧紧握着启刚的手，从家到医院并不远，我却感觉那十多分钟的路无比漫长。医院到了，启刚却永远地松开了我的手……

后来，我听他的同事说，昨天上午他外出调查案件，回来后还接待了一个当事人，下午连开了两个庭，写了一个调研提纲，准备 6 月 5 日去参加世界环境日普法活动……其实这么多年，启刚一直是这样的节奏，我总感觉他有忙不完的工作、办不完的案子。

他太爱他的事业了，我们家里人都怕他累倒了，希望他转到一个工作轻松一点的岗位。有一次我跟他说："启刚，咱还有两三年就退休了，别这么拼了。"可他说："老李啊，我在法院干了一辈子，有感情啊，我离不开这个工作啊。"

启刚一直很拼，学习也是一样。我俩结婚后第二年，他考进鞍山市千山区人民法院，不管白天多忙，晚上照学不误，这股劲头一直也没有变。2021 年有一阵子，启刚天天晚上戴着老花镜，窝在炕上抱着本书研究。我问他看啥呢，他跟我说："这是新颁布的民法典，我是庭长，得带头学，不能落在年轻人的后面。"

启刚平时和我说话总是用商量的口气，可只要涉及原则问题，他就变得非常严肃。当上法官那天，启刚就跟我约法三章：不准收取任何人钱物、不准接受任何人请托、不准过问任何案子。他家的一个亲戚，因为抢劫犯罪被抓了起来，亲戚找到启刚，让他帮忙说情，被启刚严词拒绝。后来，这个亲戚被判了刑。启刚看我有些过意不去，他告诉我，做坚持原则的事情，心里没愧！

其实在启刚心里，他也有愧疚的时候。他刚到千山法庭当庭长时，一边忙着办案，一边张罗法庭建设，倾注了大量的心血。那段时间，80岁的老父亲经常胃疼，怪罪一向孝顺的老儿子怎么总也见不着面。后来到医院检查出是胃癌，启刚非常难过，流着泪责备自己。他拉着老父亲来到里外一新的千山法庭。老父亲看着看着，也流泪了，说："儿啊，爹不知道你这么累呀，如果知道，爹也不会埋怨你呀！"不久，老父亲去世了。没能最后照顾好老人家，是启刚心里最大的痛。

有一天，启刚回家后坐在那儿不说话。我问他怎么了，他说："唉，小女孩太可怜了，谁家的孩子谁不心疼！"原来，他刚审理了一起15岁女孩遭受性侵的案子。案子判了，那个女孩仍然跟父亲住在建筑工地。第二天启刚带我去工地宿舍，一看，这样的环境咋能让女孩从心理伤害中走出来？启刚说："不能让这孩子再住工棚！"我当时每天陪儿子在体校训练，把女孩接到我家没人陪。启刚就征得女孩父亲同意，把孩子接到二嫂家，嘱咐二嫂："就说是你娘家的亲戚，千万不要和别人说她的情况，不要刺激到她……"那些天，启刚几乎每天下班都绕道去看看女孩。三个多月的陪伴照顾，女孩慢慢走出了阴影。临走那天，她一步一回头，突然跑回来，扑通一下跪在启刚面前，哭着喊："滕爸爸，滕爸爸！"男儿有泪不轻弹，可那天启刚泪流满面。

我也哭了，我知道，启刚见不得别人有困难，若不伸手相助，就过不去良心这道关。

2011年6月的一天早上，我俩正在鞍山二一九公园散步，突然听见湖边有人呼救，启刚二话没说，纵身跳进湖水中，将人救了上来。我知道，启刚的水性并不好，可他帮助别人，根本不顾自己的安危。

　　启刚是个心中有爱、一生燃烧爱的人，他把爱给了工作、给了百姓，他也深深地爱着我们这个家。启刚特别注重对孩子的培养，在儿子滕海宁14岁的时候就把他送到省田径队训练，告诉他"男儿当自强"。每当逢年过节时，我常常看见启刚因为想孩子，偷偷落泪。后来儿子因为成绩突出被清华大学特招录取，2011年和2014年，分别在世界大学生运动会和仁川亚运会男子800米决赛中获得亚军，赢得了中国男子中长跑项目在世界大赛上的首枚奖牌。启刚去世后，儿子含泪在追思文章中写道："爸爸在我心中是最优秀的，我给爸爸打100分。"关于启刚的所有报道，儿子都会在朋友圈转发，经常附上一句："爸，我想你。"启刚生前一直教导儿子要积极加入党组织，现在，儿子已经成了一名预备党员。

　　我和启刚结婚33年，现在家还住在鞍山市千山区大孤山街道谢房

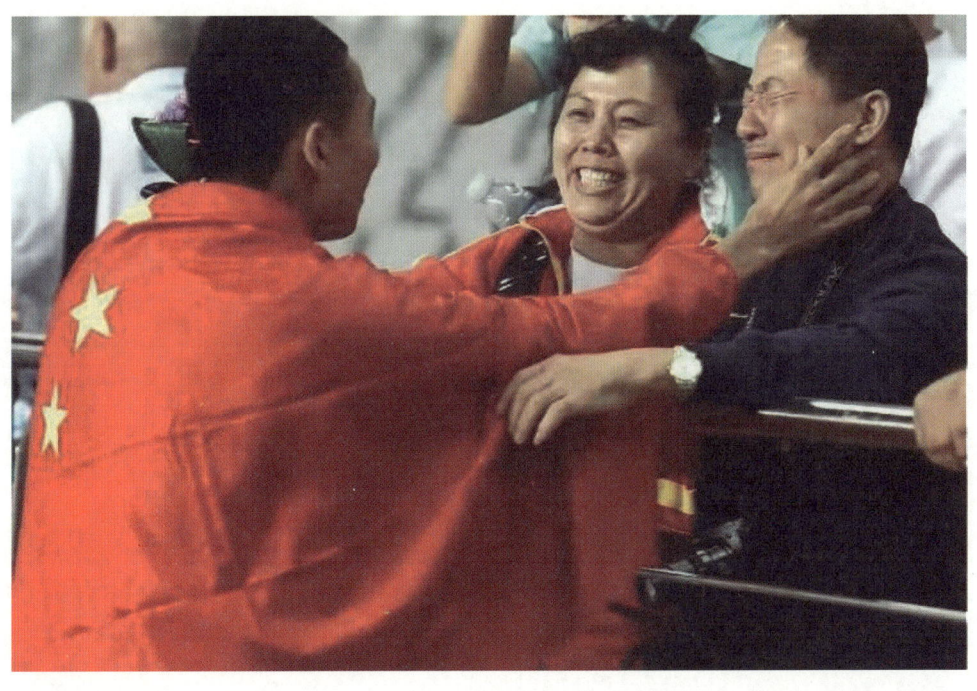

滕启刚与家人在仁川亚运会比赛现场

身村的农家小院,启刚心细手巧,家里家外没有他不会干的活,刚结婚时他亲手裁剪布料给我做的那条连衣裙,现在穿上还不过时。

启刚这一生,没和组织提过任何要求,他走后,我和儿子替他向组织提出了一个请求,在他遗体上覆盖一面党旗。告别那天,我们为启刚穿上法袍,鲜红的党旗覆盖在他身上,我想,这是对他最好的告慰。

启刚去世后,组织上给了启刚很多荣誉,给我很多的关怀。我为启刚感到骄傲,我和孩子将怀着感恩的心,好好生活下去。

启刚,如果有来生,我相信,你一定会继续选择你热爱的审判事业,而我,还会选择你,我的挚爱——滕启刚!

(滕启刚同志妻子　李淑华)

"我是法官更是一名党员"

在多年的采访经历中,我报道过许多政法干警的先进事迹和感人故事,然而,这位法官的离世,却让我受到从未有过的震撼。

滕启刚去世后,我进行了深度采访。随着采访的深入,一个新时代基层共产党员法官的形象,在我心中渐渐清晰高大起来。

"请大家相信我,我不光是法官,还是一名共产党员。"采访中,鞍山市千山区人民法院院长金峰说:"这是滕启刚和当事人接触时,最常说的一句话。"滕启刚一生爱党,乐于亮明党员身份,始终把第一身份定格在"我是一名共产党员"上。

滕启刚对党忠诚,他把工作当事业干,在平凡岗位上作出不平凡的业绩。

1991年,滕启刚考入千山法院后,就积极申请加入党组织,他在入党志愿书中写道:"无论何时,集体利益高于我个人的利益,一切服从组织需要,党叫干啥就干啥!"我翻开他的工作履历表,基层人民法院最重要的刑事、民事和行政三个审判部门,他都干过,还负责过司法技术工作。他担任了13年业务庭庭长职务,两次到环境艰苦的农村派出法庭工作。这些年来,他承办、参与审理和审核案件6000余件,诉前化解的矛盾纠纷不计其数。

采访中,千山法院干警有一个共同感受,滕启刚对工作岗位从不挑肥拣瘦,无论在哪个岗位都满怀激情,干一行、爱一行、钻一行、精一行,就像一颗螺丝钉,紧紧铆在组织最需要的地方,钉得牢固,永不生锈。

滕启刚永葆共产党员先进性,他争创一流当标兵,始终保持一名共产党员应有的冲锋姿态和领跑状态。

走进滕启刚的办公室,桌上整齐地摆放着一些案卷卷宗和法律书籍,座位后面的墙上，张贴着一张张党史学习教育材料。书柜里，放着一篇新闻稿件，那是辽宁省高级人民法院"百名典型话初心"活动对他的一次专访，他在接受采访时说："已近耳顺之年，始终无畏岁月，我相信我还是从前那个孜孜不倦、追求公平正义的少年。"

采访中，千山法院副院长侯俊说："滕庭长已经57岁了，仍然老当益壮不服输，近几年，他的办案数量在全市行政审判法官中始终名列前茅，每年的办案量都比一般法官高出三分之一。"

滕启刚办案不仅又快又好，而且把每一次庭审变成生动的法治教育公开课。2020年，他完成了120场庭审互联网直播，在全省基层人民法院行政审判法官庭审直播中排名第一，获评全国法院"优秀直播法官"。

滕启刚与时俱进抓学习，他时刻防止本领恐慌，始终保持求知的饥饿感。

他勤奋好学，在千山法院有口皆碑。他不是法律科班出身，愣是用了几年工夫拿到了两个法律文凭。在滕启刚的工作电脑里，至今仍存放着47万余字的工作总结和办案心得。经过刻苦钻研，原来的门外汉，成长为同事们眼中一部"行走的法律词典"。

千山法院法官常旭光说："滕庭长编写的《行政诉讼100问》《民事诉讼法500问答》，已经成为年轻法官的工具书，大家遇到难题都习惯从中寻找思路和答案。"

滕启刚的判决说理性很强，是大家学习的范本，他能把社会主义核心价值观融入其中，用公正裁判引领社会风尚。一位行政机关诉讼代理人说："滕法官写的判决书我们要仔细从头看到尾，他的判决书里能够体现出对百姓的感情。"

滕启刚旗帜鲜明坚持原则，他发扬斗争精神，始终把公平正义放在最重的位置。

审判委员会是法院内部最高审判组织，2017年滕启刚被任命为审判委员会委员。千山法院的法官有一个共识：案件上了审判委员会，都怕过不了他这一关。

采访中，千山法庭副庭长赵恒起说，多年前，他和滕庭长因为一个案件相识，是受到滕庭长人格魅力的感召才考进千山法院的。2019年，他主审的一起土地纠纷案件在审判委员会讨论时，与滕庭长发生激烈的争执。自己觉得审理已经足够细致了，可滕庭长一点也没给他留情面，当场指出判决在事实查明、法律适用上没有问题，但没有实现化解矛盾的目的，反而有激化矛盾的可能。最终，案件在审判委员会上没有获得通过。我虽然会上让他下不来台，但回头想想，却对滕庭长充满钦佩和感激之情。

滕启刚对自身要求严苛，他既干事又干净，在诱惑面前始终坚守共产党人的品行高地。

多年来，他习惯了在普通的乡下小院过日子，在他家中找不出一件奢侈品，他穿儿子小了的衣服，自己动手打家具、修房顶、烧大灶。

他从不搞交际应酬，采访中，律师于晓阳说："滕法官不抽烟，不喝酒，平时除了工作上的事情，和我们律师没有任何的私下接触。出于单纯的敬佩，有几次我想请他吃饭聊聊天，都被他婉言谢绝了。"

2021年1月，滕启刚作为领誓人，带领千山法院新任员额法官向宪法宣誓，并代表老法官发言，他说："从今天起，你们要接受人民的重托，在案牍之劳形中独守高洁，在丝竹之乱耳中坚守内心，在法治中国发展的大潮中，在司法改革不断的深化中，为维护社会公平正义而奋斗！"

通过这次采访，我理解了法官的孤独。这份孤独是法官在面对钱与法的考验、情与法的碰撞、权与法的较量时，作出的坚定选择。也正是这份孤独，让我们感受到了公平正义和司法温度。

滕启刚对人民群众心怀大爱，他是一个发光体，不断照亮他人、燃烧自己。

"些小吾曹州县吏，一枝一叶总关情。"他常说，"老百姓的事儿，再小也是大事。"只要事关人民群众利益，他遇事不等不靠，不推不绕，党的优良传统和作风，滕启刚赓续在血脉、融入在言行。

同村的张雪得了胃癌。滕启刚和妻子将张雪送往医院诊治,几乎每天都去探望,跟她唠嗑谈心,帮她买菜做饭,为她寻医问药。9年过去了,张雪奇迹般活着。听到滕启刚去世的消息,张雪流着泪说:"我多想用我的命换他活着呀,留住他这个大好人,给大家多做点好事儿。"

邻村的李大明患有精神疾病,孤身一人生活。滕启刚主动来到他家,帮他种菜卖菜,认他当哥哥,逢年过节的第一碗饺子总是端给他。李大明有时犯了病,把一摊子菜扔在市场就走了,滕启刚给他做了一个牌子,上面写着:他以种菜为生,每天起早贪黑摸爬滚打,所有蔬菜均是有机菜。请不要无偿拿走他的生存来源,按钱数主动付款为盼。这块牌子,李大明一直留着,他想念自己的"法官弟弟"。

2017年,是滕启刚入党第22年,他写了一篇自我总结的文章《这就是我的忠诚》。他写道:"多少年来多少次,我反省自己的政治觉悟和思想动机。我肯定地说,我对党是绝对忠诚的。不管是日常生活中,还是在大是大非问题面前,我,拍着胸脯对党组织说,我在党爱党、在党言党、在党为党了!"

文章写好存在电脑里,之后他几次续写,直到去世前,他还在续写。

这篇文章,滕启刚没能写完,但他已经用自己的一生,把对党的忠诚、对人民的忠诚、对法律的忠诚,写在他所热爱的人民心中,写在人民司法的前进历程中。

初心如炬,使命如磐。国家不能没有英雄,时代不能没有先锋。人民需要滕启刚,时代呼唤滕启刚,我深信,你我之间将走出更多的滕启刚!

(张晓川)

扫码观看视频

群 众 评 价

滕法官写的判决书我们要仔细从头看到尾，他的判决书里能够体现出对百姓的感情。多年与滕法官打交道，也逐渐提升了我们执法水平。

—— 鞍山市公安局立山分局法制大队民警　　张晓东

2019年年末我见到滕法官的时候，他的一身正气让我这个从来没有打过官司的人感到无比心安，一开始在法庭上我不敢说，满肚子的理说不出来，是滕法官鼓励我，维护了我的合法权益。

—— 案件当事人　　钟欣

我曾经常向滕庭长请教疑难复杂案件的办理问题，滕庭长总是耐心地为我答疑解惑。工作生活中遇到难事，滕庭长也总会用幽默诙谐的语言为我加油鼓劲，让我一扫心中的阴霾。十几年来，我从滕庭长的身上学到了很多，受益匪浅，也更加坚定了我要成为一名像滕庭长那样的人民的好法官的初心。

—— 鞍山市千山区人民法院　　赵恒起

重要媒体报道

一生坚守公平正义 一心践行司法为民

当他电脑中47万字的工作笔记被梳理出来,当同事们悼念他的话语被汇总起来,当他在平凡岗位、平淡岁月中的一件件小事被回忆起来,滕启刚,让越来越多人由衷感慨:"他是位好法官!"

滕启刚生前为辽宁省鞍山市千山区人民法院四级高级法官。他扎根基层法院30年,先后从事刑事审判、民事审判、信息化管理、行政审判等工作。2021年6月4日,滕启刚突发疾病去世,终年57岁。

2022年7月2日,最高人民法院和辽宁省委召开表彰大会,追授滕启刚"全国模范法官""辽宁省优秀共产党员"称号。

对党忠诚、认真负责——"对每起案件都较真儿"

一个8倍放大镜,安静地躺在滕启刚的办公桌上,诉说着过往。

那是2019年5月,两名司机行车发生冲突,其中一人动手打人,但监控录像离得远,很难看清实际情况,公安机关没有作出处罚决定,被打的一方就将公安机关起诉到了法院。怎么判?还得看证据。

"他买了那个放大镜,一帧一帧反复看视频,短短几分钟的视频,硬是看了整整3个小时,终于发现了一个细微的抬手打人动作。"鞍山市千山区人民法院审判管理办公室主任黄茜说,由此,滕启刚一纸判决,让公安机关重新作出处罚决定,还被打者以公道。"他就是对每起案件都较真儿,一生坚守公平正义。"

"1995 年 11 月的一天,我终于被党组织吸收为一名正式成员了,哎呀!那会儿高兴呀,回家让爱人包了一锅饺子。"在这篇题为《这就是我的忠诚》的心得体会中,滕启刚写道,他的忠诚,是连续 3 个春节在千山法庭值班;是从担任书记员起,保持自己整理卷宗的习惯不改……

在千山区法院收案簿中,有一本格外引人注目。那是 2009 年在千山法庭,滕启刚当年收结案 219 件,其中 210 件以调解和撤诉方式结案。滕启刚的调解方法被同事们称为"滕氏调解法":办理家庭纠纷用"亲情融化法";涉及利益分配用"换位思考法";纠纷激烈用"背靠背法";矛盾复杂,要依托各类组织,用"外力协助法"……总而言之,12 个字:用心调解、用情疏导、用法解疑。

在同事们眼里,滕启刚就像一个高速旋转的陀螺,不是在忙于办案,就是在忙于办案的路上。在法院工作 30 年,滕启刚承办、参与审理和审核案件 6000 余件,所承办的案件无一例冤错案件。

"到他这个年龄,一般都等着退休,但他仍继续燃烧自己。他是调解的'王牌',我们筹建行政争议调处中心,他高兴得直拍大腿,说'这事儿我来!'"斯人已逝,讲起当时点点滴滴,千山区法院院长金峰泣不成声。

甘当公仆、心系群众——
"总是站在老百姓的立场想问题、做工作"

第一次见滕启刚的场景,让赵恒起记忆犹新,也让他下定决心当一名法官。

2007 年,还在当律师的赵恒起有次替委托人去千山法庭立案,在立案大厅里,见到了被村民们团团围住、正在答疑解惑的滕启刚。"他接待这么多村民,但不急着立案,而是和村民唠家常。我挺不理解,因为有些问题很浅显,同样的话要重复很多遍,但滕庭长却没有一点儿不耐烦。"

不一会儿,赵恒起又开始惊讶——滕启刚没用多久就调解了几件案

滕启刚在鞍山市千山区人民法院新任员额法官宣誓仪式上向新入额法官提出寄语

子,有几位村民带着火气来,离开时却挺乐呵。

轮到赵恒起了,滕启刚边看诉状,边自言自语:"这个老李,家里这么困难,请什么律师啊?我都说过帮他调解了!"

滕启刚让赵恒起立即联系双方到法庭来,当场调解,几番劝说下,双方竟握手言和;更没想到,滕启刚最后还跟他商量:"老李家太困难了,这案子也没立,律师费你就给退了吧!"

"您放心,我一定退!"赵恒起十分感动,决定"考法官!做一名滕庭长一样的好法官!"

不久后,赵恒起如愿考进千山区法院,如今已担任千山法庭副庭长,追思滕启刚,他红了眼眶:"他总是站在老百姓的立场想问题、做工作,传递司法的温度。他是我一生的导师!"

"法庭是法院系统中最基层的单位。滕启刚是我师父,我跟着他在法庭，学业务，也学做人。"千山法庭庭长吕晋锋说，"师父在千山法庭一干就是9年，经常穿着一件磨得泛白的旧夹克，踩上一双黑布鞋，带着我走村串户，对周边18个村都很熟悉了。"

法庭工作，接触最多的是村民。"师父善于和村民沟通交流，从没有任何架子，老百姓觉得他亲切，愿意信任他，这就为调解打下了基础。"吕晋锋说，"农民打官司不容易，师父通过庭前调解，化解了许多矛盾纠纷，为农民减轻了诉讼负担。"

"跟随师父办案，我渐渐明白，将心比心，方得人心。"吕晋锋说，"现在，进村访家串户，我也会像师父一样，一句一句，释法解疑。"

不徇私情、满怀温情——"做坚持原则的事情，心里没愧"

如今，滕启刚的妻子李淑华仍然每天将他的手机充满电，带在身上。"没办完的案子，我想他该放心不下，就拿他的手机，要是有人找，我得跟人说明白，别再等启刚了……"李淑华哽咽道。

"启刚平时很和蔼，但涉及工作原则问题，他就变得非常严肃。当上法官那天，他就跟我约法三章：不准收取任何人钱物、不准接受任何人请托、不准过问任何案子。"李淑华回忆，滕启刚的亲戚因涉嫌抢劫被抓，家人找到滕启刚，让他帮忙说情，被他严词拒绝。"后来，亲戚被判了刑。看我有些过意不去，启刚告诉我，做坚持原则的事情，心里没愧！"

"在工作中，启刚不徇私情、铁面无私，在生活中却是个满怀热心、温情脉脉的人。"李淑华说，2004年，滕启刚偶然在广播里听到，有个农民工带着孩子来鞍山，孩子的心愿是"六一"儿童节能到公园玩。老滕当即联系到孩子家长，把孩子接到家里住了3宿，带着孩子到公园游玩，还拍了好多照片，现在都还保留着。2011年，逛公园时听到有人落水呼救，只会"狗刨"的滕启刚二话没说，纵身跳进湖中，将人救上来；邻居患有癔症，滕启刚主动帮他种菜卖菜，逢年过节的第一碗饺子总是端给他……

"一件案件结案,法官的工作就算完成,但滕庭长始终关心结案后的情况,关心老百姓还有没有什么需要他帮忙做的。"黄茜说。

李淑华回忆,10多年前,滕启刚审完一起刑事案件,担心受侵害的女孩子住在工地宿舍,不利于心理创伤恢复,就拜托二嫂把这个孩子接到家照顾,让侄女经常陪她聊天,自己每天下班也会绕道去看她。3个月后,女孩的父亲接她回家时,她一步一回头,哭着称呼滕启刚:"滕爸爸!"那一刻,滕启刚也已泪流满面。

(原载《人民日报》2022年7月9日,记者倪弋、刘佳华)

忠诚履职 倾心为民

近日,辽宁省鞍山市千山区人民法院原四级高级法官滕启刚,被人力资源和社会保障部、最高人民法院追授为"全国模范法官"。

57岁的滕启刚因病于2021年6月4日去世,从千山区人民法院派出法庭千山法庭到法院刑事审判、信息化管理、行政审判等岗位,30年来滕启刚从未离开过千山区人民法院,他是千山地区人民熟悉和爱戴的法官,他与千山人民建立了深厚的感情,这里的人们到处传颂着他心系群众、严格执法、公平断案的佳话。

"用心去调解,用情去疏导,用法去解疑"

千山法庭是千山区人民法院的派出法庭,滕启刚30年的法官生涯有近三分之一时间在这个偏远的农村法庭度过。滕启刚常说,自己就是农民出身,知道农民打官司不容易,每当看到农民走进法庭,他都不着急立案,而是想方设法调解。

2012年,千山镇山阴子村要建文化广场,需要占用一个农户门前200多平方米的土地,农户要求高价补偿,气得村支书找到滕启刚要起诉农户。滕启刚了解到这个农户刚刚做完心脏手术,还是个脾气暴躁的人,就对村支书说:"你这样告他是容易出事的,我来劝劝他。"滕启刚找到这个农户一见面就说:"我来不是因为村里告你,我也是农村出来的,现在还住在谢房身村,你不用把我当法官,就当懂点法律的村里人,帮你出出主意。"一番话拉近了农户距离,几次登门交流,农户的问题得到了顺利解决。

滕启刚做群众调解工作有很多办法,有人将其总结为"滕氏调解法":办理家庭纠纷,运用"亲情融化法";矛盾复杂,依托各类组织运用

"外力协助法"；涉及利益分配，运用"换位思考法"；纠纷激烈运用"背靠背法"。

他却说，无论用什么样的调解法，都要用心去调解、用情去疏导、用法去解疑，让法律以柔软的方式走进群众生活。

"我还是孜孜不倦、追求公平正义的少年"

"已近耳顺之年，始终无畏岁月，我相信我还是从前那个孜孜不倦、追求公平正义的少年。"这是 2021 年年初滕启刚接受媒体采访时说的一句话。

在千山政法系统广泛流传着一个 8 倍放大镜的故事，这是滕启刚作为一名法官尊重法律、追求公正的最好例证。

2019 年 5 月的一天，王某因行车冲突，动手打了任某，路上监控距离现场太远，难以辨别实际情况。对此公安机关没有处罚，任某一纸诉状把公安机关告到法院。那段视频民警难以辨别，法官也一样。为此滕启刚买来 8 倍的放大镜，头几乎贴着视频一帧一帧细致查看，眼睛看红了，看出了泪水，却一直不放弃，终于捕捉到了王某抬手打人的动作，那一秒，铁证如山。法院判决公安机关重新作出行政决定，对打人者给予行政处罚。

现任千山区人民法院千山法庭庭长的吕晋锋，曾多次亲眼见证了滕启刚在执法时的严谨细致。2009 年，一家矿山公司因尾矿发水造成耕地和果树被淹，几十户村民涌到法庭讨说法。在评估过程中，滕启刚顶着 30 多摄氏度的高温，不顾污染物对皮肤的伤害，一下子踏进 10 多厘米厚的污染层，不断提醒鉴定人员，这里的污染物更厚一些，那里需要再测量……一天下来，汗水早就湿透了他的衣服。最终村民获得了合理的补偿，双方都没有上诉。

"我不光是法官,我还是一名共产党员"

"请大家相信我,我不光是法官,我还是一名共产党员。"2008年,吕晋锋刚到千山法庭工作时,经常在大厅碰到一些当事人在议论打官司是否需要花钱找人,"每当这时候,滕庭长就会站到大家中间说这句话,说得特别诚恳坚定",吕晋锋说。

1991年考入千山区人民法院不久,滕启刚就积极申请入党,他说:"我是农民的儿子,能有今天,一切都要感谢党和人民培育了我,爱党于我而言,是一种镌刻进生命里的情感。"

在千山法庭工作的时候,锅炉工生病了,滕启刚就每天早早到单位烧锅炉。连续三个春节,他都在法庭值班,有一年除夕夜,妻子去法庭给他送饺子,正见他往锅炉里添煤块,满脸全是煤灰,只有牙是白的。他看见妻子便打趣地说:"你看见过法庭的庭长烧锅炉吗?这次就让你看看。"听了他这话,妻子真是哭笑不得。

滕启刚的家,在千山区大孤山街道谢房身村一户普通的农家小院里,从出生到去世滕启刚一直住在这里,一家三口过着简单而幸福的生活。

滕启刚生前曾获得中国法院网和中国庭审公开网共同评选的"优秀直播法官""辽宁省人民满意政法干警"等30项荣誉;去世后被追授为"全国模范法官""辽宁省优秀共产党员""辽宁时代楷模"等称号。

(新华社沈阳2022年3月25日电,记者于力)

一心向党　司法为民

2022年7月2日，最高人民法院和中共辽宁省委共同召开表彰大会，追授滕启刚同志"全国模范法官""辽宁省优秀共产党员"荣誉称号。

这是滕启刚去世一年多后，获得的又一项荣誉。

2021年6月4日，辽宁省鞍山市千山区人民法院四级高级法官滕启刚突发疾病不幸去世，终年57岁。

斯人已去，但人们没有因为时间的流逝，忘记这位一心向党、司法为民的好法官。

"经常穿一件磨得泛白的旧夹克，挎一个旧皮包，踩着一双黑布鞋，走村入户，哪个旮旯有个小路，他一清二楚；老乡家基本情况，他心里有数。进了老乡屋里，直接盘腿上炕拉家常，说的都是百姓听得进去的实在话。"现任千山区人民法院千山法庭庭长的吕晋锋是滕启刚带了13年的徒弟，跟着师父办案的场景经常浮现在他的眼前。

"他总和我说只有到现场找真相，法官敲响法槌才有底气。"吕晋锋说，2009年，一家矿山公司尾矿发水造成耕地和果树被淹。因对赔偿金不满，几十户村民到法庭讨说法。评估过程中，滕启刚顶着30多摄氏度高温，不顾污染物对皮肤的伤害，踏进厚厚的污染层，不断提醒鉴定人员：这里污染物更厚一些，那里需要再测量……最终，村民获得了合理补偿。

"滕庭长一生坚守公平正义，办案作风硬朗，总是与证据较劲儿，与真相较真儿。如今还摆放在他办公桌上的8倍放大镜，就是最好的印证。"千山区人民法院审判管理办公室主任黄茜说。

这些年，滕启刚承办、参与审理和审核案件6000余件，所承办的案件无一例冤错案件、无一起违法违纪举报，诉前化解的矛盾纠纷不计

滕启刚主审的一起行政案件原告当事人送来锦旗,对其依法作出公正判决、维护当事人合法权益表示感谢

其数。

"很少见刚子掉泪,那天他哭了。"滕启刚二嫂石英琴说。十几年前,一个跟父亲到工地打工的15岁女孩遭受父亲工友性侵。滕启刚开完庭后,征得女孩父亲的同意,把女孩带到了自己二嫂家。

"他和我说,这孩子太可怜了,不能让她再住工棚了,让她住你家,就说是你娘家的亲戚。"到了新环境,女孩整日不说话,见人就躲。滕启刚几乎每天下班都要绕道来看她,女孩也只有看到滕启刚才会咧嘴笑一下。

3个月后,女孩父亲来接孩子。女孩跟在父亲身后,走着走着突然回头跪在滕启刚面前,哭着连声喊:"滕爸爸,滕爸爸!"滕启刚落泪了。

作为一名党员,滕启刚做到了在关键时刻闪光、在日常生活中坚守。

2011年6月的一天,滕启刚和妻子李淑华在鞍山市二一九公园湖边散步,看到有人落水,他二话没说跳下湖中将人救上岸。接到报警赶来的警察一再询问滕启刚的姓名和单位,"'如果非要问我名字,就叫我共产党员吧',老滕说完拉着我离开了人群",李淑华说。

滕启刚工作30年间,他和家人从未向组织提过任何要求。滕启刚去世后,他的妻儿提出在他的遗体上覆盖一面党旗,说:"这是他生前最大的愿望!"

滕启刚对得起鲜艳的党旗,对得起神圣的法袍。他的一生,是信党爱党、为党护党的一生;是俯下身子,掏心窝子,对群众充满深情大爱的一生。而这一切,也激励广大法院干警奋斗在司法为民、公正司法一线,续写更多新时代忠诚履职、倾心为民的篇章。

(新华社沈阳2022年7月3日电,记者于力、高爽)

一生只求公正为民

"他是千山脚下的一棵树,扎根于泥土,荫蔽了一方人民。"时至今日,当滕启刚的同事再次回忆起他的时候,悲痛之情仍挥之不去。

滕启刚生前系辽宁省鞍山市千山区人民法院四级高级法官。他扎根基层人民法院 30 年,始终奋斗在审判工作最前沿,坚持严格公正司法,真心实意为老百姓办实事解难题,他的事迹在全社会引起强烈反响。

2022 年 7 月 2 日上午,最高人民法院和中共辽宁省委在沈阳召开表彰大会,追授滕启刚"全国模范法官""辽宁省优秀共产党员"称号。表彰大会上,滕启刚先进事迹报告团成员以质朴的语言、生动的事例和真挚的感情,从不同角度深情追忆他的先进事迹。

参加工作以来,滕启刚承办、参与审理和审核案件 6000 余件,所承办的案件无一例冤错案件、无一起违法违纪举报;创建"滕氏调解法",将大量矛盾纠纷化解在基层源头……一幕幕过往,泛起人们回忆的思绪。2021 年 6 月 4 日,滕启刚因病去世,时年 57 岁。噩耗传来,滕启刚的同事、政法单位的同行、熟悉的百姓无不痛惜怀念。

"8 倍放大镜"透射司法公正

在滕启刚的办公桌上,现在仍放着几件物品:整齐摆放的案卷卷宗、准备用来学习的法律书籍、一个破碎的老花镜……最显眼的便是一个 8 倍放大镜。它背后有一个在千山区政法系统广泛流传的故事。

2019 年 5 月,王某因行车冲突,动手打了任某,但由于监控距离现场太远,难以辨别实际情况,对此公安机关没有进行处罚,任某一纸诉状将公安机关告到法庭。

"那段视频民警难以辨别,法官也一样。"滕启刚的同事、鞍山市千山区人民法院审判管理办公室主任黄茜对记者说,"为了查明真相,滕启刚买来那个8倍放大镜,对着视频一帧一帧细致查看,短短几分钟的视频,他反反复复看了3个多小时,终于在不清晰的画面中捕捉到王某抬手打人的瞬间动作,锁定了关键证据,依法判处公安机关重新作出决定,给予打人者治安行政处罚。"

"一件案件对我们来说是工作,但是对当事人来说,可能就是他的整个人生!"这是滕启刚经常挂在嘴边的一句话,也恰恰印证了他一生坚守的公平正义。

"滕氏调解法"深深为民情

"忙"——对滕启刚的"第一印象",已深深烙印在他的徒弟、鞍山市千山区人民法院千山法庭庭长吕晋锋心中。

忙着调解、忙着走访、忙着普法宣传……在吕晋锋的眼里,师父每天都在忙,不是在庭里,就是在村里。"当时师父的形象和我想象中法官的形象相差太大。他经常穿着一件磨得泛白的旧夹克,踩着一双黑布鞋,带着我走村串户,处理的纠纷大多是家长里短、鸡毛蒜皮。"吕晋锋回忆。

用老百姓的"理",解决老百姓的"事"。在一起由下错葬、埋错坟引发的纠纷中,王家大儿子把母亲的骨灰埋到了张家的坟里,这在农村可犯了大忌。两家人剑拔弩张,互不相让。事情一无法规遵循,二无案例参考,如果立案判决,容易导致一个官司三代仇。吕晋锋记得,当时师父没着急立案,直接找到王家大儿子,讲法律、论孝道、谈民俗。一番贴心话说进了王家大儿子的心窝里,最后王家赔礼迁坟,两家人化干戈为玉帛。

办理家庭纠纷,运用"亲情融化法";矛盾复杂,依托各类组织,运用"外力协助法";涉及利益分配,运用"换位思考法";纠纷激烈,运用"背靠背法"。这套滕启刚自创的"滕氏调解法",成了他密切联系群众,厚植为民情怀,真心实意为老百姓办实事、解难题的写照。

在滕启刚整理归档的老收案簿中,有一本封面上写着"史上最牛的一年收结案"。那一年是2009年,是他到千山法庭担任庭长的第4个年头,全年全庭收结案件1075件,他本人收结案219件,其中210件以调解和撤诉方式结案。在滕启刚的法官从业生涯里,共审理民事案件886件,调撤率高达68.9%。

"我是共产党员"

2011年初冬的清晨,鞍山二一九公园寒风阵阵,湖面尚未结起坚冰。滕启刚和爱人李淑华在散步时突然发现有人落水,水性一般的他二话没说跳下湖将人救上岸。闻讯赶来的警察一再问滕启刚的姓名和单位,他却笑着说:"如果非要问我名字,那就叫我共产党员吧!"

"我是共产党员",滕启刚在很多公开场合会大声响亮地说出来,语气中充满了自豪。在千山法庭工作时,大厅里经常会有一些当事人在议论打官司是否需要花钱找人。每当这时滕启刚就会站到大家中间,特别诚恳地说:"请大家相信我,我不光是法官,我还是一名共产党员。"

律师于晓阳回忆,滕启刚平时除了工作上的事情外,和律师没有任何私下接触。出于单纯的敬佩,有几次他想请滕启刚吃饭聊聊天,都被婉言谢绝了。

2017年是滕启刚入党的第22年,他写了一篇自我总结的文章——《这就是我的忠诚》。文章中,滕启刚回顾了1995年11月入党的情形:"大冬天的,我去区委参加入党宣誓,在路上眼泪不知不觉就流了下来,零下20多度啊,却感觉浑身热乎乎的。"滕启刚一生,兑现了他在入党申请书中的誓言:"无论何时,集体利益高于我个人的利益,一切服从组织需要,党叫干啥就干啥!""我拍着胸脯对党组织说,我在党爱党、在党言党、在党为了党!"这篇文章滕启刚几次续写,直到去世前,他还在续写。

文章没能写完,但他已经用自己的一生,把对党的忠诚、对人民的忠诚、对法律的忠诚,写在他所热爱的人民心中。

(原载《光明日报》2022年7月10日,记者刘勇)

心中装着群众　　肩上扛着公正

2021年6月4日，辽宁省鞍山市千山区人民法院四级高级法官滕启刚在家中突发疾病去世，57岁的生命永远定格在这一天。

滕启刚扎根基层人民法院工作30年，在刑事审判、行政审判等多岗位锻炼，在千山地区留下一段心系群众、严格执法、公平断案的佳话。2022年7月2日，最高人民法院和中共辽宁省委共同召开表彰大会，追授滕启刚同志"全国模范法官""辽宁省优秀共产党员"称号。

始终追求公平正义

"已近耳顺之年，始终无畏岁月，我相信我还是从前那个孜孜不倦、追求公平正义的少年。"这是2021年年初滕启刚在接受采访时说过的一句话。

在同事们眼里，滕启刚就像一个高速旋转的陀螺，不是在忙于办案，就是在忙于办案的路上。

据千山区法院审判管理办公室主任黄茜回忆："他去世后，我们对他的审判数据进行了统计分析，这些年，滕启刚承办、参与审理和审核案件6000余件，所承办的案件无一例冤错案、无一起违法违纪举报，诉前化解的矛盾纠纷不计其数。"

在千山区法院，8倍放大镜的故事广为人知。这是滕启刚作为一名法官尊重法律、追求公正的典型例证。

2019年5月的一天，王某因行车冲突，动手打了任某，路上监控距离现场太远，难以辨别实际情况。对此，公安机关没有处罚，任某一纸诉状把公安机关告到法院。

"为了查明真相，滕庭长买来那个8倍放大镜，对着视频一帧一帧细致查看，短短几分钟的视频，他反反复复看了3个多小时，终于在不清晰的画面中捕捉到王某抬手打人的瞬间动作，锁定了关键证据，依法作出公正判决，判处公安机关重新作出行政决定，给予打人者治安行政处罚。"黄茜说。

办案之余，滕启刚把每一次庭审变成生动的法治教育公开课。2020年，他完成了120场庭审互联网直播，在全省基层人民法院行政审判法官庭审直播中排名第一，获评全国法院"优秀直播法官"。

将心比心方得人心

千山法庭是千山区法院的派出法庭，管辖18个村，滕启刚30年的法官生涯有近三分之一时间是在这个偏远的农村法庭度过的。

千山法庭庭长吕晋锋是滕启刚一手带过的徒弟。他从毛头小伙儿进入法院，一声"师父"，叫了13年。

现在，吕晋锋还清楚记得师父对他说的第一句话："晋锋呀，你要用心学业务、学本领，将来才有底气更好地为老百姓服务！"

有一次，一个农户非法占地索求高价补偿，村委会主任找到滕启刚要起诉农户。这个农户刚做完心脏手术，滕启刚没有着急安排立案，而是来到农户家，一进门就坐在炕上，唠起了家常："你不用把我当法官，我也是农村出来的，现在还住在谢房身村，今天来就是帮你出出主意。"一袋烟的工夫，一起骨头案，化解在立案前。

还有一次，一家矿产公司发水造成附近村民大片土地和果树被淹，大批村民涌到千山法庭讨说法。"我头一次面对这么多情绪激动的村民，当时师父不在法庭，我着急忙慌地给师父打电话。"吕晋锋说。滕启刚回复吕晋锋："不要怕，老百姓是讲理的。耐心听他们讲，不要反驳，我马上回去处理。"一会儿，滕启刚到了，村民们瞬间围了上去，"滕庭长""滕叔""老滕"地叫着。那一刻，吕晋锋感受到了百姓对滕启刚的信任。

"立案后第二天，师父就带着我挨家挨户了解情况、固定证据，还几次带我到矿山公司做工作,说服矿山公司先垫付了评估费。为了配合评估勘验,他顶着高温,不顾污染物对皮肤的伤害,一脚踏进了 10 多厘米厚的污染层,一棵棵勘查受损果树……最终,老百姓获得了合理赔偿,双方都没有上诉。"吕晋锋说,"将心比心,方得人心。跟随师父办案使我渐渐明白,师父生长在农村、扎根在农村,心中满满装着群众,他离不开群众,群众也离不开他。师父办案总是用心调解、用情疏导、用法明理,所以,师父说的话老百姓才听,讲的理老百姓才信,下的判决老百姓才服。"

为了实质性化解矛盾纠纷,滕启刚传承了"马锡五审判方式",他审理民事案件 886 件,调撤率近 70%。担任行政庭负责人后,他注重源头治理,借鉴"枫桥经验",推动千山区法院与千山区司法局建立了"行政争议调处中心",使大量行政纠纷在进入诉讼程序之前就得到化解。

是法官更是共产党员

"请大家相信我,我不光是法官,更是一名共产党员。"千山区法院院长金峰告诉记者,这是滕启刚和当事人接触时,最常说的一句话。滕启刚一生爱党,乐于亮明党员身份,始终把第一身份定格在"我是一名共产党员"上。

1991 年,滕启刚考入千山区法院后,就积极申请加入中国共产党,他在入党志愿书中写道:"无论何时,集体利益高于我个人的利益,一切服从组织需要,党叫干啥就干啥!"

在千山区法院干警的印象里,滕启刚对工作岗位从不挑肥拣瘦,无论在哪个岗位都满怀激情,干一行、爱一行、钻一行、精一行,就像一颗螺丝钉,紧紧铆在组织最需要的地方,钉得牢固,永不生锈。

滕启刚对自身要求严苛,他既干事又干净,在诱惑面前始终坚守共产党人的品行。多年来,他习惯了在普通的乡下小院过日子,在他家中找不出一件奢侈品,他穿着儿子穿小了的衣服,还自己动手打家具、修房

滕启刚在开庭审理案件

顶、烧大灶。

"启刚平时和我说话总是用商量的口气,可只要涉及原则问题,他就变得非常严肃。"滕启刚的妻子李淑华回忆说,"当上法官那天,启刚就跟我约法三章,不准收取任何人钱物、不准接受任何人请托、不准过问任何案子。他家的一个亲戚,因为抢劫犯罪被抓了起来,亲戚找到启刚,让他帮忙说情,被启刚严词拒绝。后来,这个亲戚被判了刑。启刚看我有些过意不去,他告诉我,做坚持原则的事情,心里没愧!"

生命的最后一周,滕启刚开了7次庭,接待了4件案子的当事人,参加了两次审委会和一次业务研讨会。在黄茜记忆里,最后一次见到滕启刚的情形稀松平常:"2021年6月3日,我7点多下班回家,看见他办公室的门敞开着,他戴着老花镜,敲着键盘,桌上摆满资料。看见我,他笑了笑,摘下眼镜,使劲揉了揉太阳穴。"

第二天,滕启刚在家中突发疾病去世,终年57岁。办公室里,他的"老搭档"——一副碎了很久也没换的旧眼镜还摆在一堆案卷上,等着他回来。

(原载《法治日报》2022年7月4日,记者张晨)

赤子丹心映千山

2021年6月4日,辽宁省鞍山市千山区人民法院四级高级法官滕启刚在家中突发疾病去世,生命定格在57岁。

扎根基层30年,滕启刚先后从事刑事审判、民事审判、信息化管理、行政审判等工作。30年来,他勤勉履职、忘我工作,倾心竭力投入审判事业,用脚步丈量司法为民,用生命捍卫公平正义。

在同事眼中,他办案作风硬朗,总是与证据较劲,最大限度还原案件客观事实。

在家人眼中,他心地善良、甘于奉献,待人亲切热诚,处处为别人着想。

在当事人眼中,他耐心细致、铁面无私,真心实意为老百姓办实事、解难题。

……

老百姓的法官——"把矛盾化解了比啥都强"

千山有多少山,滕启刚没数过,但他的布鞋走过多少崎岖山路,千山人民法庭辖区内的村民们都记得。

"老百姓的事,再小也是大事""把矛盾化解了比啥都强",这是滕启刚经常挂在嘴边的话。

千山法庭管辖18个村。滕启刚的法官生涯有三分之一时间是在这个偏远的农村法庭度过的。一件磨得泛白的旧夹克,一只旧挎包,一双黑布鞋,常来村里调解、走访、普法宣传的滕启刚看上去和一个普通的村民并无二致。

"要用老百姓的'理',平老百姓的'事'。""走进群众家门,才能打开群众心门。"现任千山法庭庭长的吕晋锋曾是滕启刚一手带出来的"徒弟",十几年过去,滕启刚的这些话一直萦绕在吕晋锋的心中。

吕晋锋清楚地记得,在一起农户非法占地纠纷中,村长找到滕启刚要起诉农户。滕启刚敏锐地意识到,这位脾气暴躁的农户刚刚做完心脏手术,不宜有情绪波动。他没有着急安排立案,而是来到农户家,坐在炕上,唠起了家常:"你不用把我当法官,我也是农村出来的,现在还住在谢房身村,今天来就是帮你出出主意……"耐心细致的调解工作,让一起"骨头案"完美化解在诉前。

"老百姓打官司,有时打的就是一口气,如果我们耐心多做一点顺气的工作,也许矛盾就会化解。"滕启刚还总结出一套"滕氏调解法":办理家庭纠纷,运用"亲情融化法";矛盾复杂,依托各类组织运用"外力协助法";涉及利益分配,运用"换位思考法";纠纷激烈运用"背靠背法"。

"这些方法让庭里的同事们办起案来,得心应手、屡试不爽。"吕晋锋说。

千山法庭副庭长赵恒起记得,自己曾经因一起土地纠纷案件在审委会上与滕启刚发生过激烈争执。"滕庭长当场指出判决在事实查明、法律适用上没有问题,但没有实现化解矛盾的目的,反而有激化矛盾的可能。"赵恒起回忆,会后,滕启刚和他一起研究调整办案思路,最终,案件得到了双方当事人的认可。

据统计,滕启刚审理过的民事案件,近七成调解结案。负责行政庭工作后,滕启刚推动千山区法院与千山区司法局建立了"行政争议调处中心"。大量的行政纠纷在进入诉讼程序之前就得到化解,有效维护了社会稳定。

把公正刻进天平——
"让当事人赢得明明白白、输得心服口服"

滕启刚的桌子上,一个大号的放大镜格外显眼。

正是这个放大镜,让一起行政诉讼的当事人在取证困难的情况下最终胜诉。

2019年5月的一天,王某因行车冲突,动手打了任某,路上监控距离现场太远,难以辨别实际情况。对此,公安机关没有处罚,任某一纸诉状把公安机关告到法院。

打人的事实如何认定,视频监控是关键。滕启刚买来一个8倍放大镜,对着视频一帧一帧仔细查看,短短几分钟的视频,他反反复复看了3个多小时,终于在不清晰的画面中捕捉到王某抬手打人的瞬间动作,锁定了关键证据,依法作出公正判决,判处公安机关重新作出行政决定,给予打人者治安行政处罚。

"要让当事人赢得明明白白、输得心服口服。"吕晋锋曾多次见证滕启刚对证据的执着。在一起财产损害纠纷中,一家矿山公司因尾矿水外溢造成耕地和果树被淹,因为对赔偿金不满,几十户村民涌到法庭讨说法。滕启刚挨家挨户了解情况、固定证据。"为了配合评估勘验,他顶着高温,不顾污染物对皮肤的伤害,一脚踏进了10多厘米厚的污染层,一棵棵勘查受损果树。最终村民获得了合理赔偿,双方均未上诉。"吕晋锋说。

2018年,鞍山市实施行政案件集中管辖,千山区法院负责三个行政区行政案件的审理,案件数量大幅增加。为了快速审理案件,滕启刚专门研究制定了一套行政案件审判流程,从立案开始就实行简单案件快速审理、疑难案件精细审理。2019年、2020年两年时间,滕启刚审理行政案件316件,结案率均为100%,平均审理时间45天。

在滕启刚的工作电脑里,至今仍存放着47万余字的工作总结和办案心得。经过刻苦钻研,并非法律科班出身的滕启刚,已经成为同事们眼中"行走的法律词典"。

"滕庭长编写的《行政诉讼100问》《民事诉讼法500问答》,已经成为年轻法官的工具书,大家遇到难题都习惯从中寻找思路和答案。"千山区法院法官常旭光说。

滕启刚生命的最后一周,开了 7 次庭,接待了 4 件案子的当事人,参加了两次审委会和一次业务研讨会。

"数据的背后,他度过了多少伏案疾书的夜晚,又付出了多少心血和汗水。"千山区法院审判管理办公室主任黄茜说,"在他心里,只有法官多挨'累',当事人才能少受'累'。"

以生命诠释使命——"做坚持原则的事情,心里没愧"

人在拼尽全力进行无氧冲刺时会有什么感觉?

曾经在 2014 年仁川亚运会男子 800 米决赛中夺得亚军的滕海宁知道,呼吸急促、肌肉灼痛,"是一种玩命的状态"。

在滕海宁眼中,父亲滕启刚生命的最后一程,也近乎"玩命"。

滕启刚到行政庭工作后,"开庭"是这对父子语音通话时出现频率最高的字眼。"听到他的声音,就能感受到他已经疲惫到了极致。"滕海宁说。

2021 年 6 月 3 日,滕启刚的工作安排得满满当当:接待当事人,开两个庭,写调研提纲,准备世界环境日普法活动……

"这么多年,启刚一直是这样的节奏,总感觉他有忙不完的工作,办不完的案子。"滕启刚的妻子李淑华告诉记者,那只是滕启刚无数忙碌的日子中最为普通的一天。

2021 年 6 月 4 日凌晨,救护车呼啸而至,这个常常为了工作不眠不休的法官永远离开了他热爱的岗位。

在妻子看来,滕启刚温柔、随和、勤快,"家里家外没有他不会干的活"。结婚 33 年来,他们一直住在千山区大孤山镇谢房身村的农家小院里。一条滕启刚亲手做的连衣裙,妻子现在还在穿。

放下法槌,他是平凡朴实、耐心和善的丈夫和父亲;穿上法袍,他则是公正严明、刚正不阿的法官。

"当上法官那天,启刚就跟我约法三章:不准收取任何人钱物、不准接受任何人请托、不准过问任何案子。"李淑华记得,曾有亲戚因为某案件找到滕启刚,让他帮忙说情,被滕启刚严词拒绝。后来,亲戚被判了刑。"启刚告诉我,做坚持原则的事情,心里没愧!"李淑华说。

不抽烟、不喝酒、不吃请,这是滕启刚留给律师于晓阳的印象。"出于单纯的敬佩,有几次想请他吃饭聊聊天,都被他婉言谢绝了。"于晓阳说。

"铁面"背后,滕启刚亦有柔情。

在一起未成年人遭受性侵的案子中,受害人因为种种原因不得不住在案发地,滕启刚心中难安,"这环境咋能让孩子从心理伤害中走出来?"征得监护人同意后,他把孩子接到自己二嫂家居住了3个月。女孩慢慢走出阴影,称滕启刚为"滕爸爸"。

同村的张雪得了胃癌,滕启刚夫妇送她到医院诊治,帮她买菜做饭,为她寻医问药,一照顾就是9年。"真想用我的命换他活着。"听到滕启刚去世的消息,张雪失声痛哭。

邻村的李大明患有精神疾病,孤身一人生活。滕启刚主动帮他种菜卖菜,认他当哥哥,逢年过节的第一碗饺子总是端给他。李大明说,他想"法官弟弟"。

……

他生在这片土地,爱着这片土地上的人,也将被这片土地永远怀念。

(原载《人民法院报》2022年7月3日,记者乔文心)

黄文娟

Huang Wenjuan

  黄文娟，女，汉族，湖北天门人，1982年2月出生，中共党员，2008年8月参加法院工作，现任浙江省宁波市鄞州区人民法院邱隘人民法庭副庭长、四级高级法官。黄文娟同志长期奋战在审判一线，始终坚持为大局服务、为人民司法，积极追求司法的公正与效率。疫情期间她被困湖北老家仍坚持开庭办案，高效灵活运用移动微法院，封城50天结案50余件。她始终秉持"不让百姓跑远路、不让群众等太久、不让案件转多手、不让纠纷留后患"的原则，带领团队创设"文娟工作室"，积极探索"立审执"一体化办案模式，案件服判息诉率达到99.56%。她以实际行动传承和创新"枫桥经验"，在居住社区开设"文娟驿站"，依托网络平台开讲"文娟有约"，就地化解群众纠纷，推动法院工作深度融入基层社会治理。她荣获全国"人民满意的公务员""全国五一劳动奖章""全国三八红旗手""全国法院先进个人"等荣誉。

先进事迹

司法为民的英模法官

黄文娟，女，汉族，湖北天门人，1982年2月出生，中共党员，2008年8月参加法院工作，现任浙江省宁波市鄞州区人民法院邱隘人民法庭副庭长、四级高级法官。

多年来，黄文娟同志始终坚持为大局服务、为人民司法，一心向党、一心为民，以法治促善治，以善治促人和，努力让当事人的司法获得感更足、幸福感更深、安全感更强。作为2022年全国"人民满意的公务员"，该同志还曾获评"全国双百政法英模""全国法院先进个人""全国五一劳动奖章""全国三八红旗手"，入选2022年度"全国十大法治人物"和"人民法院十大亮点人物"。2022年6月，黄文娟同志更是作为宁波市法院系统的唯一代表，当选为浙江省第十五次党代会党代表。

一张网、一块屏，数智破冰，疫情不阻办案路

作为一名党员，她始终坚守绝对忠诚的政治品格、一心为民的公仆情怀，心心念念的是手头的案件，时刻不忘的是群众的利益。2020年春节，黄文娟因疫情被困湖北老家，在没有电脑、没有案卷、没有网络、没有制服的"四无"困境下，穿上当时仅有的一套西装，用借来的电脑、拍来的案卷、自制的手机支架和手机"热点"组成特殊办公设备，通过移动微法院"封城50天结案50余件"，无一案件因法官被隔离而延迟开庭或

黄文娟利用移动微法院在线调解纠纷

审结,被评为2020年浙江法院"十大最佳在线诉讼"案例,并写入浙江省高级人民法院2020年度工作报告,推动宁波移动微法院便民利民的实践走向全国。

当时,黄文娟为了按时完成线上庭审,大女儿的网课时常被延迟。湖北解禁的当日凌晨便驱车返回宁波,即便是在路上也未耽误庭审的进行,她灵活运用数字化技术,大胆采用移动微法院在线错时庭审模式,16小时错时完成调查、辩论、调解等环节,按期开庭审理了一起民间借贷纠纷案件。

回想起那段居家办案的时光,黄文娟感触颇深:"没有正规的审判庭,没有规范的制服,但没有一个当事人对这样的庭审形式提出异议,相反很多当事人都表示感谢。事实说明,一个法官,在哪里不重要,穿什么不重要,做了什么才最重要。当事人也许会在乎形式上的规范,但更在乎的是法官到底能为他们做什么,能落到实处的才是他们最在乎的事情!"

一站式、一体化，案件不转手，服务不换人

2021年5月27日，宁波市鄞州区人民法院成立"文娟工作室"，作为工作室负责人，黄文娟秉承"不让群众等太久、不让案件转多手、不让百姓跑远路、不让纠纷留后患"的原则，大力开展立审执一体化办案模式改革，建立首问负责制，由首次接待的法官负责沟通案件全部的调解、审理、执行等诉讼和执行流程，中间不换部门、不换人，办事效率得以提升，审理期限大大缩短，平均审限仅31天，让当事人的"一件事"在"一个地"得到快速解决。

她带领工作室通过调解、督促履行等方式实现止争，在近5000次的群众接待中，当事人对工作室的办案态度、办案结果均给予良好反馈。自成立至今，"文娟工作室"已承办审结案件3800余件，服判息诉率99.56%，让当事人真正体会到司法为民的情怀，也成为宁波市审判领域"当事人一件事"改革的一张闪亮名片，获《人民日报》报道，工作室获评"宁波市劳模创新工作室"，工作室的相关做法也受到中共中央组织部关注。

2022年以来，她主动参与鄞州"共享法庭"建设。无论是企业纠纷，还是实习生待遇问题，作为鄞州南部商务区"共享法庭"小巷法官的她，都会为急需帮助的人提供专业的法律意见，并积极运用"共享法庭"快捷解纷、司法协助、法治宣传、数据分析等功能，努力让人民群众就近享受全方位的司法服务。

一份情、一份责，化矛盾于细微之处

作为一名基层法律工作者，黄文娟始终把公平正义作为司法的灵魂和生命，严格遵守各项廉洁自律规定，严于律己，用心办案。她始终坚持认认真真办案，清清白白做人，用心用情做好基层群众的贴心人、公平正义的守护者。只要是她经手的案子，当事人没有不放心、不服气的。"黄

法官，你说了算！"这是发自群众内心的信任和满意。有时当事人为了表达感谢之情，还会给她送来一些礼品礼物，但无一例外，都被她一一谢绝了，在当事人心中更树立起一名法官的清廉形象。

"她真的会把案子放在心上"是当事人对黄文娟的评价，她总能用十足的耐心去倾听对方的诉求，用情疏导，用法答疑，用真诚与平和去赢得当事人的信任。2022年4月20日中午，一起特殊的民间借贷纠纷案在黄文娟手中达成了调解。该案原被告都是聋哑人士，因10万元款项发生纠纷。面对特殊群体，黄文娟花了比平时更多的耐心去了解案情。考虑到如果开庭，将会产生一笔额外的手语翻译费用，黄文娟决定先行组织调解。此时因疫情，原告被隔离在宁波家中，被告在山东，黄文娟通过在线文字调解的方式组织双方进行沟通。调解过程中，她发现两位当事人对较长语句的理解能力有限、语序有些颠倒。为此，黄文娟把一些长句拆成几个短句，让双方都能准确理解。在她的调解下，原本互不信任的两方逐渐和解，最终达成"延期一年还款"的协议。

在审理案件的同时，黄文娟也注重法律和社会效果统一，妥善处理涉疫房屋租赁、旅游纠纷系列案件，平衡各经济主体间的利益关系；积极参与预防和打击虚假诉讼活动，营造公共竞争市场环境和诚实守信的社会氛围；在所居住的社区开设"文娟驿站"，就地服务化解群众纠纷；与鄞州区融媒体中心合作创办《文娟有约》栏目，对典型案件进行视频普法宣传，进行线上答疑解惑。

2021年黄文娟加入浙江省政法队伍英模事迹宣讲团，将自己的求学和工作经历做法，先后在浙江省政法系统、宁波市委党校等进行宣讲，在全省政法系统干警和各界领导干部中引起了强烈的思想共鸣，赢得了广泛好评。在全省法院院长会议上，浙江省高级人民法院院长李占国再次称赞她为"身边的先进典型"。

聚光灯下的黄文娟总是说："法学是我一生挚爱，法官工作是我毕生事业，成绩属于过去，未来道阻且长。我将坚守在这个平凡却神圣的岗位上，与千千万万奋战在法治一线的法官一起，以更高更好更强的姿态，把审执工作做得更实更细更亮，创新司法为民路径，勇担人民重托，不负人民信任！"

扫码观看视频

工 作 感 悟

守望正义　追梦前行

作为一名基层法官，我一直从事与老百姓接触较为直接、联系较为紧密的民商事审判。认真对待每一起案子，耐心接待每一位到访群众，尽力化解每一起矛盾纠纷，"努力让人民群众在每一个司法案件中感受到公平正义"，是我的工作信条。

在热爱中逐梦前行

2022年6月，我去参加浙江省第十五次党代会，同行者知道我是法官后，就好奇地问我："你肯定是办了什么惊天动地的大案子吧？"我说："没有，确实是没有。"进入法院后我长期在一线办案，其中7年在派出法庭，2021年"文娟工作室"正式成立。迄今为止，我办理的都是一些普通民商事案件，都是小案子，不惊天、不动地。我觉得，也恰恰是在一个个普普通通的小案子中，守护了人间烟火。

为了给不配合的当事人送达材料，我会在下班后的晚上六七点钟去当事人家里蹲点；为了查清漏水原因，我会去案涉厂房内一遍又一遍地勘查；为了查清当事人死亡原因便于划分责任比例，我会多次查看事故现场，跑公安局刑侦支队请教专家。如果春节不回老家过年，我会坚持开庭到腊月二十九。记得有一年，一个案子排在春节放假前一天，被告说："法官，那天我实在没有时间来开庭，我还是先把钱付了吧！"我开心得不得了,这还真是意外收获,是最好的新年礼物,是我的,也是原告的。

所以,哪怕是疫情期间,我也惦记着办案。2020年春节,我回湖北天门老家探亲,回家的第二天,天门市就采取了疫情防控措施。在这样的一段时间里,我经历了太多的第一次:第一次在卧室用浙江法院创新开发的移动微法院开庭;第一次和女儿抢手机开庭,以致女儿只能看网课回放;第一次在家人面前开庭,以致两个女儿都会背"现在宣布法庭纪律"之类的庭审用语了。那是一段很特殊的经历,我在疫情防控的50天里开完了60多个庭,结案50余件,庭审记录记满了我女儿的两个笔记本。

从此,我与移动微法院结缘,在2022年庆祝"五一"国际劳动节暨全国五一劳动奖和全国工人先锋号表彰大会的会议室旁,我花15分钟开了一个涉及简单公告案件的庭审;在参加全国"人民满意的公务员"表彰大会的候会期间,我在北京的宾馆里,见缝插针地先后开了十几个庭。

这份心甘情愿的投入和不能舍弃的热爱,最初是源于尽职尽责。慢慢地,我觉得法官这份工作,不仅是一份赖以谋生的职业,更是一份有情怀和信仰的事业,我们都盼着自己成为那个能查明全部真相、帮助所有当事人尽早实现自己权益的"法律超人"。

我很庆幸选择了一份让我越投入越热爱的工作,法官这份职业,值得我全力以赴、毕生奋斗。未来,我也将继续脚踏实地,追光前行,努力做到说一件、干一件、成一件,办好每一个案子,做优每一次司法服务,守护每一缕人间烟火。

在裁判中释放温度

曾热播的电视剧《底线》中有这样一句话:法律有尺度,是要在尺度之内把事情做好,但是法官应该有温度,在合适的时间用合适的方式为当事人做些什么。

我办过这样一起民间借贷纠纷案件。原告、被告都是聋哑人士，因10万元款项发生纠纷。案情并不复杂，但如果开庭审理，当事人会新增一笔手语翻译费用。为尽量节省他们诉讼成本，我决定先组织调解。因为疫情，原告被隔离在宁波家中，被告远在山东也不方便过来。于是，我在线与他们进行文字沟通。但渐渐地，我发现，他们的文字表述方式与常人存在一些差异，比如无法看懂长句、语序颠倒等，甚至他们彼此之间也会有文字上的误解，以致于调解方案多次反复，一度僵持不下。为此，我尝试按照他们的表达习惯，把一句话拆成四五个短句来讲，并一再询问双方意见，确保双方能够准确理解沟通内容和调解方案。将近两个礼拜的不间断协调后，两方从不信任到逐渐和解，开庭前一日的中午，在调解协议上签字确认。那个中午，我觉得格外的满足。法官，应该是一个带有温度的称呼，而不应该只是一个机械的奉法者。

有温度，既体现在案件的办理上，也体现在一些细节上。比如，倾听，认真地听当事人把话说完；再如，给老年当事人递上一副老花镜，让他们看材料时更方便，或者手把手教他们使用移动微法院；还如，雨天，把自己的外套借给被雨淋湿的当事人。事虽小，但我觉得往往这些才是我们能传递给他们的第一缕温情。

有温度，更体现在诉讼便利上。我现在是"文娟工作室"的负责人，正在带领团队成员探索一种新的办案模式，即"立审执一体化"办案模式，为当事人提供"一站式"诉讼服务。这样的模式运行下来后，极大地提升了当事人的满意度和获得感，案件服判息诉率达到99.56%。

未来我们会继续完善立审执一体化办案模式，用我们的"一束光"温暖一群人。

在普法中守望正义

现在的我，拥有了多重"兼职"身份。

审判职能之外，我是鄞州南部商务区"共享法庭"的共享法官，也是文娟驿站的"小巷法官"。我觉得,"小巷法官"是一个很特别的存在,因为我是法官,他们信服我;因为我是邻居,他们信任我。这两种优势让我可以更好地化解矛盾。平时举办法律咨询活动,小区民众都会积极参与;小区因一些空调噪音、漏水等问题出现纠纷后,社区就会找到我,请我参与调解处理,效果非常好,得到大家的认可。

同时,我还是宁波市法制监督员、《文娟有约》普法栏目的主讲人、一所小学的法治副校长。

党的二十大报告要求:"深入开展法治宣传教育,增强全民法治观念。推进多层次多领域依法治理,提升社会治理法治化水平。"未来,我想做一名更接地气的普法宣传者,为提升公民法治素养尽一份力,我会加强学习,做到更加深入浅出地讲解知识,成为一个小朋友、大朋友都喜欢的普法者。

努力和坚守,是法院人的共同品质。以后的日子,我会和无数个默默努力、执着前行的法院人一起,汇聚我们的星火微光,为法治建设贡献自己的微薄力量,向着让人民群众感受到公平正义就在身边的法律宗旨踏踏实实迈进!

群 众 评 价

　　黄文娟法官办案，智慧、高效，一切以解决问题为原则，既充分平衡各方权利义务，又照顾各方实际困难，还节约了司法资源和当事人诉讼成本，对于我们律师和当事人而言，能遇到黄文娟这样的好法官是最大的幸运。

——— 北京明裁律师事务所律师　　赵建奇

　　感谢黄法官在办案过程中动之以情、晓之以理，让我感受到法律的公正和司法的温暖。

——— 案件当事人　　李玲玲

　　黄文娟法官，温和且坚定。既能超脱且享受地做一名妈妈，更能怀着公平和正义之情做一名法官。

——— 宁波日报记者　　陈隽

　　她是我们大家都熟识的好邻居，她既有专业细致的精神，又不乏邻里之间的热情，经常不厌其烦、入情入理化解邻里之间的隔阂，帮助协调居委会、物业和业主之间的矛盾，是大家都信得过的好法官。

——— 宁波市鄞州区钟公庙街道惠风社区党总支书记　　钟静洁

重要媒体报道

为法治中国贡献"凡人微光"

12月10日,由司法部、全国普法办公室等主办的《宪法的精神 法治的力量——2022年度法治人物》颁奖礼举行。根据年度法治人物推选委员会的推选结果,浙江省宁波市鄞州区人民法院邱隘人民法庭副庭长黄文娟当选为"2022年度法治人物"。

黄文娟于2008年进入宁波市鄞州区人民法院工作,先后获得全国"人民满意的公务员""全国五一劳动奖章""全国法院先进个人"、全国政法系统"双百政法英模"等荣誉。

2020年,她因疫情滞留在老家湖北,在没有电脑、没有案卷、没有网络、没有制服的"四无"困境下,她穿上自己仅有的一套西服,用电子案卷、借来的电脑、自制的支架和手机热点,组成了一套特殊的办公设备,通过"移动微法院"平台,在50天里结案50余件,无一案件因法官被隔离而延迟开庭或审结。"如果因为我的原因,把这些案子一拖再拖、一延再延。对群众而言,他们等待过程的焦急情绪就会越来越浓。"她说。

她还带领同事成立"文娟工作室",探索"立审执一体化"办案模式,践行"案件不转手、服务不换人"的理念。她在线上探索开设了视频普法专栏《文娟有约》,自己担任栏目主讲人,灵活高效地运用数字化技术,走好新时代网上群众路线,推动宁波"移动微法院"这项便民利民实践经

黄文娟与"文娟驿站"连线,为社区居民答疑解惑

验走向全国。"数字化改革为我们法官提供了更大的空间,使我想做得更多、走得更远,也能够和老百姓的需求贴得更近。"黄文娟说。

黄文娟在自己居住的社区开设"文娟驿站",就地服务群众、化解纠纷。同时,她还担任鄞州南部商务区"共享法庭"的负责法官、鄞州区德培小学的法治副校长,持续提升宁波法治环境和司法公信力。"不论是办案,还是在审判之外的法律咨询、普法宣传,我都是希望用自己所学尽可能帮到他人,向他们传递更多的司法善意和温暖,让社会多一份和谐与美好。"她说。

法院生涯14年来,黄文娟的成长伴随着中国法治建设的日新月异,见证并实践着诉讼由线下到互联网再到指尖的进程。"作为一个基层法院人,我非常自豪,但同时也觉得使命在肩、责任重大。我也会更加珍惜和热爱我自己的职业,用自己的力量,为法治中国贡献自己的'凡人微光'。"黄文娟说。

(原载人民日报客户端2022年12月13日,
浙江频道记者窦皓、艾宇韬)

传递法律温度的"铿锵玫瑰"

一头利落的短发,身穿黑色法官制服,脸上总是挂着浅笑。初见黄文娟,觉得她周身透着一股子干练和自信。黄文娟是宁波市鄞州区人民法院邱隘人民法庭副庭长、四级高级法官,最近,她刚刚获评"全国三八红旗手"。

这两年,她一次次站在聚光灯下,迎来人生的高光时刻。2022年,她荣获全国"人民满意的公务员""全国五一劳动奖章"、全国政法系统"双百政法英模""全国法院先进个人"等荣誉。但抛开这些荣光,黄文娟依旧是那个十五年如一日默默俯下身去,用自己的专业知识去温暖别人的普通法官。

疫情封控期间,她结案50余件 "移动微法院"从宁波走向全国

很多人认识黄文娟,可能是从2020年疫情期间开始的。

2020年1月24日,黄文娟刚回湖北天门老家的第二天,天门因疫情被封控。临近上班,开庭的时间越来越近,黄文娟有些不淡定了。非常时期,她完全可以暂停工作,但当时她只有一个念头:开庭是重要的事,破除千难万险都要开。

当时,"移动微法院"小程序正好迭代升级,摆在她面前的问题很棘手,没有电脑、没有宽带网络、没有卷宗,甚至连一套合适的正装都没有。

2020年2月6日晚,黄文娟借来隔壁邻居的台式电脑,却发现无法运行。后来总算借到了合适的电脑。用手机连接热点,她老公用旧烟花纸筒给她改造了一个手机支架。"家里没有纸质案卷,书记员就一张一张拍照给我。我记得当时有个案卷多达200页,书记员花了半天

时间才传完。"

2020年2月7日早上9点,一起交通事故的公告案子在"移动微法院"正式开庭。冬天很冷,家里没有空调,因为疫情还要开窗通风,当时,黄文娟上半身西装、下半身棉裤棉靴就"上岗"了。"开庭应该是一件很严肃的事情,身穿法袍,身后是国徽,没想到我的第一次线上开庭是在那样的状态下进行的。"

有了第一次线上庭审的经历,黄文娟开始逐渐适应那段特殊时期的工作模式,从2020年2月7日第一次线上开庭到2020年3月16日返回宁波的这段时间,她开完了60多个庭审,办结了交通事故、民间借贷、合同纠纷、房屋买卖等50余件案子,无一起案件因法官居家而取消或延期开庭。

现在,线上办案在宁波两级法院已经实现常态化,在线立审执一体化工作模式入选浙江法院2021年"十大最佳在线诉讼"案例。

在参加完浙江省第十五次党代会返程的大巴上,黄文娟用3小时

黄文娟在线上开庭

顺利完成了 5 个庭审；在全国五一劳动奖表彰大会现场的会议室旁，她用 15 分钟开了一起简单的公告案件；在北京参加全国"人民满意的公务员"表彰大会期间，她见缝插针，在宾馆里开了十几个庭……从湖北天门的小山村，到杭州的大巴车，再到北京的宾馆，这种便民利民的"宁波实践"，被黄文娟带到了更多地方。

用"法度"传递"温度"　一句"你说了算"就是最大的信任

"封城"期间结案 50 余件，这件听起来不可思议的事，让黄文娟的名字频频出现在公众视线，她红了。但她说，这些都是她应该做的分内事。"庭审时间定了，总不能因为法官有事就推迟，这让老百姓以后怎么信任我们？"

其实，在很多人看来，黄文娟并不像传统意义上的法官，她脾气温和，似乎有些"镇不住场"。但也正是因为这份亲和，让她更愿意站在当事人的角度换位思考。

"事发当天气象台发布暴雨红色预警，我担心雨水倒灌，就算知道有地下停车库也不会停进去的。再说，我并没有挡住其他车辆和行人，物业没有联系就锁车轮，导致我车辆受损，应该担责。"原告说。

"原告违停在先，没有留下联系方式，114 也打不通，保安只能锁车警示，且已经在前挡风玻璃上放置了提示卡，履行告知义务。原告自己开车前没有查看四周环境，才导致车辆损坏。"被告说。

在一次庭审中，原告、被告双方互不让步，现场"剑拔弩张"。休庭后，黄文娟结合双方在本起纠纷中各自存在的不当行为，分别做当事人工作，最终达成一致意见：被告对原告的损失承担 40% 的赔偿责任，原告自行承担 60%。

"看到当事人都愿意让一步，接受调解，真的很自豪。一句'法官，你说了算'，就是对我最大的信任！"黄文娟说，该案最大的争议在于权利的平衡，原告对车辆享有所有权，被告作为小区物业有管理权。但无论判决还是调解，都应该向社会传递文明停车、规范停车的正确价值观。黄文娟说："我周末特意去了小区物业办公室查公共视频，做了现场勘验，把事情的来龙去脉都了解清楚了，这样就能找到问题的症结所在。"

2022年，黄文娟碰到一起聋哑人借贷纠纷案。因为原告、被告都是聋哑人，为了避免开庭产生的手语翻译额外费用给双方带来经济负担，黄文娟决定先行组织调解。"因为疫情，我们采取的是文字调解，但我发现他们对长语句的理解存在障碍，我就把一句话拆分成四五个短句，经过几个小时调解，双方总算顺利达成调解。"

"很多人都说我不像法官，我经常要提醒他们带资料，每天都有操不完的心……"黄文娟身上总有一股温柔的力量。碰到不懂法律知识的老人，她会不厌其烦地讲解；遇到怒气冲冲的当事人，她也会耐心细致地调和。在她眼里，作为法官，既要守护"法度"，又要保持"温度"。

很多人慕名找到文娟工作室　"一站式"服务为老百姓减负

走进鄞州区人民法院诉讼服务中心，"文娟工作室"几个字特别显眼，每天都有人慕名找到这里。因为这里有黄文娟，这个团队一直秉承着"四不"原则——不让群众等太久、不让案件转多手、不让百姓跑远路、不让纠纷留后患。

"我们对案子采取首问负责制，即由首次接待的法官负责全部的立案、调解、审理、执行等诉讼和执行流程，中间不换部门、不换人，让当事人少跑路，实现当事人最多跑一地，审理期限大大缩短，让当事人的一件事在一地得到快速解决，平均审限比全院缩短40%。"黄文娟说。

"文娟工作室"成立当天，就迎来了一名当事人，这是一起机动车交通事故责任纠纷案。原告在工作室立案窗口立案之后，经法官电话沟通，原告、被告双方达成一致意见，被告很快付款给原告。来法院当天就解决了问题，连原告自己都觉得不可思议。

立审执一体化的探索，正是宁波法院人不断守正创新的生动实践。

随着办理案件数量的不断增加,"文娟工作室"的名气越来越大,甚至有70多岁的老人拿着报纸,坐了2个小时的公交来找黄文娟……

据介绍,工作室自2021年5月27日成立以来,共接待群众立案来访3200余人次,结案2600余件,成为宁波市审判领域"当事人一件事"集成改革的一张闪亮名片。

"千里之行,始于足下。"现在,黄文娟平均每天都要审理五六个案子,大多数都是小纠纷,涉案金额从几百元到几万元不等。但正是因为案子小,大部分当事人都不会请律师,黄文娟每次都要向当事人解释很多专业问题,过程烦琐,而她却不厌其烦。准备开庭资料、与当事人电话联系、庭前沟通调解、开庭判决、梳理卷宗,每一起案件,她都会考虑周全,确保程序严谨,坚持公正司法,维护公平正义。

这两年,她还通过《文娟有约》专栏开展普法宣传;在鄞州南部商务区"共享法庭"做"小巷法官",给需要帮助的人提供专业的法律意见;在宣讲台上分享自己的经历……

"我始终是一名法官,我该做的事就是时时刻刻想着,如何办好案子,如何让老百姓满意,如何让他们更加相信法官、相信法院、相信司法。"聚光灯下的话铿锵有力,这是黄文娟坚守的信念,而她正年复一年地践行着这份信念。

(原载人民日报客户端2023年3月14日,宁波晚报记者薛曹盛,通讯员邵雪栋,实习生吴正娟)

数智"破冰",让公平正义直抵心间

4月28日,中华全国总工会发布《关于表彰2022年全国五一劳动奖和全国工人先锋号的决定》,授予宁波市鄞州区人民法院法官黄文娟"全国五一劳动奖章",全国法院系统共有3名个人获此殊荣。

4月29日上午,在浙江省2022年庆祝"五一"国际劳动节暨劳模先进座谈会上,黄文娟被授予"浙江省劳动模范称号"。

"手捧沉甸甸的荣誉,我感到无比荣幸。衷心地感谢组织对我的培养,感谢我身边每一位同事、每一位当事人对我的帮助和包容。"黄文娟说。

黄文娟,出生于湖北天门,2008年参加鄞州区人民法院工作,历任书记员、审判员,现任鄞州区人民法院邱隘人民法庭副庭长、文娟工作室负责人。多年来,黄文娟坚持秉承"服务大局、司法为民、公正司法"的理念,一心向党、一心为民,以法治促善治,以善治促人和,努力让当事人的司法获得感成色更足、幸福感更深、安全感更强。

一张网、一块屏 数智"破冰",疫情不阻办案路

2020年春节,黄文娟因疫情被困湖北老家,在没有电脑、没有案卷、没有网络、没有制服的困境下,用借来的电脑、拍来的案卷、自制的手机支架和手机热点组成特殊办公设备,通过移动微法院"封城50天结案50余件",被评为浙江法院"十大最佳在线诉讼"案例。

回想那段在湖北居家办案的时光,黄文娟感触颇深:"没有正规的审判庭,没有规范的制服,没有安静的审判环境,但没有一个当事人对这样的庭审形式提出异议,很多当事人都在移动微法院上表达谢意。这也让我明白:一个法官,在哪里不重要,穿什么不重要,做了什么才最重要。

黄文娟在开庭审理案件

当事人也许在乎形式上的规范,但更在乎的是我们到底能为他们做什么,能落到实处的才是他们最在乎的事情!"

2022年年初以来,黄文娟主动参与鄞州"共享法庭"建设。无论是企业纠纷,还是实习生待遇问题,作为鄞州南部商务区"共享法庭"小巷法官的黄文娟,都会为急需帮助的人提供专业的法律意见,并积极运用"共享法庭"快捷解纷、司法协助、法治宣传、数据分析等功能,努力让企业、群众就近享受全方位的司法服务。

黄文娟还在为进一步延伸"共享法庭"的司法触角积极探索:"下一步,我们还将加快整合司法服务资源,强化诉源治理,建立调裁诉对接机制,从源头入手,预防和化解劳动争议案件。"

一站式、一体化　案件不转手,服务不换人

2021年5月27日,鄞州区人民法院成立"文娟工作室",在黄文娟

的带领下，工作室团队积极探索立审执一体化办案模式。工作室专设立案窗口、审判团队、执行团队，当事人在这里就能完成案件的全流程处理，让当事人的"一件事"在"一个地"得到快速解决。

黄文娟介绍："有时候老百姓需要法律服务，但一没有律师代理，二不清楚流程，如果能够一次性解决他们的难题就是件很有意义的事。我们对案子采取首问负责制，由首次接待的法官负责沟通案件全部的调解、审理、执行等诉讼和执行流程，中间不换部门、不换人，让当事人少跑路，办事效率得以提升，审理期限也大大缩短，平均审限仅31天。"

文娟工作室注重通过调解、督促履行等方式实现止争，在2000余次的群众接待中，当事人对文娟工作室的办案态度、办案结果均给予良好反馈，服判息诉率100%。文娟工作室已审结案件1000余件，当庭宣判率、调撤率、自动履行率等各项数据均名列全院前茅。工作室已经成为宁波市审判领域"当事人一件事"改革的一张闪亮名片。

一份情、一份责　化矛盾于细微之处

2022年4月20日中午，一起特殊的民间借贷纠纷案在黄文娟手中达成了调解。

该案原被告都是聋哑人士，因10万元款项发生纠纷。面对特殊群体，黄文娟花了比平时更多的耐心去了解案情。考虑到如果开庭，则需要请手语老师到场，但因此将产生一笔翻译费用，为尽量帮助两位当事人节省诉讼费用，黄文娟决定先行组织调解。此时因疫情，原告被隔离在宁波家中，被告在山东无法过来，黄文娟通过在线文字调解的方式组织双方进行沟通。

调解过程中，黄文娟发现两位当事人的文字表述方式与常人存在一些差异，比如无法看懂长句、语序颠倒等。为此，黄文娟把长句拆成几个短句来讲，让双方都能准确理解。在她的努力调解下，原本互不信任的两方逐渐和解，最终达成了"延期一年还款"的协议。

"做事很积极，会把案子放在心上"是当事人对黄文娟的评价，她总能用十足的耐心去倾听理解对方的诉求，用情疏导，用法答疑，用真诚与平和去赢得当事人的信任。

在审理案件的同时，黄文娟也注重法律和社会效果统一，妥善处理教育培训合同纠纷，让双减政策有效落地；妥善处理涉疫房屋租赁、旅游纠纷系列案件，平衡各经济主体间的利益关系；积极参与预防和打击虚假诉讼活动，营造公平竞争市场环境和诚实守信的社会氛围；与鄞州区融媒体中心合作创办《文娟有约》栏目，对典型案例进行视频普法宣传，进行线上答疑解惑。

"法学是我一生挚爱，法官工作是我毕生事业，我深深地懂得荣誉属于过去，未来道阻且长。我将以此为新起点，在这个平凡却神圣的岗位上，与千千万万奋战在法治一线的法官一起，以更高更好更强的姿态，把审执工作做得更实更细更亮，创新司法为民路径，勇担人民重托，不负人民信任！"黄文娟坚定地说。

（原载人民网 2022 年 4 月 29 日，记者邵珊珊）

十四年如一日,做与法治共成长的追梦人

2022年12月10日,由司法部、全国普法办公室联合中央广播电视总台共同主办,社教节目中心承办的《宪法的精神 法治的力量——2022年度法治人物》颁奖礼举行。

浙江省宁波市鄞州区人民法院邱隘人民法庭副庭长、四级高级法官黄文娟从央视舞台捧回了"2022年度法治人物"的奖杯。

在即将过去的这一年,黄文娟获得了全国"人民满意的公务员""全国五一劳动奖章"、全国政法系统"双百政法英模""全国法院先进个人"等荣誉,并当选为浙江省第十五次党代会代表。伴随着这些荣誉,她多次出现在聚光灯下,出现在镜头前,出现在宣讲台上。

"恭喜你啊,黄法官!"这句话,黄文娟今年听了好多次。但离开镜头,熄灭聚光灯,走下宣讲台,她依旧是那个自己口中的"一名普通法官",是那个十四年如一日默默俯下身去,用自己的专业去温暖别人的黄文娟。

引领在线诉讼新常态

2020年春节,黄文娟回老家湖北天门探亲,但突如其来的疫情使这趟旅途变得不再寻常。居家期间,宁波暂时回不去了,可那么多排好庭的案子却不能因疫情而"停摆"。"如果因为我的原因,使这些案子一拖再拖、一延再延,那么当事人会越来越失落。"

好在有移动微法院(现为"人民法院在线服务"),她在没有电脑、没有案卷、没有宽带网、没有制服的困境下,从柜子里翻出仅有的一套西服,用借来的旧电脑、同事拍摄的案卷、自制的手机支架以及手机热点,组成了一套特殊的"办公设备",开始了居家办案的时光。

一晃 50 天过去，黄文娟开完了 60 多个庭审，记录写满了两个笔记本，结案 50 余件，没有一起案件因法官居家而取消或延期开庭。

黄文娟在无意间引领了在线诉讼的风尚。现在，线上办案在宁波两级法院已经实现常态化。那个用烟花纸筒改造的"文娟牌手机支架"，成了流行于宁波法院人之间的"网红"支架，其背后蕴藏的"工具可以简易，但正义不能迟到"的理念，也在宁波法院人之间不断传递。

黄文娟本人与移动微法院也越来越密不可分。在参加完浙江省第十五次党代会返程的大巴上，她用 3 个小时顺利完成了 5 个庭审；在全国五一劳动奖表彰大会现场的会议室旁，她用 15 分钟开了一起简单的公告案件庭；在参加全国"人民满意的公务员"表彰大会期间，她见缝插针在北京的宾馆里，先后开了十几个庭……

湖北天门的小山村、浙江杭州的大巴车、北京的宾馆……由北至南，由南至北，黄文娟推动"移动微法院"便民利民的"宁波实践"走向全国。"我在移动、出差的过程中，案件的办理地点也在移动，但是当事人的期待和需求却不会被延迟。"

诉讼由线下到互联网再到指尖，这是她十四年间亲历并实践的法治变革。

探索立审执一体化

2021 年 5 月 27 日，鄞州法院"文娟工作室"挂牌成立。在启动仪式上，黄文娟代表工作室全体成员表态发言。她承诺，工作室会坚持"四不"原则，"不让群众等太久、不让案件转多手、不让百姓跑远路、不让纠纷留后患"，让当事人的一件事在一个地得到快速解决。

和以往的法官工作室不同，"文娟工作室"专设立案窗口、审判团队、执行团队，是集立案、审判、执行职能于一体的"全科工作室"。这一做法突破了传统案件在不同部门、多个法官之间流转的壁垒，打通了调解、立案、送达、审判、执行环节，让当事人在工作室就能完成案件的全流程处置。

黄文娟是一个外表和内心都很柔和的人，她说话声音平和，爱笑，待人接物很细心又很耐心。工作室"问有答声、走有送声、一张笑脸相迎、一把椅子让座"的服务理念和她本人的气场非常相合，这也让一些剑拔弩张的当事人在她的气场作用下变得心平气和。

有一次，黄文娟收到了一起非机动车交通事故责任纠纷案，案件的被告是驾驶电动车的未成年人和他的母亲。原告表示被告撞了人还态度恶劣，一点不知悔改。被告则觉得轻轻蹭了一下就要赔2万多元，原告就是在讹人。双方矛盾十分尖锐，都不给对方好脸。黄文娟先是耐心向被告释明原告有主张损害赔偿的权利，而后又细致对双方做调解工作，最终双方达成调解协议并握手言和，双双向黄文娟表示感谢。

截至2022年10月底，"文娟工作室"已接待群众立案、来访等3020余人次，在已审结的2261起案件中，进入强制执行程序的仅有398件。

随着办理的案件越来越多，工作室的口碑也逐渐在老百姓之中流传。有70多岁的老人拿着报道"文娟工作室"事迹的《鄞州日报》，坐了两个小时的公交来法院找黄文娟。"文娟工作室"被誉为宁波法院审判领域"当事人一件事"集成改革的一张闪亮名片，获得浙江法院"十大最佳在线诉讼"荣誉，并登上了《人民日报》。

立审执一体化的探索，正是宁波法院人不断守正创新的生动实践。

法治路上的追梦人

"没进法院前，我没有想到我竟然还是一个工作狂。"黄文娟这样评价自己。

做书记员的时候，她周末经常会在办公室装订案卷——整理材料、粘贴票据、用钉锤打洞，最后穿线装订而成。档案封面划破手指是常事，钉锤还会一不小心锤到手。做法官后，她的周末有时候是在办公室字斟句酌地改判决书。

而现在,费力装订案卷变成了无纸化的一键归档,依托大数据的类案检索制度高效助力判决书撰写。浙江"全域数字法院"建设,给作为法官的黄文娟带来了更多便利,也让她有了更广阔的施展空间。

"我想做得更多,走得更远,和老百姓的需求贴得更近。"在年度法治人物的颁奖现场,黄文娟这样说。

她这样说的,也一直在这样做。

除了奉法者的身份外,她还是视频普法专栏《文娟有约》的主讲人、文娟驿站的小巷法官、鄞州南部商务区"共享法庭"的负责法官、鄞州区德培小学的法治副校长。

"黄法官,他们拖欠工资,你得给我评评理。"这样的咨询,出现在

黄文娟在校园里解答同学们的法律疑问

"共享法庭"里。

"黄法官,咱都是邻居,你又是法官,你说一句是非,我们都听你的。"这样的讨论,发生在黄文娟所住社区的"文娟驿站"里。

"黄法官,如果有同学骂我,我怎么做才能算是正当防卫呢?"这样的提问,出现在学校里。

"关于网络诈骗,上面的这些提示,大家都记住了吗?"这样的总结,出现在《文娟有约》普法视频里。

得益于科学技术的飞速发展,她可以用更多的方式,在更多的场景,为更多老百姓做更多的事,走好新时代网上群众路线。

线下一对一的普法变成了线上一对多的交谈,烦琐的案卷整理变成了无纸化归档,走街串巷的送达变成了智能联合送达机制……一桩桩一件件,正是法治中国建设日新月异的生动实践。

黄文娟说:"我们将进一步提升审判质效,努力创造更高水平的数字正义;我们会让普法宣传更接地气、更显实效,引导大家做社会主义法治的忠实崇尚者、自觉遵守者、坚定捍卫者。"

法院生涯十四年,黄文娟始终保持着真诚与热爱,法官是她愿意为之奋斗终生的事业。她是有温度的奉法者,也是有品格的普法者,还和众多法院人一样,是法治道路上的同行者,一起向着法治中国的宏伟蓝图稳步迈进。

(原载央广网 2022 年 12 月 16 日,记者张雯雯,通讯员李波)

公平正义就在俗常生活里

这一年,黄文娟总出现在宣讲舞台上。

自从 2021 年 1 月被写入浙江省高级人民法院工作报告,人大代表热议她"展示了新时代浙江法官的良好素养和敬业精神"之后,黄文娟就火了。人们津津乐道的是,2020 年春节期间,她因疫情滞留湖北老家 50 天,利用移动微法院结案 50 余件,被浙江高院院长李占国称为"身边的先进典型"。

聚光灯下的黄文娟总是说:"我只是做了一名法官应该做的事情。公平正义很神圣,但其实就在俗常生活里。"不沉迷荣誉,也不自我标榜;有被看见的"小确幸",却始终保持自我怀疑;坚持自己的兴趣,却不把它拔高成某种高高在上的立场。始终以一个普通法官的身份定位自己,在其中看见你我。

哪怕一个短暂的瞬间都有个丰腴的过去。当黄文娟走下宣讲的舞台,开启又一天平凡的生活,还是会读出她的坚守与追寻。

"法官,你说了算"

"事发当天气象台发布暴雨红色预警,我担心雨水倒灌,就算知道有地下停车库也不会停进去的。再说,我并没有挡住其他车辆和行人,物业没有联系就锁车轮导致车辆受损,应该担责。"

2021 年 9 月 27 日,黄文娟开庭审理了一起财产损害赔偿纠纷,双方争议很大。

"原告违停在先,没有留下联系方式,114 也打不通,保安只能锁车警示,且已经在前挡风玻璃上放置了提示卡,履行告知义务。原告自己开车前没有查看四周环境,才导致车辆损坏。"物业公司代理人毫不让步,"不接受调解!"

休庭后,黄文娟结合双方在本起纠纷中各自存在的不当行为,分别做当事人工作,不断缩减双方差距,最终达成一致意见:被告对原告的损失承担40%的赔偿责任,原告自行承担60%。

当事人从剑拔弩张到各自反省,黄文娟明显有点"小得意",笑起来眼睛里闪着光:"当原告说'法官,我相信你的判断';被告说'法官,你说了算'的那一刻,真的很自豪!这种信任是我们做法官最大的骄傲!"

不要以为法官多么高大上,其实很"俗"。黄文娟是入职后才发现公平正义其实就在鸡毛蒜皮的小事上、在"你一句我一句"的细节里。这次的信任基于上次庭前现场勘验,2021年9月25日,她趁周六休息到小区物业办公室,专门把业主委员会也请来了,把事发当晚5时30分到8时的监控视频看了一遍,还原事件过程,抓住双方之间矛盾最主要的症结所在。

这个案子最大的争议在于权利的平衡,原告对车辆享有物权,被告作为小区物业有管理权。但黄文娟拒绝"五五平分责任"这种和稀泥的决断。无论是判决还是调解,都应该向社会传递文明停车、规范停车的正确价值观。尽管物业锁车的过程欠妥当,但原告欠缺规范停车的意识,漠视停车秩序,也应该承担一定的责任。

法官的每次判断都是一个导向。她珍惜这种判断权。

黄文娟到当事人所在社区了解情况

"我这算开过庭了吗"

2020年春节,当武汉疫情最严峻的时刻,开庭成为黄文娟最大享受。"我就是开庭,没有拯救世界,也没有冲锋陷阵,但我沉浸在办案中,这就足以对抗因新冠病毒而带来的无力和紧张感。"

她回老家湖北天门过年,第二天天门封城。关闭门窗,连楼顶都不敢去,似乎高空刮过的风都会无意间捎带着病毒,村口的路也用废弃车辆、泥巴砌的墙给堵住了。宁波是肯定回不去了,可是那么多排好庭的案子不能因疫情而"停摆"啊!得知宁波市鄞州区人民法院已逐步解决了移动微法院在线开庭的技术问题,黄文娟第一个念头:"我可以开庭了!"

但是问题来了,农村的老家,没有电脑,没有网络,更没有案卷。

黄文娟的老公二话不说,跑出去为她借电脑,第一次抱回一台老式电脑,拼凑半天没法开机,直到深夜才从一个正打游戏、看剧的归乡青年那里借来电脑:"我老婆要在网上开庭,不能耽误公家的事情!"老公不仅很快解决了电脑问题,还用卷筒纸的卷芯帮她制作了一款手机支架。

就这样,有了电脑专心开庭!

但案卷在宁波的办公室里,书记员小陈就成了帮黄文娟"搬运案卷"的搬运工。小陈把案卷材料一张一张拍照,再通过钉钉传输。复杂的案子有几百页的证据材料,上班时间传不完,就加班加点传。

2020年2月7日早上8时30分,黄文娟从家里找出一件旧西服,准时坐在电脑前,开始第一次线上开庭。这是一起民间借贷的公告案件,原告王某和两位陪审员各自在宁波家中,黄文娟在湖北家中,同时上线。

"黄法官,今天是开庭吗?"王某拿手机在自家院子里喊。

"是!"

"黄法官,现在就是要开庭了吗?"王某仍不敢相信。

"是!"

这天上午，黄文娟以移动微法院多方视频方式，完成了三起案件庭审，保存视频，传回法院。过了两天，其中一个当事人又来问："法官，我们什么时候开庭？"黄文娟也不自信了，打电话回院里问："我这算开过庭了吗？"

村里的防控巡逻小喇叭、闲不住的小孩子嬉闹声此起彼伏，"勤洗手、多通风、少聚集、戴口罩，早发现、早报告、早隔离、早治疗……"黄文娟一度担心当事人会在庭审时听到小喇叭的喊话声。没有正规的审判庭，没有规范的制服，但没有一个当事人提出异议，当事人知道法官被封闭在湖北老家，还在微法院上坚持开庭，纷纷致电送去对法官的感谢和祝福。

这场疫情的洗礼让黄文娟对公平正义更多了一层理解："一个法官，在哪里不重要，穿什么不重要，做了什么才最重要。当事人更在意的是我们到底能为他们做什么，能落到实处的才是他们最在意的事情。"

一晃 50 天过去了。黄文娟通过移动微法院开了将近 60 个庭，结案 50 余件。

"在湖北的 50 天，是充实的 50 天，案子把我对疫情的恐惧都赶走了。"黄文娟说，是工作让她变得勇敢。

"越歇越懒"

在湖北天门的这个小山村里，黄文娟的干练劲，早在干农活时就显露出来了。

这里大多数村民以务农为生，经济条件较为落后。兄妹三人，黄文娟排行老二，但哥哥身体不好，父亲说："家里总要有个人做老大，你来！"插秧薅草、犁田割麦、上学考试，黄文娟样样都是能手。

时光穿梭回 1987 年的春耕时节，在大片水田里农忙的身影中，一个瘦弱的小身板正在努力地学习插秧，弯着腰，左手拿着一把秧苗，右手分出一棵插进水田，再分一棵插进去，从左到右，一排够不着了，直起腰来，往后退一步。再弯腰，从左到右。

回想起5岁时的自己，黄文娟一点儿也不埋怨："活儿总要有人去干，这没办法的事儿。"累不怕，可怕的是水田里的蚂蟥，叮在腿上扯都扯不下来，小小的黄文娟又痛又怕，总想逃出水田。

这个时候母亲就会一边帮她处理伤口一边哄她："今天的秧苗就快插好了，越歇越懒，娟儿再坚持一下啊！"

"越歇越懒"，母亲的这句话，如同秧苗一样种在了黄文娟的心田。

从5岁第一次跟着父母下田插秧，到11岁时就可以和母亲外出帮工了。"你看看，我女儿插秧多快！"母亲总是这样向亲戚们炫耀。

为了供兄妹三人上学，黄文娟的父母包鱼塘、种棉花、养鸡鸭，所有农村父母能干的农活全都干了，可是生活依然艰难。在她的记忆里，几乎没有穿过什么新衣裳。一到夏天就会光脚在田间地头奔忙，因为怕把鞋穿坏，就连拍小学毕业照那天也是穿着哥哥的旧衣裳。高二时黄文娟看到家里的难处，萌生退意，告诉父母想和村里其他女孩一样去打工学裁缝。父亲沉默了许久之后说："读书这件事，你已经做了十年了，你都坚持不下去，你以为你现在改去学裁缝，就不会半途而废吗？"

父亲说她是"老大"，聪明麻利都像自己，书一定要读下去。"在我们那儿，女孩子读书，是一件非常奢侈的事情，更别说上大学了。但我父母坚信知识可以改变命运。"黄文娟说，她立志一定努力学习，走出大山。

高考那一年，黄文娟顺利考过一本线，并在志愿表上的每一栏都填上了"法学"。这也源于"老大"的自我要求："那时候村里家家户户之间大多是不错的，但也有一些争执和不平之事，而最后都是靠拼'武力值'，拼江湖义气，拼谁家兄弟多。但我看电视上酷酷的法官形象，离我更近一些，如果我努力再努力一点，或许有一天能够以理服人。"

拿到大学录取通知书，父亲骑着摩托车带她到亲朋好友家报喜，但还是为学费和生活费发愁，学费第一年靠着亲友接济，后面三年靠助学贷款，生活费依然困难。

"大二那年，庄稼收成不好，母亲居然把留了20多年的及腰长发拿去卖，只为了给我换100多元的生活费！"想到父母为自己读书而辛苦付出，黄文娟感到十分内疚。她变得更加努力，更加刻苦，每年拿奖学金，还利用业余时间打零工减轻家里负担。

本科毕业后，黄文娟以总分第三名的成绩考取武汉大学法学院研究生，又一次性通过了司法考试。

"我这个村姑也当法官了！"

天门市解封后，黄文娟第一时间赶回宁波，回到她2008年9月正式考入的鄞州区法院。

这是她在这里工作的第13个年头。在2020年院里组织的四次办案竞赛中，黄文娟三次获奖。全年结案433件，无一起瑕疵案件，已经是处理案件驾轻就熟的老法官了。

但初入法院时，黄文娟怀着勃勃雄心，却一度找不着北。

最初在鄞州区法院邱隘人民法庭当书记员，当事人大多只讲宁波话，尤其是年迈的老人家，打电话询问情况、开庭陈述，都是宁波方言，在她听来，那简直就是外语。心想那么多年的专业理论学习，在宁波大妈们"咪嗦嘻哆咪"一样的方言面前显得苍白无力。因为听不懂方言，开庭时一头雾水，影响了庭审记录，没少挨她师傅卢树立法官的批评。

怎么办呢，一个字，"学"！抱着"英语六级都能过，宁波话也能行"的信心，黄文娟参加方言培训班、看宁波话节目，还买了《阿拉宁波话》《宁波话大讲堂》这些书，用拼音做标注，回家还跟老公一起学习、一起对话。

苦练一年后，黄文娟能在当事人你来我往的方言辩论中淡定自如地进行庭审记录了，师傅忍不住夸赞："不愧是研究生，学东西就是快！"

书记员的工作琐碎、单调，但黄文娟感到快乐，她跟着师傅送达保全、走访调查，走遍了宁波及周边的大小村落。让她骄傲的是，在独立办案不久，就收到了当事人送来的锦旗和感谢信，"那时开始觉得即便是鸡毛蒜皮的事儿,都有着公平正义"。

2008年7月,外来务工人员小胡在宁波一制衣公司厂区内被公司的车辆刮擦受伤,双方均未报警处理。事故发生第二天,制衣公司向车辆保险公司报案,因事故发生在厂区,保险公司不予处理。小胡花费住院及诊疗费2万余元,经鉴定为交通事故伤残等级十级。双方无法就赔偿金额达成一致意见,小胡开启长达四年的维权之路。

因事故的发生、责任的认定以及法律关系的适用等方面存在争议,原告小胡多次通过仲裁和诉讼方式维权,直至2012年7月,向鄞州区法院提起诉讼。

黄文娟详细调阅了小胡连续9次维权过程中的全部案卷材料,并走访了医院、民政局、保险公司等,通过整理时间线,厘清法律关系,最终认定原告的诉请属实,判决支持了原告的诉讼请求。该案二审维持原判。

漫漫维权路,小胡在得到赔偿款后,心情激动,向黄文娟送来了一面锦旗"清廉之气香如蕙兰,公正之心荡尽浊流"。

黄文娟在电话里和母亲感慨当事人的不容易和自己的成就感。那时她已经在法院工作5年了,母亲却还是怀着一丝疑问,说:"娟儿,你真的是当法官了吗?"

在母亲心目中,法官实在是太神圣太遥远了,"我这么个村姑怎么可能做得了那样的事情",黄文娟说。母亲晕车又晕电梯,从未来过宁波,看不到女儿工作和生活的地方。"我走得太远,从事的工作离她生活太远了。她可能一辈子都不会到法院一次。"

"能不能把你的法徽留给我?"

黄文娟不仅做得了,还做得好,在疫情期间也从不放松。2021年5月27日,鄞州区法院正式挂牌成立"文娟工作室"。

黄文娟表态:"今后将继续秉持司法为民的理念,争取发挥自身的优势和团队的力量,全力以赴,点亮星星之火,踏上燎原之旅。"

考虑到母亲那样的老人，去医院挂号治病都难，"文娟工作室"开始探索一件事，改革！"你看有些老百姓，没有律师代理，流程都搞不清。"工作室专设立案窗口、审判团队、执行团队，让当事人在工作室就能完成案件的全流程处置，立审执一体化，让当事人的事在"一个地"得到快速解决。审判法官在结案后及时向当事人发放自动履行提示函，同时向执行法官传递案情及财产状况，执行法官可第一时间介入到履行过程中，通过正向激励和反向督促相结合的方式，力求判后的案件更多实现自动履行，进入执行程序的案件也能快速履行完毕。

2021年9月27日上午，刚刚结束一场激烈庭审后，黄文娟又马不停蹄来到文娟工作室，在线调解一起同居关系子女抚养纠纷。由于原告和女儿在河北，被告在宁波，黄文娟采用移动微法院视频连线的方式为小女孩制作询问笔录，并进行线上调解。

抚养权的案子，后续执行是关键。黄文娟主持调解的过程中，首先向男方确认"你爱孩子吗"，在得到肯定回答后，她心中有数，案子能调，而且依据男方的经济实力，也一定能履行到位。"每月2000元抚养费，能够满足吗？"又一次得到肯定答案，黄文娟隔空点赞。

不到10分钟，双方就达成调解协议。

这样干脆利索的女法官形象，黄文娟的父母在疫情期间见到了。离开时，父亲问："能不能把你的法徽留给我？"

父亲把她的法徽放在床边的桌上，把她的制服照片插进卧室衣柜门上的玻璃框缝隙里。"他是希望每个人都能看到我的照片，看到他的女儿可以敲法槌审案了。"黄文娟说，爷爷成分不好，奶奶走得早，所以父亲吃了很多苦，没好好上学，也没当成兵，那是他一辈子的遗憾。父亲一直把自己的希望寄托在这个"老大"身上。

还记得2003年11月，正在上大三的黄文娟正式入党，她很开心地告诉父亲："我入党了！"

"你入党了？那我们家里以后有两个党员了？你怎么入党的？一个

大学生也能入党，啥事情也没做呢！"父亲一边对家里人大声说，一边觉得难以置信。

"因为我学习优秀！"黄文娟说，在父亲看来，入党是一件很了不起的事情。母亲不是很能懂党员意味着什么，但她能明白，入党就意味着女儿没有给她丢脸，女儿慢慢地长成了她想要的样子。而黄文娟想告诉父母，她没有辜负他们一直以来毫不退缩、毫不犹豫地坚持与付出。"家里两个党员了，你和我！"父亲骄傲地说。

父亲很开心，喝酒庆祝，还拉着女儿一起喝。

在父亲眼里，女儿再一次很像他。黄文娟的手指修长，像他；小时候心算很快，像他；后来读书成绩不错，也像他；这么快能入党，也很像他。

（原载《人民法院报》2021年10月25日，记者孟焕良，通讯员邵珊珊）

黄文娟在文娟工作室调解纠纷

不让百姓跑远路、不让群众等太久
不让案件转多手、不让纠纷留后患
宁波鄞州法院文娟工作室——
当事人减负　立审执增速

"感谢法官千里取证、高效办案，文娟工作室真棒！"2021年11月30日，一起股东损害债权人利益责任纠纷案的当事人展开一面带着体温的锦旗，感谢文娟工作室便捷高效的司法服务，让纠纷没有后患，让当事人没有后顾之忧。

为了弘扬"封城50天，结案50余件"的黄文娟法官的英模精神，2021年5月27日，浙江省宁波市鄞州区人民法院成立文娟工作室，探索立审执一体化办案模式。工作室团队秉承"不让群众等太久、不让案件转多手、不让百姓跑远路、不让纠纷留后患"的"四不"承诺,用最短的时间、最少的流程、最优的服务,让当事人的"一件事"在"一个地"得到快速解决。

为了不让百姓跑远路,文娟工作室依托移动微法院,借力数智,为当事人减负,为审判增速。

2021年9月,黄文娟审结一起因明星直播带货引发的合同纠纷案,该案原告通过网上立案,原告法定代表人因疫情居家隔离,被告法定代表人在广东,调解、质证、开庭均采用移动微法院,真正实现了当事人零次跑。据悉,文娟工作室移动微法院办案运用率达95.85%,96%以上的裁判文书通过电子送达,数智赋能让当事人省时又省心。

为了不让群众等太久,文娟工作室承诺当天立案、当月调解、当判立判,当日立案的案件由当日轮值法官承办,当日便能知晓审理法官与后续执行法官,案件流转时间零天。目前,工作室接待群众立案、来访等1200余人次,50余起案件在立案当日达成调解并履行完毕,服判息诉率达100%,无一案件被改判或发回。

为了不让案件转多手,文娟工作室采用团队工作模式,突破立、审、执壁垒,专设立案窗口、审判团队、执行团队,让当事人在工作室就能完成案件的全流程处置。审判团队结案后,填写文娟工作室审执交接表,将当事人信息、生效时间、财产线索等移交执行团队跟踪履行情况,履行期限届满前,执行团队督促被告及时履行。工作室运行半年多以来,审结的684起案件中仅有50件进入执行程序。

为了不让纠纷留后患,文娟工作室坚持疏解矛盾,督促履行,实现止争。近日,文娟工作室诉前化解一起信息网络买卖合同纠纷案,获当事人点赞。原告小韩(化名)与被告某知名连锁便利店因一块口感变酸的芝士蛋糕引发纠纷,小韩还上网发帖投诉便利店。承办法官没有机械地判决,而是追根溯源找到了芝士蛋糕变酸的原因,系便利店配送中未放置冰袋、小韩收货后未立即食用导致芝士成分发酵所致。厘清事实后双方调解，被告与供应商愿意在原告证据不足的情况下仍给予补偿，表示今后冷藏食品配送会增加冰袋，小韩称在法院的沟通调解以及追根溯源的过程中感受到尊重，主动删除了帖子，避免了便利店与小韩的名誉权纠纷、便利店与供应商的合同纠纷等后续衍生诉讼。

（原载《人民法院报》2021年12月8日，记者余宁，通讯员邵珊珊）

鲍卫忠

Bao Weizhong

鲍卫忠，男，佤族，云南沧源人，1976年6月出生，中共党员，1997年10月参加法院工作，生前任云南省沧源佤族自治县人民法院党组成员、执行局局长。在工作岗位突发疾病，经抢救无效，于2021年10月23日因公殉职，年仅45岁。他对党忠诚、一心为民，扎根边疆基层人民法院工作24年，始终奋斗在执法办案、服务群众最前沿，在维护边疆民族团结进步中传递司法温暖。他珍视民族团结，积极践行为大局服务、为人民司法的宗旨，热心帮助贫困被执行人推销农产品回笼资金，主动垫付钱款为当事人看病就医，依法保障少数民族群众合法权益。他勤勉履职、担当作为，以身作则带领干警开展执行攻坚，构建联合惩戒体系，推动建成执行难综合治理工作格局。他严于律己、清正廉洁，从不利用职务之便谋取私利，所办案件无一起关系案、人情案、金钱案，彰显了新时代人民法官廉洁司法的政治本色。他荣获"时代楷模""全国模范法官""云南省优秀共产党员"等荣誉。

学习决定、通知

中共中央宣传部

关于追授鲍卫忠同志"时代楷模"称号的决定

鲍卫忠，男，佤族，1976年6月生，中共党员，云南沧源人，生前系云南省沧源佤族自治县人民法院党组成员、执行局局长。他长期扎根我国西南边陲，对党忠诚、公正司法，为民族地区繁荣稳定贡献法治力量；他始终珍视民族团结，深入村寨普法释法，依法保护各族群众合法权益，被当地群众亲切地称为佤山法治"老黄牛"；他严于律己、清正廉洁，彰显了新时代人民法官的政治本色。2021年10月在工作岗位上突发疾病，经抢救无效不幸去世。2022年9月被追授为"全国模范法官"称号。

鲍卫忠同志是习近平新时代中国特色社会主义思想和习近平法治思想的忠实践行者，是学习贯彻习近平总书记给云南沧源边境村老支书们重要回信精神的优秀代表，是铸牢中华民族共同体意识、扎实推进民族团结进步事业的新时代好干部。他的先进事迹有力诠释了中国共产党领导和社会主义制度是我国各民族共同发展进步的可靠保障，集中展示了新时代广大政法干警牢记初心使命、勇于担当作为的精神风貌，生动展现了"党的光辉照边疆、边疆人民心向党"的时代图景。为宣传褒扬鲍卫忠同志的先进事迹和宝贵精神，中共中央宣传部决定，追授鲍卫忠同志"时代楷模"称号，号召广大党员干部特别是政法干警，以"时代楷模"为榜样，深入学习贯彻习近平新时代中国特色社会主义思想和党的二十大精神，深刻领悟"两个确立"的决定性意义，增强"四个意识"、坚定"四个自信"、做到"两个维护"，更加紧密地团结在以习近平同志为核心的党中央周围，大力弘扬社会主义法治精神，传承中华优秀传统法律文化，全力履行维护国家政治安全、确保社会大局稳定、促进社会公平正义、保障人民安居乐业的职责使命，为全面建设社会主义现代化国家、全面推进中华民族伟大复兴贡献力量。

2023 年 12 月

最高人民法院

关于开展向"时代楷模"鲍卫忠同志学习活动的决定

法〔2023〕235 号

2023 年 12 月 18 日，中央宣传部发布追授鲍卫忠同志"时代楷模"称号的决定，号召全社会向鲍卫忠同志学习。这是全国各级人民法院和全体法院干警的重大荣誉。

鲍卫忠，男，佤族，1976 年 6 月生，云南沧源人，中共党员，1997 年 10 月参加法院工作，生前任云南省沧源佤族自治县人民法院党组成员、执行局局长。2021 年 10 月 21 日在工作岗位上突发疾病，经抢救无效于 10 月 23 日不幸去世，年仅 45 岁。鲍卫忠同志去世后，中共云南省委追授鲍卫忠同志"云南省优秀共产党员"称号，人力资源社会保障部、最高人民法院追授鲍卫忠同志"全国模范法官"称号。

鲍卫忠同志 24 年如一日扎根边疆基层法院执行工作一线，把群众利益无小事做到极致，用实际行动为民族团结稳定贡献法治力量，是习近平新时代中国特色社会主义思想和习近平法治思想的忠实践行者，是学习贯彻习近平总书记给云南沧源边境村老支书们重要回信精神的优秀代表，是铸牢中华民族共同体意识、扎实推进民族团结进步事业的新时代好干部，是对党忠诚、一心为民、能动司法、清正廉洁的新时代好法官。为大力学习弘扬鲍卫忠同志先进事迹,引领激励广大法院干警在习近平法治思想指引下,围绕"公正与效率"工作主题,做实为大局服务、为人民司法,积极践行新时代能动司法理念,在以审判工作现代化服务保障中国式现代化新征程上凝心聚力、建功立业,最高人民法院决定,在全国法院广泛开展向"时代楷模"鲍卫忠同志学习活动。

向鲍卫忠同志学习,就是要学习他忠诚于党、信念坚定的政治品格,把对党忠诚落到实处。鲍卫忠同志始终牢记自己的第一身份是共产党员、第一职责是为党工作,时刻不忘习近平总书记给沧源县边境村老支书们回信时提出的"建设好美丽家园,维护好民族团结,守护好神圣国土"的殷殷嘱托,时刻把党的事业和人民利益放在心中最高位置。他24年如一日坚守在边疆基层法院,正如他所说,"我出身于边疆少数民族家庭,是党和人民将我这个佤族孩子培养成才,让我安身立命。这个恩情,我将用一生干好本职工作来报答,始终做到无愧于党,无愧于人民"。他认真践行习近平法治思想,始终奋战在执行工作第一线;他深入村寨普法释法,把党的温暖送到边疆民族同胞的心坎上;他以对党的无限忠诚、对司法事业的无限热爱,为民族地区繁荣稳定贡献法治力量,生动展现了"党的光辉照边疆、边疆人民心向党"的时代图景。学习鲍卫忠同志,就要像他一样始终坚持以习近平新时代中国特色社会主义思想为指导,坚持党的绝对领导、坚持以人民为中心、坚持中国特色社会主义法治道路,以高度的政治自觉、法治自觉、审判自觉,把习近平法治思想作为"纲"和"魂"自觉融入审判执行工作全过程、各方面,不断厚植党长期执政的政治根基。

向鲍卫忠同志学习,就是要学习他践行宗旨、一心为民的公仆情怀,把群众利益无小事落到实处。鲍卫忠同志心里时刻装着群众,他曾在笔记本上抄录过这样一句话:"为党工作是我一生的追求,为人民服务是我努力的方向。"他从不以标的大小衡量执行力度,一个标的5000元的案件,他先后6次、累计行程400多公里,实现案结事了人和。他把老百姓的事当成自己的事,主动帮助被执行人为农产品找销路,助其走出困境、还清欠款;为无力还款的被执行人垫付执行款,帮助看病急需用钱的申请人渡过难关;主动为生活困难的申请执行人争取和办理司法救助,直到生命最后一刻,仍不忘叮嘱核实司法救助申请情况。学习鲍卫忠同志,就要像他一样始终坚持人民至上,牢记民心是最大的政治,感受公平正义的主体只能是人民群众,在办理具体案件过程中,把屁股端端地坐在老百姓这一面,始终秉持将心比心、"如我在诉"的为民情怀和思想境界,用最优质量、最高效率、最佳效果处理好每一个"小案"、每一件"小事",真心实意为群众解难事、办实事、做好事,努力让人民群众在每一个司法案件中感受到公平正义。

向鲍卫忠同志学习,就是要学习他能动履职、实干担当的奋斗精神,把新时代能动司法理念落到实处。鲍卫忠同志积极践行新时代"枫桥经验",为了一起长达8年、牵涉两个民族群众的土地纠纷,他不怕吃闭门羹、更不惧当事人一时冲动的威胁,用"各族人民一家亲,九老九代不丢伴"的佤族族训耐心劝解,最终打开了当事人的"心结",促成"案结"。"案件再小,处理不好影响团结,就是大事",这是他积极维护民族团结的生动写照。在"基本解决执行难"攻坚战中,他面对困难不推诿、不逃避,带领执行干警踏遍佤山的村村寨寨,化解了650件"钉子案""骨头案",实现了"办理一案、治理一片"的良好效果。他精研实干、善作善成,立足边疆民族地区民情特点,把能动司法和善意文明执行理念融入到执行工作的全过程各环节,探索形成了一套科学有效的执行工作方法,积极破解执行难,持续保持法院执行工作高水平运行,有效维护了人民群众合法权益。学习鲍卫忠同志,就要像他一样充分发挥主观能动性,做深做实"公正与效率"工作主题,立足本职岗位积极践行以"抓前端、治未病"、双赢多赢共赢、案结事了政通人和等为主要内容的新时代能动司法理念，通过能动司法破解法院工作高质量发展中的难题新题，更好服务保障厚植党长期执政的政治根基、服务保障经济社会高质量发展、服务保障人民群众根本利益。

向鲍卫忠同志学习，就是要学习他克己奉公、廉洁自律的道德操守，把建设过硬法院队伍落到实处。鲍卫忠同志始终严守纪法规矩，时刻自重自省，严于律己、清正廉洁，清清白白做人，干干净净做事。他坚持秉公办案，自觉抵制人情干扰，从不利用职务之便谋取私利，所办案件无一起人情案、关系案、金钱案。他重视家风建设，身体力行做好表率，带领家人一起学习关于防止干预司法"三个规定"。面对说情打招呼的请托，他刚正不阿、严辞拒绝，面对当事人的"答谢"，他坚持原则、婉言谢绝，以优良司法作风，诠释着一名人民法官的职业本色，赢得了人民群众信任和尊重。他办公室里悬挂的"公正执法、清正廉洁"锦旗，就是他公正廉洁司法的最好印证。学习鲍卫忠同志，就要像他一样始终继承和发扬共产党人的政治本色，始终保持蓬勃朝气、昂扬锐气、浩然正气，严格落实全面从严管党治院政治责任，把讲政治顾大局、促公正提效率、重自律强队伍落到实处，一体融合推进政治素质、业务素质、职业道德素质建设，持续用力抓好防止干预司法"三个规定"落实，推动法院系统党风廉政建设和反腐败斗争向纵深发展，锻造忠诚干净担当的法院铁军。

伟大时代呼唤伟大精神，崇高事业需要榜样引领。新时代新发展阶段，面对党的二十大部署的各项战略任务，面对全面依法治国这场国家治理的深刻革命，面对新发展阶段人民群众对民主、法治、公平、正义、安全、环境等方面提出的更丰富内涵、更高水平的需求，需要一大批像鲍卫忠同志这样的好党员、好干部、好法官。各级人民法院要准确把握鲍卫忠同志"矢志推进民族团结进步的人民好法官"的典型定位，把开展向鲍卫忠同志学习活动作为一项重要任务，与深入学习贯彻习近平新时代中国特色社会主义思想结合起来，与全面贯彻落实党的二十大精神结合起来，精心组织，周密部署，积极丰富创新载体，迅速掀起学习宣传"时代楷模"鲍卫忠同志的热潮，在全国法院形成见贤思齐、崇尚英雄、争做先锋的良好氛围，不断激发推进人民法院工作高质量发展的强大力量。广大法院干警要深入学习鲍卫忠同志的先进事迹和工作方法，大力弘扬社会主义法治精神，立足岗位、真抓实干，坚持严格公正司法，以为大局服务、为人民司法的实际行动，助推以审判工作现代化服务保障中国式现代化，努力为推进强国建设、民族复兴作出新的更大贡献。

2023 年 12 月 18 日

中央政法委员会

关于学习宣传鲍卫忠同志先进事迹的通知

中政委〔2023〕41 号

各省、自治区、直辖市党委政法委,新疆生产建设兵团党委政法委,最高人民法院、最高人民检察院、公安部、国家安全部、司法部党组(党委),中国法学会党组:

鲍卫忠,男,佤族,云南沧源人,1976 年 6 月出生,2006 年 7 月加入中国共产党,1997 年 10 月参加法院工作,生前任云南省沧源佤族自治县人民法院党组成员、执行局局长。2021 年 10 月 21 日在工作岗位上突发疾病,经抢救无效于 10 月 23 日不幸去世,年仅 45 岁。

鲍卫忠同志 24 年如一日坚守在边境民族地区司法一线,他对党忠诚,爱岗敬业,始终奋斗在执法办案、服务群众最前沿,用满腔赤诚奉献党的边疆建设,把青春生命献给人民司法事业,是全国政法系统学习贯彻习近平新时代中国特色社会主义思想和习近平法治思想的优秀代表,是新时代政法干警中忠诚敬业、倾心为民、廉洁奉公的先进典型,彰显了政法队伍的时代精神、时代正气、时代风采。鲍卫忠同志去世后,人力资源社会保障部、最高人民法院追授鲍卫忠同志"全国模范法官"称号,云南省委追授鲍卫忠同志"云南省优秀共产党员"称号。中央政法委号召,全国政法机关和全体政法干警要结合深入开展学习贯彻习近平新时代中国特色社会主义思想主题教育，认真学习鲍卫忠同志的先进事迹和崇高精神，不忘初心、牢记使命，担当作为、团结奋进，全面推进新时代新征程政法工作高质量发展。

一、学习鲍卫忠同志对党忠诚、信念坚定的政治品格，始终保持初心本色。鲍卫忠同志时刻不忘习近平总书记给沧源县边境村老支书们回信时提出的"建设好美丽家园，维护好民族团结，守护好神圣国土"的殷殷嘱托，以对党的无限忠诚，服务边疆民族地区稳定发展大局。在脱贫攻坚期间，他充分发挥党员先锋模范作用，主动报名驻村，带领村民种植杉木、澳洲坚果等经济作物，引导群众"不等不靠、自力更生"，激发群众内生动力。在疫情防控期间，为守住"零输入、零确诊、零感染"底线，他不惧寒暑，带头组织干警在边境一线开展守边巡边、防疫知识宣传、疫苗接种排查等工作，为身后国家和人民的安全筑起铜墙铁壁。正如他所说，"我出身于边疆少数民族家庭，是党和人民将我这个佤族孩子培养成才，让我安身立命，这个恩情，我将用一生干好本职工作来报答，始终做到无愧于党，无愧于人民。"鲍卫忠同志用实际行动践行了阿佤人民心向党、心向国家的光荣传统，诠释了一名共产党员的忠诚担当。全体政法干警要学习鲍卫忠同志，坚持以习近平新时代中国特色社会主义思想武装头脑、指导实践、推动工作，全面贯彻落实习近平法治思想，始终在思想上政治上行动上同以习近平同志为核心的党中央保持高度一致，不折不扣把党和国家决策部署落到实处，在全面建设社会主义现代化国家新征程上披荆斩棘、奋力前行。

二、学习鲍卫忠同志践行宗旨、一心为民的无私情怀，始终做到根植人民。鲍卫忠同志始终把群众呼声作为第一信号，把屁股端端地坐在老百姓这一面，努力让人民群众在每一个案件中感受到司法温度。他充分发挥精通佤族语言、了解佤族文化风俗等优势，在老百姓家的火塘边、山地里，用少数民族群众看得见、听得懂的方式释法明理。他从不以标的大小衡量执行力度,一个标的5000元的案件,他先后6次、累计行程400多公里,促进案结事了人和。他体恤群众疾苦,对生活陷入困境的申请执行人争取和办理司法救助,为61位特困申请人解决了燃眉之急,甚至发病当天,他仍不忘叮嘱执行干警核实司法救助申请情况。他把老百姓的事当成自己的事,为无力还款的被执行人垫付了8840元执行款,帮助看病急需用钱的申请人暂渡难关。全体政法干警要学习鲍卫忠同志,始终坚持以人民为中心的发展思想,在任何时候都把群众利益放在第一位,保持同人民群众的血肉联系,始终与人民同呼吸、共命运、心连心,着力解决群众"急难愁盼"问题,不断增强人民群众获得感、幸福感、安全感。

三、学习鲍卫忠同志能动履职、实干担当的奋斗精神,始终坚守法治信仰。鲍卫忠同志始终牢记法治初心,将捍卫公平正义作为职业追求,兢兢业业,苦干实干,以能动履职服务政法工作高质量发展。在"基本解决执行难"攻坚战中,他始终保持全力奋战的精神状态和奋斗姿态,既当指挥员又当战斗员,带领执行干警踏遍了佤山的村村寨寨,办案里程达上万公里,化解了650件"钉子案""骨头案"。面对经营困难、无法履行还款义务的被执行人,他把自己的微信朋友圈变为"农产品带货圈",帮助被执行人走出困境还清欠款。在推进执行工作信息化、规范化建设中,他精研实干、善作善成,推动建成综合治理执行难工作格局,完善失信被执行人联合惩戒体系,司法网拍率实现100%,财产查控变现效率明显提高,有力增强了司法公信力和司法权威。全体政法干警要学习鲍卫忠同志,胸怀"国之大者",以"时时放心不下"的责任感、积极担当作为的精气神和求极致、止于至善的高标准为党和人民履好职、尽好责,让人民群众在每一个司法案件中感受到公平正义。

四、学习鲍卫忠同志严于律己、清正廉洁的高尚情操,始终绷紧纪律之弦。鲍卫忠同志始终以更高标准、更严纪律要求自己,从不利用职务之便谋取私利,他负责承办的802件执行案件,无一起关系案、人情案、金钱案。他和家人一起学习防止干预司法"三个规定",以身作则践行司法为民、公正司法。面对说情、打招呼和打探案情的请托,他刚正不阿、严辞拒绝;面对当事人"答谢",他谦逊有礼、婉言回绝;面对当事人的曲解抱怨,他以法为据、以理服人、以情感人,真正做到既解决案件"法结"、又解开群众"心结"。鲍卫忠同志以优良的司法作风和善意文明的执行方式,诠释着一名人民法官的职业本色,赢得了人民群众的信任和尊重,他办公室里悬挂的"公正执法、清正廉洁"锦旗,是他公正廉洁司法的最好印证。全体政法干警要学习鲍卫忠同志,用党在百年奋斗中形成的伟大精神滋养自己、激励自己,继承和发扬共产党人大公无私、忘我奉献的光荣传统,自觉培养高尚道德情操,永葆清正廉洁的政治本色,清清白白做人、干干净净做事,推动党和人民事业不断从胜利走向新的胜利。

全国各级政法机关要坚持以习近平新时代中国特色社会主义思想为指导,深入贯彻落实习近平法治思想、总体国家安全观和习近平总书记关于政法工作的重要论述,把学习宣传鲍卫忠同志先进事迹与深入开展学习贯彻习近平新时代中国特色社会主义思想主题教育结合起来,加强组织领导,精心安排部署,鼓舞和激励广大政法干警以鲍卫忠同志为榜样,更加深刻领悟"两个确立"的决定性意义,增强"四个意识"、坚定"四个自信"、做到"两个维护",全力推动党的二十大部署的各项战略任务落地生根,以政法工作现代化服务保障中国式现代化,为推进强国建设、民族复兴贡献智慧和力量。

2023 年 6 月 30 日

人力资源社会保障部　最高人民法院

关于追授鲍卫忠同志"全国模范法官"称号的决定

人社部发〔2022〕60号

各省、自治区、直辖市及新疆生产建设兵团人力资源社会保障厅（局），各省、自治区、直辖市高级人民法院，解放军军事法院，新疆维吾尔自治区高级人民法院生产建设兵团分院：

近年来，在以习近平同志为核心的党中央坚强领导下，全国各级人民法院坚持以习近平新时代中国特色社会主义思想为指导，深入贯彻习近平法治思想，全面贯彻党的十九大和十九届历次全会精神，紧紧围绕"努力让人民群众在每一个司法案件中感受到公平正义"目标，忠实履行宪法法律赋予的职责，恪尽职守、勤奋工作，砥砺奋进、攻坚克难，为维护国家政治安全、确保社会大局稳定、促进社会公平正义、保障人民安居乐业作出突出贡献，涌现出一大批品格高尚、实绩突出的先进典型，鲍卫忠同志就是其中的优秀代表。

鲍卫忠同志是中国共产党党员，生前任云南省沧源佤族自治县人民法院党组成员、执行局局长。在工作岗位突发疾病，经抢救无效，于2021年10月23日因公殉职，年仅45岁。作为一名佤族基层法官，他坚定不移听党话、跟党走，24年如一日扎根基层执法办案，深入乡村开展帮扶，主动请战巡线护边，以实际行动保障祖国边疆和谐稳定。他珍视民族团结，积极践行司法为民宗旨，热心帮助贫困被执行人推销农产品回笼资金，主动垫付钱款为当事人看病就医，依法保障少数民族群众合法权益。他勤勉履职、担当作为，以身作则带领干警开展执行攻坚，构建联合惩戒体系，推动建成执行难综合治理工作格局。他克己奉公、廉洁自律，珍惜法官名节，涵养家庭美德，从不利用职务之便谋取私利，生动体现了一名党员法官应有的道德风范。鲍卫忠同志是深入学习贯彻习近平新时代中国特色社会主义思想、践行习近平法治思想的优秀党员，是贯彻习近平总书记给沧源佤族自治县边境村老支书回信精神的忠实践行者，是忠诚敬业、一心为民、公正司法、清正廉洁的好法官。为表彰先进、激励队伍，人力资源社会保障部、最高人民法院决定，追授鲍卫忠同志"全国模范法官"称号。

新时代是奋斗者的时代，为人民幸福而奋斗是最大幸福，严格公正司法是人民法官的神圣责任。当前，我国踏上了全面建设社会主义现代化国家、向第二个百年奋斗目标进军的新征程，改革发展稳定任务更加繁重，实现中华民族伟大复兴正处于关键时期，人民法院工作责任重大、使命光荣。面对新时代新征程，全国各级人民法院和广大干警要更加紧密地团结在以习近平同志为核心的党中央周围，深刻领悟"两个确立"的决定性意义，增强"四个意识"、坚定"四个自信"、做到"两个维护"，大力学习弘扬鲍卫忠同志的先进事迹和崇高精神，见贤思齐、争当先锋，扎实工作、勇毅前行，奋力推进新时代人民法院工作高质量发展，为全面建成社会主义现代化强国、实现中华民族伟大复兴的中国梦而努力奋斗，以实际行动迎接党的二十大胜利召开。

2022 年 9 月 16 日

最高人民法院
关于学习宣传鲍卫忠同志先进事迹的通知

法〔2023〕118 号

全国地方各级人民法院,各级军事法院,新疆生产建设兵团各级法院:

近年来,在以习近平同志为核心的党中央坚强领导下,各级人民法院坚持以习近平新时代中国特色社会主义思想为指导,深入学习贯彻习近平法治思想,全面贯彻落实党的二十大精神,聚焦"公正与效率"主题,坚持为大局服务、为人民司法,做深做实新时代能动司法,一体推进法院政治建设、业务建设、职业道德建设,充分发挥审判职能作用,为维护国家政治安全、确保社会大局稳定、促进社会公平正义、保障人民安居乐业作出突出贡献,涌现出一大批政治过硬、实绩突出的先进典型,鲍卫忠同志就是其中的杰出代表。

鲍卫忠,男,佤族,云南沧源人,1976 年 6 月出生,中共党员,1997 年 10 月参加法院工作,生前任云南省沧源佤族自治县人民法院党组成员、执行局局长。他对党忠诚、一心为民,扎根边疆基层法院工作 24 年,始终奋斗在执法办案、服务群众最前沿,在维护边疆民族团结进步中传递司法温暖。

鲍卫忠同志去世后,最高人民法院党组高度重视,要求在全社会广泛宣传鲍卫忠同志的先进事迹。云南省委追授鲍卫忠同志"云南省优秀共产党员"称号。人力资源社会保障部、最高人民法院追授鲍卫忠同志"全国模范法官"称号。近日，中央政法委印发通知，号召全国政法机关和政法干警认真学习宣传鲍卫忠同志的先进事迹和崇高精神，不忘初心、牢记使命，担当作为、团结奋进，全面推进新时代新征程政法工作高质量发展。人民日报、新华社、中央广播电视总台、中国日报、法治日报、云南日报等各级主流媒体对鲍卫忠同志先进事迹予以宣传报道，产生积极广泛的社会影响。

当前，全党正在深入开展学习贯彻习近平新时代中国特色社会主义思想主题教育。鲍卫忠同志是深入学习贯彻习近平新时代中国特色社会主义思想、践行习近平法治思想的好干部，是认真学习贯彻习近平总书记给沧源县边境村老支书们回信精神、永远听党话跟党走的好党员，是对党忠诚、一心为民、实干担当、清正廉洁的好法官，他的先进事迹是法院系统深入开展主题教育的感人教材。为大力宣传弘扬英模精神，在主题教育中淬炼新时代法院铁军，最高人民法院决定，在全国法院系统广泛开展向鲍卫忠同志学习活动。

一、学习鲍卫忠同志对党忠诚、信念坚定的政治品格。鲍卫忠同志曾深情地说，"是党和人民将我这个佤族孩子培养成才，我将用一生干好本职工作来报答党的恩情，始终做到无愧于党，无愧于人民"，字里行间饱含着对党的无限赤诚和深厚感情，饱含着对"两个确立"高度的政治认同、理性认同和情感认同。鲍卫忠同志是这么想的、这么说的，更是这么做的。他24年如一日扎根边疆基层法院执法办案、守疆护边，用青春和生命书写了践行"两个维护"的优秀答卷。全体法院干警要以鲍卫忠同志为榜样，坚持以习近平新时代中国特色社会主义思想武装头脑、指导实践、推动工作，全面贯彻落实习近平法治思想，更加深刻领悟"两个确立"的决定性意义，坚决做到"两个维护"，始终在思想上政治上行动上同以习近平同志为核心的党中央保持高度一致。要认真落实主题教育

"学思想、强党性、重实践、建新功"的总要求，在以学铸魂、以学增智、以学正风、以学促干上下功夫、见实效，把对党忠诚落实到具体岗位、具体职责、具体工作中，做深做实能动司法，促进实现"抓前端、治未病"，以为大局服务、为人民司法的实际行动，不断厚植党执政的政治根基。

二、学习鲍卫忠同志践行宗旨、一心为民的高尚情怀。鲍卫忠同志牢记初心使命、践行司法为民，始终坚持以人民为中心，铭记民生无小事、枝叶总关情，总是设身处地为群众排忧解难。他积极帮助被执行人为产品找销路、为经营解难题，主动垫付钱款让当事人看病就医，依法保障少数民族群众合法权益，在生命的最后一刻还惦记着为当事人申请司法救助，以实际行动践行了人民法官为人民的赤子情怀。全体法院干警要以鲍卫忠同志为榜样，俯下身子办案，掏心窝子干事，始终把实现好、维护好、发展好最广大人民根本利益作为一切工作的出发点和落脚点，始终以群众满意不满意作为根本评判标准，紧盯人民群众在打官司过程中的急难愁盼问题，以"就是头拱地也要把人民的事办好"的精神，持续用力办好群众来信"件件有回复"、诉源治理等"民心工程"，用心用情办好群众身边每一个"小案"，让人民群众切实感受到公平正义就在身边。

三、学习鲍卫忠同志能动履职、实干担当的奋斗精神。鲍卫忠同志是想担当、能担当、善担当的典范，在脱贫攻坚战中，他主动报名驻村，带领群众发展生产，修订村规民约，改善基础设施，建设美丽乡村；在"基本解决执行难"攻坚战中，他敢于动真碰硬、攻坚克难，带头化解"钉子案""骨头案"，努力做到"办理一案、治理一片"，充分展现了共产党员奔着问题去、迎着困难上的斗争精神和担当作为。全体法院干警要以鲍卫忠同志为榜样，牢记"国之大者"，强化担当作为，完整、准确、全面贯彻新发展理念，准确把握新发展格局、高质量发展对司法审判工作提出的新的更高要求，找准落实党中央重大决策部署、服务国家重大战略实施的切入点、结合点，从"要我做"转变到"我要做""做得更好"，以"时时放心不下"的责任感、积极担当作为的精气神和求极致、止于至善的高标准，抓实抓好公正与效率，加快推进审判工作现代化，以依法能动履职推进人民法院工作高质量发展。

四、学习鲍卫忠同志公正廉洁、严于律己的浩然正气。鲍卫忠同志长期扎根基层一线办案，始终坚持原则、严格自律，奉公执法、刚正不阿，从不计较个人得失，从不利用职务之便谋取私利，所办案件没有一起人情案、关系案、金钱案，生动展现了一名优秀党员、一名模范法官的党性修养。全体法院干警要以鲍卫忠同志为榜样，始终牢记全面从严治党永远在路上，党的自我革命永远在路上，坚持以党性立身做事，不断增强纪律意识、规矩意识，践行"三严三实"，严格落实中央八项规定及其实施细则精神，严格执行防止干预司法"三个规定"和新时代政法干警"十个严禁"等铁规禁令，切实做到公正用权、依法用权、为民用权、廉洁用权，永葆清正廉洁的政治本色。

各级人民法院要结合学习贯彻中央政法委《关于学习宣传鲍卫忠同志先进事迹的通知》精神，紧贴本地区本单位实际，将鲍卫忠同志先进事迹作为主题教育的重要内容，持续掀起学习宣传鲍卫忠同志先进事迹热潮，鼓舞和激励广大法院干警以鲍卫忠同志为榜样，始终坚持以习近平新时代中国特色社会主义思想为指导，全面贯彻落实党的二十大精神，深入学习贯彻习近平法治思想，更加深刻领悟"两个确立"的决定性意义，增强"四个意识"、坚定"四个自信"、做到"两个维护"，一体推动政治建设、业务建设、职业道德建设持续走深做实，以司法审判现代化服务保障中国式现代化，为全面建设社会主义现代化国家、全面推进中华民族伟大复兴作出新的更大贡献！

2023 年 7 月 17 日

先 进 事 迹

用生命坚守初心的边疆好法官

沧源地处祖国西南边陲，与缅甸接壤，是全国最大的佤族聚居县，也是一个从原始社会一步跨越到社会主义社会的一跃千年的"民族直过区"。这里有一首《阿佤人民唱新歌》传唱大江南北；这里有一封习近平总书记给边境村老支书们的亲切回信；这里流淌着感党恩、听党话、跟党走的红色血脉，各族群众与党同心同向。鲍卫忠就是在这片热土上成长起来的好法官、好干部。

鲍卫忠是一位有着15年党龄的佤族共产党员，他从法院最基础的岗位开始干起，这一干就是24年。"还记得我刚到云南省沧源佤族自治县人民法院任职，党组决定由我分管执行。"和鲍卫忠初次见面，他的工作汇报数据翔实、条理清晰，执行指标了如指掌，案件进展、民俗风情说得明明白白，一种踏实而又令人信任的感觉油然而生。

沧源县面积不大，但99%以上都是山区；人口不多，却有佤族、傣族、彝族等20多个少数民族世世代代生活在这里。我们这里的执行案款数额一般都不大，但就是这几百元、几千元，却直接关系民族群众的个人和家庭利益，所以不能有半点马虎和懈怠。

鲍卫忠常说："我们办理的不仅是案件，更是边疆的稳定、民族的团结。"在他看来，法院执行不是审判之后的照方抓药，而是对纠纷案件的终极处理，是对社会矛盾的最深层治理。他把村村寨寨里一次次的执行，

鲍卫忠下乡参与法治宣传

生动打造成一堂堂的法治课。植根在各族群众心田的是"尊法、学法、守法、用法"的理念。这种理念,更是一种信念,一种"用生命坚守初心"的信念!

2016年3月,为期3年的"基本解决执行难"攻坚战全面打响。作为执行局的带头人,鲍卫忠变得更忙了。白天时间不够,晚上通宵加班。他牵头全面梳理了历年来的历史存案,逐一研究破解,仅仅3个月,300多万元案款全部执行到位,化解了650件"钉子案""骨头案",他说:"我们迈出去的是脚步,带回来的是民心。虽然辛苦,但却值得!"

领导和同事对他有一句一致的评价:"从没听他喊过苦、叫过累。"只要当事人有需要,休息日、节假日都是他的工作日,田间地头、大街小巷都是他的办公室。2021年8月,一个消失已久的被执行人突然间就有了消息,鲍卫忠立即带队驱车前往。那一天,下着瓢泼大雨,山路泥泞难行，小黑江水汹涌翻腾，经过五个小时跋涉，才终于找到被执行人藏匿的简易房。看到执行干警，被执行人从最初的躲闪转为强硬，气氛一时剑拔弩张。原以为鲍卫忠会直接采取强制措施，没曾想他却再次对被执行人做起了思想工作，说："咱们啊都是佤族兄弟，你有什么困难和我说说。法律一定要遵守，但办法我们可以一起想！"渐渐地，现场气氛缓和了下来，被执行人也主动说起了家里的难处，诚恳地表示会尽快想办法把钱还上，简易房里传出了欢快的笑声。那时候我才真正明白，为什么总有人说鲍卫忠"每办一个案件，都会多一个兄弟和朋友"，那是因为他把群众的事当成自己的事来办，一门心思地为老百姓着想，用"人心换人心"的方法，磨掉了一件件"钉子案""骨头案"，让大家感受到，执行工作既要攻坚克难、维护法律尊严、亮出法律的利剑，更要走进一线、维护群众利益，彰显法治的温度！

　　法治兴、边疆稳。为大局服务、为人民司法，厚植党长期执政的根基，是人民法官神圣的职责和使命。我们要以鲍卫忠同志为榜样，坚持以习近平新时代中国特色社会主义思想为指导，自觉践行习近平法治思想，专心致志学思想，扎扎实实建新功，推动党的二十大部署的重大战略任务在人民法院落地生根，切实把主题教育成果转化成为大局服务、为人民司法的生动实践，让党和人民放心！

（吕丹）

一生的骄傲

所有的美好幸福都定格在了那天下午。当时,我正在学校上课,突然接到他同事的电话,焦急地说:"尼茸(鲍卫忠佤名)在办公室昏迷了!"一种不祥的预感瞬间笼罩着我。在医院,我眼睁睁地看着尼茸被推进病房抢救,恐惧和无助让我无法呼吸。这个时候,尼茸像个孩子,孤独地躺在病床上,身上插满了管子,仪器发出的声音冰冷、刺耳,而我只能隔着小小的玻璃窗望着他,心里一遍又一遍地呼喊:"尼茸,你一定要醒过来,不要丢下我,不要丢下我们,我和孩子不能没有你啊!"然而,最终没有等来奇迹,尼茸还是永远离开了,一句话都没有留下。

我和尼茸相识于 1996 年。那一年,我 18 岁,他 19 岁。在一次农民运动会的文艺表演中,看到他跳错舞蹈动作的滑稽样子,我忍不住笑出了声,他一边跳舞,一边朝我瞪眼睛。就这样,我俩从此结下了不解之缘。尼茸阳光帅气、乐观开朗,他走村串寨,做农经数据统计,手把手教村民科学种田。他有时会从田里给我采回一束野花,会弹着吉他给我唱《特别的爱给特别的你》。2000 年,我们结婚了,天真烂漫的年华里,尼茸给我留下了一生中最甜蜜幸福的时光。

2012 年 9 月,我们的双胞胎儿子出生了。这时,尼茸已经到法院执行局工作,他变得更忙了,经常加班到凌晨,下乡总是半夜才回来,经常一出差就是一个星期。为了不让家里的事拖累他的工作,我主动承担了所有家务。2016 年,刚满 4 岁的小儿子反复发烧,病因不明。送儿子去住院那天,尼茸又出差去了,我的心里空落落的。由于儿子病情复杂,此后一年的时间里,我独自带着儿子在沧源县、临沧市,再到省城昆明的各大医院间奔波,做各种检查和治疗。2017 年,儿子到昆明做手术,直到手术前一晚,尼茸才匆匆赶到医院,他笑着出现在病房里,看到他的一瞬间，我实在撑不住了，眼泪止不住地往外流。为了减轻孩子手术前的紧张感，尼茸趴在儿子的床边给他讲故事，儿子终于安心睡去，尼茸的呼噜声也响了起来。看着他疲惫的样子，我把所有的抱怨都咽了回去。那一刻，我的心是痛的，尼茸也是需要被守护的人啊！

  这些年，尼茸工作非常忙，但他是孝顺的儿子、尽职的父亲和担当的丈夫。公公瘫痪在床的10年里，只要有空，尼茸就会细心地给公公擦身体、洗脚、按摩，推公公出去晒太阳；在家时会帮我煮饭做菜，拖地洗衣，接送孩子上下学；出差时会给孩子买喜欢的玩具，下班后陪孩子玩耍打闹。每逢节假日，他还会把家在外地的同事接到家里，给他们做最拿手的饭菜，一起喝茶、聊天、弹吉他唱歌，让年轻人感受到家的温暖和关爱。

  在家里，尼茸的手机总是响个不停，电话一个接着一个。面对当事人的询问，他总是不厌其烦地解释、劝说，从没见他发过火或者说过重话。他就是这样，来了电话一定接、看到信息一定回，当事人随时都可以找到他。

  尼茸的大哥早逝，年幼的侄儿一直由我们抚养照顾，小儿子生病手术后，需要长期复查治疗，家里经济一直很紧张，但他不会利用手中的权力动歪脑筋，总是乐呵呵地给我打气，说："一切都会好起来！"2018年老房子拆迁，我和尼茸买了新房，还向银行贷了款，家里经济更是雪上加霜。装修房子时，我发现家里的钱少了1万多元，这时尼茸才说，因为被执行人确实有困难，申请人又急着用钱看病，他就自己掏钱先垫上。我没有再多问，因为我知道他就是这样的人，总是把别人的困难摆在前面，哪怕对方素不相识。在他心里，不管是哪一方的当事人，都看作亲人来对待、当作家人来帮助。

  几年来，尼茸常年起早贪黑地加班工作、长年累月地下乡、出差，高血压越来越严重，因为缺钾总感到身体无力，医生建议他住院治疗，我也好几次劝他去医院看看，他都说："工作忙走不开，过段时间再说吧！"2021年国庆节，我原本打算和他一起带着儿子去昆明复查，也想让他去好好检查一下身体。但他整个假期连续7天都在加班，这个机会也错失了。现在想来，我真的好后悔，那时候怎么不拉他去医院，好好做个检查呢！

尼茸走了，家空了，我的心也空了。他就是我的靠山，他不在了，我的大山就倒了。我多么希望这只是一个噩梦，一觉醒来尼茸依然还在，哪怕他经常加班、出差，只要活着就好。真想再看到下班后，他推门进家，带着憨厚温暖的笑容，孩子们欢快地喊着"爸爸"，然后扑到他的怀里，我们的家还是一样的完整、幸福。有时候我很恍惚，总感觉他的身影无处不在，他的音容笑貌总是浮现在我的脑海。我们曾无数次幻想着未来的生活，一起送孩子去上大学，存钱一起去旅游，退休后一起到山里养鸡，老了一起跳广场舞……现在，这些简简单单的愿望永远都无法实现了。

尼茸走时，婆婆已经70岁了，双胞胎儿子才9岁。为了不让老人和孩子伤心，我把悲伤藏在心里，不想让他们面对流眼泪的我。2022年8月，因小儿子肝损伤严重，我带着孩子去昆明复查，却怎么都诊断不出病因，医生建议做一次基因检查。无助的我瞬间燃起了希望，但医生却告诉我，基因检测需要父母双方抽血化验。"孩子的爸爸来了吗？"这句话如同一盆冰冷彻骨的水浇向了我。孩子的爸爸再也来不了了……

尼茸走后，一天晚上，我和婆婆、儿子围坐在桌前吃晚饭，我习惯性地多盛了一碗，手递出去的时候，才忽然意识到尼茸已经不在了，我的眼泪哗地就流下来，儿子用小手轻轻拍着我的后背安慰我：妈妈，你要坚强，爸爸不在了，我们要更勇敢。他们只是9岁的孩子啊，却懂事得让人心疼，看着儿子稚嫩的小脸，我知道我必须扛起这副重担！

尼茸走后，组织和社会各界给了我们一家无尽的关怀和温暖，也给了我继续活下去的勇气和力量。尼茸在医院抢救和他去世后的一段时间，他的手机不时响起，我每天都会接到当事人问候的电话，表达着对尼茸的敬意、感激和怀念，我更加理解了尼茸工作的意义，他每办结一个案子，社会就多一份稳定，生活就添一份祥和！

我把关于尼茸的报道和照片收集成册，想把这些留给孩子们，让他们记住，爸爸是一个什么样的人，让他们以爸爸为榜样，永远赤诚勇敢、执着坚毅、正直善良。

尼茸，我们以你为荣，你是我和孩子们一生的骄傲！永远的骄傲！

（鲍卫忠同志妻子　周红）

局长的办案"密码"

在我们法院里,执行法官绝对是很特别的一群人:他们没有法庭里的正襟危坐,常常跋山涉水、奔波在外,乡村山寨、田间地头、房前屋后都是办案的现场;他们没有办公室的静候来访,常常蹲点守门、主动出击,四处查找当事人和财产线索;他们没有安静肃穆的办公环境,常常要面对的是双方的唇枪舌剑、你争我吵。不知有多少次,我们这些年轻干警信心百倍地出发,忙了一天却空手而归,不禁感叹,执行局的工作是真不好干啊!

但我们鲍局长却一干就是9年,被群众称为"佤山百姓的贴心人、心连心的好兄弟"。这是怎么做到的啊?我曾经向局长请教,他笑着给我说了8个字:"走着、听着、看着、写着。"这算什么诀窍啊?我不甘心,平常也留心了起来,努力寻找着这个边疆"老执行"的办案"密码"。

局长的第一个办案"密码"并不难找,甚至还很显眼,那就是他办公室文件柜上密密麻麻的便利贴。有的写着案件当事人的电话号码,有的记着案款金额,还有一些是我们怎么都看不懂的符号标记。熟悉的画面再次浮现在我的眼前:一个满头大汗、皮肤黝黑、脚上还沾着泥巴的佤族汉子,埋头在堆满卷宗的桌子上记录着。这是鲍局长每次下乡办案回来的固定动作,不管有多晚、有多累,也要把这事先做完、把该打的电话打完,有诉即接、有信必复,让当事人第一时间知道案件进展和执行情况。

我恍然大悟,难怪局长办案这么有底气,原来佤山的村村寨寨、山山水水都在这里啊!这些都是靠他一步一步走来的、一字一句听来的、一点一滴积累的,走来的是脚步,听来的是真情,积累的是小小便利贴里的大天地!

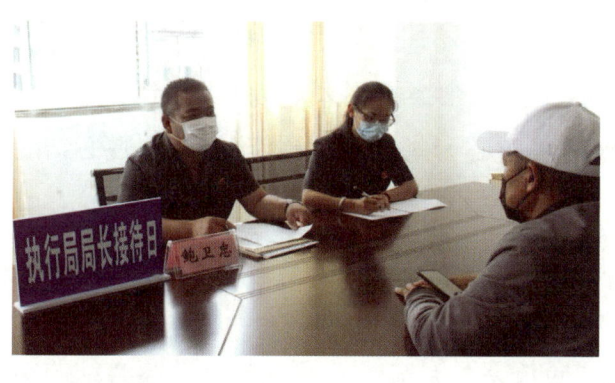

鲍卫忠在接待当事人

局长的第二个办案"密码"藏在他的微信"朋友圈"里。最早，局长秀"朋友圈"源于一个标的10万元的案子。被执行人家里没有财产可供执行，于是搞起了土鸡养殖，但由于找不到销路，一筹莫展。了解情况后，局长灵机一动，带着我们当起了推销员，养鸡场、活鸡、鸡蛋，几乎每天都会在他的朋友圈"刷屏"。慢慢地销路逐渐打开了，被执行人打电话来说，已经有人来跟他问价格了。再接着，回头客越来越多，最多的一天竟然卖出了50只！过后的每个月，被执行人都按时送来了执行款。记得最后交清的时候，他握住局长的手激动地说："真的太感谢您了！如果没有您，别说还钱，我养鸡的钱都要亏了！"

局长的第三个办案"密码"是"人心换人心"。有一起发生在傣族村民小组和佤族村民艾嘎之间长达8年的土地纠纷，因艾嘎一时想不通，态度很强硬，拒不履行法院的判决，案件成了我们法院的"钉子案""骨头案"。大家都清楚，这个案子不好办，局长便主动承办了这个案件。

艾嘎脾气火爆，我们刚去了解情况，他就愤愤地说："你们来干什么！我不欢迎你们！"说完就把大门一摔，还反锁了起来。第一次去，我们就吃了个闭门羹。

第二次去，情况更危险。艾嘎喊来了10多个亲朋好友把我们团团围住。一向温和的局长毫不畏惧地冲到艾嘎面前，用佤语怒吼道："难道你忘了我们佤族世代相传的族训吗？各族人民一家亲，九老九代不丢伴！请大家相信法院，这个案子我们一定会公平公正地处理！"人群渐渐散去，可这次，我们还是连艾嘎家门都没能进。

回城的路上，我有些气恼，想着何不用强制手段嘛！局长给我打气，说："执行难，难在打开人的心结。这个案子不大，但处理不当，会影响到民族团结，我们再用心一点，再耐心一些，一定能找到打开艾嘎心结的办法！"

过了几天，佤族新年"新米节"到了。我早早就接到鲍局长的电话："小李，走，带你过年去！"出发的时候，我看见局长带着自酿水酒、一袋新米和一束稻穗。我很好奇，局长笑了笑说："这可是打开艾嘎心结的钥匙啊！"

艾嘎一开门，局长说："我们来跟你过年了！"看到我们，艾嘎愣在原地不知所措。局长拍了拍他的肩膀说道："兄弟，祝你年年大丰收！"说着按照佤族的过年风俗把金黄的稻穗挂到了门上，把新米拿到了厨房，接着和艾嘎拉起了家常。看到鲍局长的真心实意，艾嘎紧锁的眉头渐渐松开，局长趁热打铁组织双方现场调解。经过反复耐心的沟通，我们看到，傣族村民们和佤族艾嘎之间话匣子打开了、心结解开了，两族兄弟重归于好了，这起长达8年的纠纷圆满化解了！

人心就像一杆秤，你若真心为群众，老百姓都会看在眼里、记在心上。在鲍局长追悼会那天，我在人群中碰到了艾嘎。他抹着眼泪哽咽着说："听到鲍法官不在了，我连夜从家中赶来，只想送这位好法官、好兄弟最后一程……"

斯人已逝，精神长存。

如今，我们依然每天奔波在下乡办案的路上。天空时雨时风，道路泥泞曲折，蜿蜒着通向佤山深处。其实，这也是一条执行之路，前方固然有阻碍，也会经历风雨，但只要像鲍局长那样在习近平法治思想的指引下坚定地走下去，一定会走进人民群众的心里，一定会迈进实现公平正义的坦途！

（李昱）

筑梦边疆的忠诚卫士

鲍卫忠因公牺牲后,我第一时间加入了采访报道工作。他是什么样的人?做了哪些事?为什么每次提起他,大家依然饱含深情、泪湿双眼?

通过一次次走进他的亲人、同事和当地群众,我看到了他作为一名共产党员始终永葆忠诚本色,看到了他作为一名人民法官始终坚守法治信仰,也看到了他作为一名土生土长的佤山干部常怀的一颗赤子之心。一个新时代边疆法官的形象,在我心中逐渐清晰了起来。

翻开鲍卫忠的笔记,第一页写着"人民对美好生活的向往,就是我们的奋斗目标",这是习近平总书记的"金句",也是鲍卫忠的初心和使命。

2003年,鲍卫忠被派到坝尾村开展"三村"建设①工作。当时与鲍卫忠一起工作的村干部回忆道:"那是一个朴素、精神的佤族小伙,总是穿着一身迷彩服、脚踩一双解放鞋,那笑眯眯的样子,让我们这些老乡们倍感亲切啊!"遇到老百姓不理解、有情绪的情况,鲍卫忠从不急躁、从不放弃,一次不行就去两次,两次不行就去三次!在阿佤山的村村寨寨,在老百姓家的火塘边、田地里都留下了他不知疲倦的身影。看着村里越来越宽的道路、越变越好的生活,我知道,那个时候的鲍卫忠已经用他的行动和真诚走进了老百姓的心里。

2005年4月,鲍卫忠在入党申请书里工整地写下"要成为一个有高尚品德和崇高理想的人,一个对人民有利的人,像雷锋、焦裕禄、孔繁森等先进人物一样,为党和人民的事业鞠躬尽瘁"。在他心里,老百姓的事再小,也是大事;在他心里,法是无私的,但必须有温度;在他心里,执

---

① "三村"建设是指"生态村、文明村、小康村"建设。

法如山,却可以春风化雨、温润如玉。

鲍卫忠会为了一个1900元的案件,开着车往返山间几十公里多次到被执行人家里做工作,只为解开当事人的"心结";对还不上欠款的山里养鸡人,鲍卫忠不仅自己掏钱买土鸡,还为被执行人"卖"土鸡,甚至在微信朋友圈里"叫卖",被别人调侃为"最跨界"的执行法官。面对看病急需用钱的执行申请人,他索性自掏腰包,悄悄为无力还款的被执行人垫付了8840元的执行款暂渡难关。"8840",一个简单的数字,但这背后对于他来说,上有年迈的母亲,下有年幼的双胞胎儿子,就连家里的购房贷款都尚未还清,他却毫不犹豫地将钱递到了当事人的手中,只因一句"人家有困难"。他把别人的难题当作自己的,把群众的需求放在心尖上,这个法官让申请人拿到了"真金白银",让执行办案有了温度。

24年司法生涯中,鲍卫忠踏遍佤山村村寨寨,办案里程达上万公里,从县城通往乡镇的道路有多少个弯、从乡镇下到村寨要蹚过多少条河、村里谁家小孩留守、寨子里有几户老人,鲍卫忠心里都清清楚楚。

面对生活窘迫无力还款的被执行人,他尽其所能地帮他们走出困境;面对申请司法救助的群众,他认真审核并第一时间上报材料;面对已经脱贫的建档立卡户,他牵挂在心,时常询问他们的生产生活情况;面对边境一线吹响的抗疫号角,他主动请战奔赴一线,和各族干部群众一起,筑起了疫情防控的铜墙铁壁。村里的老支书回忆起他,哽咽地说道:"习近平总书记给我们边境村老支书们回信中提到的'建设好美丽家园、维护好民族团结、守护好神圣国土',鲍法官替我们先做了,他就是这样一个掏心窝子为老百姓办事、能把石头都焐热的人。"是啊,为老百姓办事,把石头焐热,鲍卫忠精诚所至、金石为开,锲而不舍、人民至上!

"江山就是人民,人民就是江山。"① 鲍卫忠牢记习近平总书记的谆谆嘱托,胸怀为民爱民的赤诚之心,用民族群众听得懂的语言、能接受的方

---

① 习近平:《论坚持人民当家作主》,中央文献出版社2021年版,第318页。

式认认真真办好每一个执行案件、做好每一次司法救助,兑现了"人民法官为人民"的庄严承诺。从他身上,我看到了司法正义不仅体现在法条中,更体现在每个案件得到妥善解决的时刻,在每个为人民群众排忧解难的瞬间。即使是沉疴已久的执行难案件,他也微笑面对,用铁汉柔情融化隔阂坚冰。

卫戍正义,忠勇执法,他用名字坐标人生;卫护佤山,忠骨遗风,他用生命践行誓言。

透过鲍卫忠,我看到了有千千万万个像他一样坚守在审判执行一线的新时代人民法官,他们用实际行动践行着习近平法治思想,履行着为大局服务、为人民司法的神圣使命,向着强国建设、民族复兴的宏伟目标奋勇前进!

(毕昱)

扫码观看视频

群众评价

习近平总书记给我们边境村老支书们回信中提到的"建设好美丽家园、维护好民族团结、守护好神圣国土",鲍法官替我们先做了。

—— 云南省临沧市沧源县勐角乡勐角村党支部书记　赵光歆

一束光照亮一群人,鲍卫忠法官就是这样一束光,照亮了佤山大地。他对党无限忠诚、饱含对人民群众的深沉热爱,他爱岗敬业、司法为民、忠诚履职、担当实干。这束光的力量映照在云岭大地,映射在我们政法系统的同志乃至全体公职人员的心底。

—— 云南省人大代表　李智

"好人啊,鲍局长,我该怎么感谢他啊!"这是出自我代理的一起案件的当事人老夫妇的感叹。他是一个优秀的执行法官,而人民给予的肯定和殊荣,我想,就是那一句"好人啊,鲍局长!"

—— 执行案件代理律师　徐守东

我去起诉时已经欠款三年了,无奈才找到法院鲍局长,当时我不知道他是局长,他当面跟我说不用担心,我觉得他做得很到位。他现在虽然不在了,但我很感激他,对我们这些农民工的案子都很上心。

—— 案件申请执行人　字文贵

重要媒体报道

用生命守护法治信仰

倒下之前,他正叮嘱同事办理司法救助手续;抢救期间,他手机一直响个不停;追悼会那天,连曾经对他拔刀相向的被执行人也来送他最后一程……2021年10月,云南省沧源佤族自治县人民法院执行局原局长鲍卫忠突发疾病,倒在了工作岗位上,年仅45岁。云南省委追授鲍卫忠为"云南省优秀共产党员",人力资源和社会保障部、最高人民法院追授他为"全国模范法官"。

二十四年如一日,鲍卫忠扎根祖国边疆基层人民法院,促公正、提效率,依法维护各族群众合法权益。24年来,鲍卫忠始终坚守法治信仰,捍卫正义、忠勇执法,让自己长成守护司法公正的大树,根须扎进阿佤山深处,为祖国边疆的法治建设贡献了毕生精力。

"迈出去的是脚步,带回来的是信任。虽然辛苦,却也值得"

鲍卫忠追悼会那天,天空一直在下雨。人群中,连夜赶来的佤族汉子艾嘎忍不住啜泣。

人心如秤,这个曾经对鲍卫忠拔刀相向的被执行人,如今对鲍卫忠是打心里认同。

因为一场延宕八年的土地纠纷,艾嘎成了鲍卫忠办理案件的被执行人。一边是傣族村民,一边是佤族村民,案件执行难度大。

别人都觉得难,鲍卫忠却主动接过任务。打电话不接、发短信不回,就连第一次上门,艾嘎也是大门一摔,让鲍卫忠碰了一鼻子灰。

无奈之下,鲍卫忠约了乡镇干部二次登门,艾嘎则叫了10多位亲友助阵,情绪激动时,拿出家里的佤族长刀叫嚷:"谁敢上来,我跟他拼命!"另一方傣族村民也火了,高喊:"把他抓起来!"

眼见怒吼要变成动手,鲍卫忠站到了中间。一步跨到艾嘎身前,"放下刀子!'各族人民一家亲,九老九代不丢伴',咱们佤族世代相传的祖训,你忘了",义正词严的质问,让艾嘎放下了刀。鲍卫忠转身安抚群众:"这个案子我一定会公平公正地处理好!请大家相信法律、相信法院!"

人群渐渐散去,鲍卫忠二次登门却依然没能踏进艾嘎的家门。回城路上,同事李亚兵愤愤不平:"该用强制手段就用强制手段嘛!"鲍卫忠安抚:"执行难,难在解开人的心结。咱们再想想办法!"

几天后,李亚兵早早接到鲍卫忠电话,说带他去过年。恰逢佤族新年"新米节",鲍卫忠再次敲响艾嘎家大门,不等艾嘎反应过来,鲍卫忠就把稻穗挂到了门上。新米拿到了厨房,一句"兄弟,祝你年年大丰收"后,鲍卫忠和艾嘎拉起了家常。

艾嘎也敞开心扉,说他在租种土地上种了不少沙松,担心土地还给傣族寨子会影响自家生计。鲍卫忠当即协调村组干部,帮助艾嘎解决实际困难,组织双方进行现场调解。冒着大雨,鲍卫忠厘清了争议土地地界,确定了沙松数量。看到鲍卫忠全身湿透两脚泥、双手被松针刺破流血、脸上被蚊虫叮咬红肿,艾嘎和在场的其他村民谁也不再说难听的话,傣族寨子同意补偿艾嘎苗木钱,艾嘎也同意将土地和苗木交给傣族寨子。

"一次不行就去两次,两次不行就去三次!"在阿佤山的村村寨寨,在群众家的火塘边、田地里都留下了鲍卫忠不知疲倦的身影。他说:"迈出去的是脚步,带回来的是信任。虽然辛苦,却也值得!"

"鲍卫忠每办一起案件,都会多一个兄弟和朋友。"沧源县人民法院党组书记、院长吕丹说,正因为鲍卫忠把群众的事当成自己的事来办,用

"人心换人心"的方法，才磨掉了650件"骨头案"。2016年3月，为期3年的"基本解决执行难"攻坚战打响。作为执行局的带头人，鲍卫忠牵头全面梳理了历年来的历史存案，仅仅3个月，300多万元案款全部执行到位。

"我们办理的不仅是案子，还可能会影响别人的人生。越难办的案子，就越要有耐心"

鲍卫忠倒下了，可他的电话却一直响个不停。妻子周红收拾情绪，一遍遍地接听电话。

鲍卫忠的电话多，是因为他"来了电话一定接、看到信息一定回，当事人随时都可以找到他"。沧源县人民法院书记员陈美红每天早上的第一通电话，多半来自鲍卫忠，一天下来经常接到来自鲍卫忠的20多通电话。有的执行案件已经和解结案，当事人同意分期履行，可他在长达10年的时间里却每年都会给当事人打电话询问履行情况。

其实，鲍卫忠办案并不快。他很少采取强制措施，首次去被执行人家里，只要距离不远，都不开警车，他说："村里人看到警车会议论，对被执行人影响不好。我们办理的不仅是案子，还可能会影响别人的人生。越难办的案子，就越要有耐心。"

在周红记忆里，除了接电话，鲍卫忠总是频繁地加班、下乡、出差。有一年孩子生病住院，鲍卫忠却赶着出差去了。周红带着孩子往返于县、市、省城医院，一个人硬撑，直到孩子要做手术了，鲍卫忠才赶到医院。周红正想抱怨，可转头看到丈夫刚哄好孩子就疲惫地靠在床头睡着了。那一刻，周红意识到"他也是需要呵护的人"。

几年来，鲍卫忠常年起早贪黑地加班工作、长年累月地下乡，他熬白了头发、熬红了眼睛，双手出现严重的皮肤病变，高血压越来越严重。因为缺钾总感到身体无力，身体机能迅速下降。医生建议他住院治疗，他总说："忙过这段再说吧！"

2021年国庆假期，周红原本打算和他一起带着儿子去昆明复查，也让他好好检查下身体。但他假期一直加班，也没能去成。陈美红说："他欠妻子一个电话，欠母亲一顿饭，欠儿子一生的陪伴，最亏欠的还是他自己。"

"结案不是最终目的，想尽一切办法解决当事人的愁事和难事才是根本"

走进鲍卫忠的办公室，密密麻麻贴着便利贴的文件柜格外引人注目。有的写着案件当事人的姓名、手机号码，有的记着案号和案款金额，甚至还有一些只有鲍卫忠自己才能看懂的标记。有张便利贴是他去世前几天贴上去的，上面写着"班莫村、执行救助"，还有一个大大的"急"字。

2021年9月，鲍卫忠在执行一起健康权纠纷案中发现，被执行人刚刑满释放，借住在亲戚家，又没有可供执行的财产，还不上10多万元的赔偿款，可申请执行人又因伤残急需钱治病。鲍卫忠决定申请执行救助，并迅速启动。发病当天，他仍不忘叮嘱执行干警核实司法救助申请情况。鲍卫忠去世后1个月，5万元执行救助款到账了。

"他交代的最后一项工作，我完成了。"同事金欣欣停顿了几秒，哽咽着说，"可是，我再也听不到他的叮嘱了。"

每一张便利贴背后就是一个当事人乃至一个家庭的生活与希望。这是鲍卫忠的独门密码，打开了通往群众所期盼的公平正义的大门。

"结案不是最终目的，想尽一切办法解决当事人的愁事和难事才是根本。"鲍卫忠总这样说。有个案件被执行人为了还债，搞起了土鸡养殖，但找不到销路，一筹莫展。鲍卫忠当起了推销员，养鸡场、活鸡、鸡蛋，几乎每天都会在他的朋友圈"刷屏"。慢慢地，销路逐渐打开了，每个月被执行人都按时送来执行款，最后交清的时候，被执行人紧紧攥住鲍卫忠的手说："如果没有您，别说还钱，我养鸡的钱都要亏了！"

他从不以标的额大小衡量执行力度，把每一起执行案件和每一次司法救助作为彰显公平正义、帮助群众排忧解难的务实举措。他会为了1900元案款的案件，开车往返山间多次到被执行人家里做工作，只为解开当事人的心结；面对看病急需用钱的执行申请人，他索性自掏腰包，悄悄为无力偿还的被执行人垫付执行款暂渡难关……

他对群众有感情，群众也把他当亲人。有一次，一位老人把新鲜核桃悄悄留在法院作为感谢，他却赶往老人家里，将等价的现金交到了老人手中。"时鲜的东西还回去也折损了，这样不违背自己的原则，也避免了老人的损失。"他说。

翻开鲍卫忠的笔记，扉页上写着"人民对美好生活的向往，就是我们的奋斗目标"，这是鲍卫忠至死不渝的初心和使命。捍卫正义，忠勇执法，他用生命践行誓言。在鲍卫忠任执行局长期间，依法累计发放司法救助金90.97万元，为61名特困申请人解了燃眉之急。

（原载《人民日报》2023年6月16日，记者杨文明、魏哲哲）

为人民燃尽光热

2021年10月21日,云南省临沧市沧源佤族自治县人民法院执行局局长鲍卫忠突发疾病,倒在办公桌旁。两天后,因医治无效,年仅45岁的法官离开了他无比热爱的司法事业。群众心里的正义卫士、一心为民的老黄牛……扎根边疆基层法院工作24年来,鲍卫忠奋斗在执法办案、服务群众最前沿,为人民燃尽光热。

倾力"磨"案子

2020年的一天早上,鲍卫忠叫上同事驱车前往某村民小组执行一起故意伤害赔偿案件。因山高路远,加上车子半路出故障,到目的地已是下午2点多,也顾不上吃饭,直接去了村民家里。

被执行人因自身困难拿不出10多万元的赔偿款,申请执行人又因伤残急需钱治病。见两边都犯难,鲍卫忠只好申请执行救助,完成关于被执行人贫困的调查笔录,并开具相关证明。忙完已是晚上7点多,虽然饿了肚子,但鲍卫忠紧锁的眉头有了一丝舒展。

"再小的案子,如无法执行,会对群众权益、法律权威造成极大伤害。"这是鲍卫忠对工作的理解。

为标的5000元的合同纠纷案件6次赴现场办理;吃闭门羹,甚至还要对付对方挥舞的棍棒……面对执行难题,鲍卫忠就"磨案子"。耗费的是时间和精力,换来的却是人心。

就这样,鲍卫忠带着大伙"磨"掉650件积累多年的"钉子案"。他担任执行局局长后,局里办理的854件执行案件,没发生过"人情案、关系案、金钱案"。

用情解"难题"

"给当事人付执行款了。"一次,妻子周红追问还房贷的钱去向,鲍卫忠道出实情。

被执行人扎某因母亲生病花了不少钱,打工工资还未到手,申请执行人又急需钱,鲍卫忠就垫付了 8000 多元的尾款。接到书记员陈美红的回访电话时,扎某才知道半年前的这笔钱是鲍卫忠垫的。

鲍卫忠总是换位思考,为人着想,既维护法律尊严,又感化当事人。

干执行工作他有自己的"规矩":首次去被执行人家里,只要距离不远,就不穿制服、不开警车。"为何不亮明身份?"年轻干警不理解。他曾说,老百姓看到警车会议论,对被执行人影响不太好,产生抵触情绪,不利于工作。

一起标的额 10 万余元的合同纠纷案中,被执行人刀某因生活困难无法清偿。得知刀某在发展林下养殖产业,但鸡的销路不畅,鲍卫忠二话不说便掏钱买鸡,路过饭店就下车帮着推销土鸡,还在微信朋友圈发布信息。慢慢地,来买鸡的人多了,因有了卖土鸡的钱,刀某每月按时把执行款送过来,直到履行完毕。

鲍卫忠尽心将司法温暖触及每一位当事人。在一起农民工工伤赔偿案中,申请人不分昼夜地给鲍卫忠打电话,发微信辱骂他没本事。面对这些,鲍卫忠毫不在乎,依旧好言相劝,讲解法规。得知被执行人拿不出钱是因"连环债",

鲍卫忠(中)下乡为一起执行案件组织现场调解

他找到债务源头尽力协调，最终将款项执行到位。

在办公室被 40 多名申请人围在中间，他仍平静处之；被案件双方当事人左右推搡，实在忍不住，他走出办公室冷静一下；双方当事人发生冲突，他上前把人分开，然后把双方请到不同的办公室喝茶……"只要用心用情，就没有打不开的心结。"鲍卫忠生前多次这样说。

为人民燃尽光热

在同事和群众心目中，鲍卫忠很负责，努力做好每一件事。但面对家人，他坦言不称职。

鲍卫忠工作总是很忙。领结婚证当天，他都迟到。"他经常加班到凌晨，出差一走就是一周。"周红说。

2016 年，小儿子生病，见丈夫抽不开身，周红自己抱着儿子辗转各医院。直到儿子在昆明做手术的前一晚，鲍卫忠才赶过来，坐在床头给儿子唱歌、讲故事。把儿子哄睡着后，他的呼噜声也跟着响起来。看着丈夫一脸疲惫，周红把委屈和心酸咽了下去，剩下的只有心疼。

繁重的工作，让鲍卫忠身体的抵抗力越来越低，手指得了皮肤病，他一直没时间去看；晚上经常睡不着觉，有些时候梦境和现实都分不清楚。每当同事关心地询问他的身体时，他总是憨厚一笑："没事！"

这些年，鲍卫忠缺席了太多家庭的团聚、孩子们的成长，而唯一没有缺席的，是他胸前法徽所赋予的沉甸甸的使命。即便是发病当天，鲍卫忠还惦记着一桩案子，催促执行干警尽快落实司法救助的发放。

"想尽一切办法解决当事人的愁事和难事才是根本。"这是鲍卫忠秉持的理念。

（新华社昆明 2023 年 6 月 16 日电，记者王长山、严勇、王研）

执法如山 温润如玉

"在他心里，老百姓的事再小，也是大事；在他心里，法是无私的，但必须有温度；在他心里，执法如山，却可以春风化雨、温润如玉……"6月15日上午，最高人民法院办公一区五楼大法庭内，一场关于全国模范法官鲍卫忠同志的先进事迹报告会正在进行。

一个个动人的故事，一段段深情的回忆，把在场听众的心拉到3000多公里外的边陲小城——云南省临沧市沧源佤族自治县。

这里面积不大，99%以上都是山区；人口不多，却有佤族、傣族、彝族等20多个世居少数民族。鲍卫忠，一位有着15年党龄的共产党员，在基层法院一干就是24年。2021年10月，鲍卫忠突发疾病去世，这时他正担任沧源法院党组成员、执行局局长。

执行工作，是案件办理的最后一关。通过执行，把真金白银交到胜诉方的手上，这才意味着案结事了。沧源法院的执行案款数额一般不大，但就是这几百元、几千元，却直接关系群众的切身利益。

"不知有多少次，我们这些年轻的干警信心百倍地出发，忙了一天却空手而归，不禁感叹，执行局的工作是真不好干啊！"鲍卫忠曾经的同事、临沧市中级人民法院干警李昱感慨。

但鲍卫忠一干就是9年，被群众称为"佤山百姓的贴心人、心连心的好兄弟"。这是怎么做到的？李昱曾经向鲍卫忠请教。鲍卫忠笑着说了8个字："走着、听着、看着、写着。"

"这算什么诀窍啊。"不甘心的李昱，努力寻找着这位"老执行"的办案"密码"。

第一个办案"密码"并不难找，甚至还挺显眼，那就是文件柜上密密麻麻的便利贴。有的写着案件当事人的电话号码，有的记着案款金额，还有一些是大家怎么都看不懂的符号标记。

"熟悉的画面再次浮现在我的眼前：一个满头大汗、皮肤黝黑、脚上还沾着泥巴的佤族汉子，埋头在堆满卷宗的桌子上记录着。"李昱说，这是鲍卫忠每次下乡办案回来的固定动作。不管有多晚、有多累，也要把这事先做完、把该打的电话打完。

第二个办案"密码"，藏在鲍卫忠的微信朋友圈里。鲍卫忠最早"秀"朋友圈，源于一件10万元的案子。被执行人没有财产可供执行，于是搞起了土鸡养殖，但由于找不到销路，一筹莫展。了解情况后，鲍卫忠带着大家当起了推销员。养鸡场、活鸡、鸡蛋，几乎每天都会在他的朋友圈"刷屏"。慢慢地，销路打开了。再接着，回头客越来越多。每个月，这位被执行人都会按时送来执行款。

第三个办案"密码"，是"人心换人心"。有一起长达8年的土地纠纷，发生在傣族村民小组和佤族村民艾嘎之间。艾嘎态度强硬，拒不履行法院判决，案件成了"钉子案"。鲍卫忠就主动承办了这个案件。

大家刚去了解情况，艾嘎就愤愤地说："你们来干什么！我不欢迎！"说完把大门一摔，还反锁了起来。第二次，情况更危险。艾嘎喊来了10多个亲朋好友，把鲍卫忠一行人团团围住。

一向温和的鲍卫忠，此时毫不畏惧地冲到艾嘎面前，用佤语喊道："难道你忘了我们佤族世代相传的族训吗？各族人民一家亲，九老九代不丢伴！请大家相信法院，这个案子我们一定会公平公正地处理！"话说完，人群渐渐散去。

过了几天，佤族新年"新米节"到了。李昱早早就接到鲍卫忠的电话："小李，走，带你过年去！"出发的时候，李昱看见鲍卫忠带着酿水酒、一袋新米和一束稻穗，不禁有些好奇。鲍卫忠笑了笑："这可是打开艾嘎心结的钥匙啊！"

"我们来跟你过年了！"看到鲍卫忠，艾嘎一下愣住了。说着，鲍卫忠按照佤族过年风俗，把金黄的稻穗挂到了门上，把新米拿到了厨房，接着和艾嘎拉起了家常。鲍卫忠趁热打铁，组织双方现场调解。心结彻底打开，两族兄弟重归于好！

"为什么总有人说鲍卫忠'每办一个案件，都会多一个兄弟和朋友'？那是因为，鲍卫忠把群众的事当成自己的事来办，一门心思为老百姓着想，用'人心换人心'的方法，磨掉了一件件'钉子案''骨头案'。"沧源法院院长吕丹说。

沧源法院有一张照片，照片里的鲍卫忠和群众围坐在一起，开怀大笑。为追寻照片背后的故事，吕丹曾和同事们到了故事发生的彝族老寨，找到了照片中的一位彝族老大哥。虽然过了14年，可他一眼就认出了照片里的鲍卫忠。

"就是这个年轻人！以前经常到我们村里讲党的政策、讲国家法律，说话都是说到我们心窝子里啦，多好的一个人啊！"说话间，这位老大哥望向远方，仿佛照片中皮肤黝黑、笑容灿烂的鲍卫忠就在那里。

鲍卫忠和爱人周红都是佤族，平时，周红习惯叫他"尼茸"。

"尼茸在医院抢救和他去世后的一段时间，他的手机不时响起。我每天都会接到当事人问候的电话，表达着对尼茸的敬意、感激和怀念。我更加理解了尼茸工作的意义，他每办结一个案子，社会就多一份稳定，生活就添一份祥和。"对周红来说，她和两个孩子的大山倒了。可鲍卫忠用精神铸就的丰碑，永远屹立在周红、孩子们以及当地老百姓的心里，永远巍峨。

（原载《光明日报》2023年6月16日，记者靳昊，通讯员郑历惠）

行行重行行　佤山写忠诚

2021年10月21日，云南省临沧市沧源佤族自治县人民法院执行局局长鲍卫忠突发疾病，倒在办公桌旁。同年10月23日，因医治无效，年仅45岁的他离开了人世。后人力资源和社会保障部、最高人民法院和中共云南省委分别追授鲍卫忠同志"全国模范法官"和"云南省优秀共产党员"荣誉称号。

2023年6月15日，最高人民法院举办全国模范法官鲍卫忠同志先进事迹报告会。会上，报告团成员以朴实的语言，追忆鲍卫忠同志镌刻着忠诚与奋斗的24年法官生涯。他走遍佤山村村寨寨，每一次办案、每一次帮扶、每一次回访，都蕴含着司法为民的热忱。

便利贴里藏着局长办案"密码"

沧源地处祖国西南边陲，与缅甸接壤，是全国最大的佤族聚居县。

"我们办理的不仅是案件，更是边疆的稳定、民族的团结。"这是鲍卫忠——一位有着15年党龄的佤族共产党员常挂在嘴边的话。

在沧源法院院长吕丹印象里，鲍卫忠踏实可信："我们初次见面时，他的工作汇报数据翔实、条理清晰，执行指标了如指掌，案件进展、民俗风情说得明明白白。"

法院执行不是审判之后的照方抓药，而是对纠纷案件的终极处理，是对社会矛盾的最深层治理。据同事们回忆，鲍卫忠在执行岗位上的9年，把一次次村村寨寨里的执行，变成一堂堂鲜活生动的法治课，被群众称为"佤山百姓的贴心人、心连心的好兄弟"。

这是怎么做到的？临沧市中级人民法院干警李昱曾经向鲍卫忠请教，得到的答案是：走着、听着、看着、写着。

鲍卫忠深夜还在办公

"这算什么诀窍啊？我不甘心，平常也留心了起来，努力寻找着这个边疆'老执行'的办案'密码'。"李昱说。

在鲍卫忠办公室文件柜上，贴着密密麻麻的便利贴，有的写着案件当事人的电话号码，有的记着案款金额，还有一些旁人看不懂的符号标记。

熟悉的画面再次浮现在李昱的眼前：一个满头大汗、皮肤黝黑、脚上还沾着泥巴的佤族汉子，埋头在堆满卷宗的桌子上记录着。

"这是鲍局长每次下乡办案回来的固定动作，不管多晚、多累，也要把这事先做完、把该打的电话打完，有诉即接、有信必复，让当事人第一时间知道案件进展和执行情况。"李昱恍然大悟道，"难怪鲍局长办案这么有底气，原来佤山的村村寨寨、山山水水都在这里啊！这些都是靠他一步一步走来的、一字一句听来的、一点一滴积累的，小小便利贴，藏着大天地！"

"人心换人心"磨掉"钉子案"

执行工作中，有一起发生在傣族村民小组和佤族村民艾嘎之间长达8年的土地纠纷，因艾嘎一时想不通，态度很强硬，拒不履行法院的判决，难度很大。鲍卫忠主动承办了这个案件。

"艾嘎脾气火爆，我们刚去了解情况，他就愤愤地说：'你们来干什么？我不欢迎你们！'说完就把门一摔。第一次去，我们就吃了个闭门羹。"李昱说。

"第二次去，情况更危险。"李昱回忆道，"艾嘎喊来了10多位亲朋好友把我们围住。一向温和的鲍局长毫不畏惧冲到艾嘎面前，用佤语喊道，'难道你忘了我们佤族世代相传的族训吗？各族人民一家亲，九老九代不丢伴！请大家相信法院，这个案子我们一定会公平公正地处理！'人群渐渐散去，可这次，我们还是连艾嘎家门都没能进。"

回城的路上，李昱有些气馁。鲍卫忠给她打气："执行难，难在打开人的心结。这个案子不大，但处理不当，会影响民族团结，我们再用心一点，再耐心一些，一定能找到打开艾嘎心结的办法。"

不久，佤族新年"新米节"到了。李昱接到鲍卫忠的电话："小李，走，带你过年去。"

"鲍局长带着自酿水酒、一袋新米和一束稻穗来到艾嘎家，一开门，局长说：我们来跟你过年了！"李昱描述道，艾嘎愣在原地不知所措。鲍卫忠拍拍他的肩膀说道："兄弟，祝你年年大丰收！"说着按照佤族的过年风俗把金黄的稻穗挂到了门上，把新米拿到了厨房，接着和艾嘎拉起了家常。

"看到鲍局长的真心实意，艾嘎紧锁的眉头渐渐松开，话匣子也打开了。局长趁热打铁组织双方现场调解。最终，傣族村民们和艾嘎之间的心结完全打开，两族兄弟重归于好，这起长达8年的纠纷得到了圆满化解。"李昱说。

佤山的赤子把忠诚写在边疆

2016年3月，为期3年的"基本解决执行难"攻坚战全面打响。作为执行局的带头人，鲍卫忠更忙了。

领导和同事对他有一句一致的评价："从没听他喊过苦、叫过累。"只要当事人需要，休息日、节假日都是他的工作日，田间地头、大街小巷都是他的办公室。

"我们迈出去的是脚步，带回来的是民心。虽然辛苦，但却值得！"鲍卫忠说。

2021年8月，一名消失已久的被执行人突然间有了音讯，鲍卫忠立即带队驱车前往。那一天，下着瓢泼大雨，山路泥泞难行，小黑江水汹涌翻腾，经过5个小时跋涉，终于找到被执行人藏匿的简易房。

同事们原以为鲍卫忠会直接采取强制措施，没承想他却再次对被执行人做起了思想工作，他说："咱们都是佤族兄弟，你有什么困难和我说说。法律一定要遵守，但办法我们可以一起想。"渐渐地，现场气氛缓和了下来，被执行人也主动说起家里的难处，诚恳地表示会尽快想办法把钱还上。

吕丹感叹道："那时候我才真正明白，为什么总有人说鲍卫忠'每办一个案件，都会多一个兄弟和朋友'，那是因为他把群众的事当成自己的事来办，一门心思为群众着想。"

"我和鲍卫忠都是佤族，平时，我习惯叫他的佤名'尼茸'。"鲍卫忠妻子周红讲起丈夫，"几年来，尼茸常年起早贪黑地加班工作，长年累月地下乡、出差。尼茸走了，家空了。我多么希望这只是一个噩梦，一觉醒来尼茸依然还在，哪怕他经常加班、出差，只要活着就好。"

"尼茸在医院抢救和他去世后的一段时间，他的手机不时响起，我每天都会接到当事人问候的电话，表达着对尼茸的敬意、感激和怀念，我更加理解了尼茸工作的意义，他每办结一个案子，社会就多一份稳定，生活就添一份祥和。"周红说。

鲍卫忠走了，却又似乎从未离开，家人们还是会念起他的一颦一笑、同事们还是会提起他的敬业执着、当事人还是会想到他的公正司法。他是佤山的赤子，用自己的对党忠诚、一心为民，在边疆民族团结进步中传递着司法的温暖。

（原载《法治日报》2023年6月16日，记者张晨）

每办一个案件,他都会多一个兄弟和朋友

法官笑得灿烂,群众笑得舒心。这一张照片上,满满的都是笑容。

皮肤黝黑、笑容灿烂的法官,是时任云南省沧源佤族自治县人民法院书记员管理办公室主任的鲍卫忠。而同样笑容满面的,则是生活在当地彝族老寨里的老大哥。

当沧源法院院长吕丹带着这张照片重返彝族老寨,照片背景里的茅草房早已不见踪影,取而代之的是一幢幢漂亮气派的小洋房。14年过去了,老乡们的日子越来越好。

那位彝族老大哥一眼就认出了照片中的鲍卫忠:"这个年轻人,以前经常来,他到我们阿佤山的村村寨寨,在我们老百姓家的火塘边、田地里讲党的政策、讲国家法律,说话都是说到我们心窝子里啦,多好的一个人啊!"

得知照片中的年轻人因突发疾病已离世一年多,老大哥黯然神伤,不再言语,泪水从眼角滑落。

按照佤族风俗,他把金黄稻穗挂在当事人门上

2013年起,鲍卫忠到法院执行局工作,先后担任副局长、局长。沧源法院干警金欣欣感慨地说:"鲍局长把笑容和笑声带到了执行现场。每次跟他去执行案件,你站在一边看那个氛围,根本就不像你想象中的法院执行现场。"

这样的执行现场,刚刚跟着鲍卫忠干执行的年轻干警都有些看不懂。然而,就在一次次去现场的过程中,慢慢地有了感悟。

2021年8月,一个消失已久的被执行人突然间有了消息,鲍卫忠立即带队驱车前往。那一天,下着瓢泼大雨,山路泥泞难行,经过5个小

时跋涉，才终于找到被执行人藏匿的简易房。看到执行干警后，被执行人从最初的躲闪转为强硬，气氛一时剑拔弩张。

金欣欣原以为鲍卫忠会直接让他们采取强制措施，没想到鲍卫忠再次对被执行人做起了思想工作。

"咱们啊都是佤族兄弟，你有什么困难和我说说。法律一定要遵守，但办法我们可以一起想！"

听到鲍卫忠说这番话，被执行人的态度慢慢变了，现场气氛渐渐缓和下来。被执行人主动说起了家里的难处，诚恳地表示会尽快想办法把钱还上。

说着说着，简易房里传出了欢快的笑声。

"执行工作真难！每一次都有新情况，没有能照搬的万能模板。不知有多少次，我们信心百倍地出发，忙了一天却空手而归。"金欣欣对记者说，"我们跟随鲍局长去执行，也碰钉子，也遇难题，但结果却不同。"

这是一起发生在傣族村民小组和佤族村民艾嘎之间长达8年的土地纠纷，因艾嘎一时想不通，态度很强硬，拒不履行法院的判决，案件成了沧源法院的"钉子案""骨头案"。大家都清楚，这个案子不好办，鲍卫忠便主动承办了这个案件。

第一次去艾嘎家，他们吃了个闭门羹。第二次去，情况更差，配合度简直跌至冰点。

很快，佤族新年"新米节"到了。沧源法院干警陈美红一大早就接到鲍卫忠的电话："美红，走，带你过年去！"出发的时候，陈美红看见鲍卫忠带着自酿水酒、一袋新米和一束稻穗，问道："带它们干啥？"鲍卫忠笑了笑说："这可是打开艾嘎心结的钥匙啊！"

艾嘎一开门，鲍卫忠便热情地招呼："我们来跟你过年了！"看到干警手里的年货，艾嘎愣在原地不知所措。

鲍卫忠拍拍艾嘎的肩膀说道："兄弟，祝你年年大丰收！"边说边按照佤族过年风俗把金黄的稻穗挂到了门上，把新米和水酒拿到了厨房，接着和艾嘎拉起了家常。

鲍卫忠这样真心实意，艾嘎紧锁的眉头渐渐松开，话匣子也打开了。鲍卫忠趁热打铁组织双方现场调解。

经过耐心的调解，傣族村民们和佤族艾嘎之间的心结完全打开，两族兄弟重归于好，这起长达8年的纠纷得到了圆满化解。

"为什么总有人说鲍局长'每办一个案件，都会多一个兄弟和朋友'。"沧源法院院长吕丹感叹道，"那是因为他把群众的事当成自己的事来办，一门心思为老百姓着想。"

"沧源县是个多民族县，在执行过程中不仅要公平公正办案，还要时时刻刻注意维护好民族团结。"吕丹讲出了鲍卫忠生前常说的那句话：我们办理的不仅是案件，更是边疆的稳定、民族的团结。

他的手机，永远为群众开机

有的写着案件当事人的电话号码，有的记着案款金额，有的记录时间，鲍卫忠办公室的文件柜上密密麻麻地贴着便利贴。

每当看到这些便利贴，熟悉的画面就会再次浮现在同事们的眼前：一个满头大汗、皮肤黝黑、鞋子上还沾着泥巴的佤族汉子，在堆满卷宗的桌子上埋头写字。

陈美红告诉记者，做记录是鲍卫忠每次下乡办案回来的固定动作，不管有多晚、有多累，也要把这事先做完、把该打的电话打完。有诉即接、有信必复，是他给自己定的规矩，他希望当事人能第一时间获悉案件进展和执行情况。

只要当事人有需要，休息日、节假日都是鲍卫忠的工作日，田间地头、大街小巷都是他的办公室。24年的司法生涯，鲍卫忠始终如一地坚守着初心。

手机普及以后，鲍卫忠的手机，永远为群众保持开机状态。

鲍卫忠的爱人周红说，回到家里，丈夫的手机也总是响个不停，电话一个接着一个。面对当事人的询问，他总是不厌其烦地解释、劝说，从没见他发过火或是说过重话。

2012年9月，鲍卫忠夫妇的双胞胎儿子出生了。几个月后，鲍卫忠就到法院执行局工作了。"他变得更忙了，经常加班到凌晨，下乡总到半夜才回来，经常一出差就是一个星期。"周红说。

为了不让家事拖累丈夫的工作，周红主动承担了所有家务。2017年，小儿子到昆明做手术，直到手术前一晚，鲍卫忠才匆匆赶到医院。

"他笑着出现在病房里，看到他的一瞬间，我实在撑不住了，眼泪止不住地往外流。"这个瞬间，深深地刻在周红的记忆里。

"为了减轻孩子手术前的紧张感，尼茸趴在儿子的床边给他讲故事，儿子终于安心睡去，尼茸的呼噜声也响了起来。"周红说，尼茸是鲍卫忠的佤名，是自己对他最习惯的称呼。

鲍卫忠睡着不久，他的手机震动起来——有电话打进来了。于是，他轻轻地走出病房，走到病房楼外面。他蹲坐在那里，一边说话一边揉着眼睛，打了好长时间的电话。

周红在病房窗前看着这一切，看着丈夫疲惫的样子，她把所有的抱怨都咽了回去。

在追授鲍卫忠同志荣誉称号表彰大会上，周红含着眼泪说："他就是这样一个人，来了电话一定接、看到信息一定回，当事人随时都可以找到他。"

周红的泪水再也无法止住："我多希望还能再打通他的电话，还能再喊他回家。"

别人的困难，他总会摆在最前面

那一天，正忙着装修房子的周红突然发现，家里的存款怎么少了1万元？

"这时尼茸才说，因为被执行人确实有困难，申请执行人又急着用钱看病，他就自己掏钱先垫上了。"周红说。

那是 2018 年，鲍卫忠家里的老房子拆迁了，他们夫妻买了新房，还向银行贷了款。

虽然经济上已捉襟见肘，但周红却没有再多问这 1 万元的下落。因为她知道丈夫就是这样的人，总是把别人的困难摆在最前面。不管是哪一方的当事人，他都当作亲人来对待、当作家人来帮助。

面对生活窘迫、无力还款的被执行人，鲍卫忠想方设法帮他们走出困境；面对申请司法救助的群众，他认真审核并第一时间上报材料；面对已经脱贫的建档立卡户，他仍牵挂在心，时常询问他们的生产生活状况……

在村里老支书的记忆里，鲍卫忠还是那个"朴素的、精神的佤族小伙，笑眯眯的样子"。回忆起这个佤族小伙，老支书哽咽地说道："建设好美丽家园、维护好民族团结、守护好神圣国土，鲍法官做到了，他就是这样一个掏心窝子为老百姓办事、能把石头都焐热的人。"

这时，也许你和我一样，已经能真正理解了为何鲍卫忠能和当事人成为好兄弟、好朋友。

人心就像一杆秤，你若真心为群众，老百姓都会看在眼里、记在心上。

在鲍卫忠追悼会那天，很多人连夜赶来了。陈美红远远地看到了艾嘎，艾嘎抹着眼泪哽咽着对陈美红说："只想送这位好法官、好兄弟最后一程……"

强撑着料理完丈夫鲍卫忠的后事，妻子周红却始终无法接受这个事实。"尼茸走后，一天晚上，我和婆婆、儿子围坐在桌前吃晚饭，我习惯性地多盛了一碗，手递出去的时候，才意识到尼茸已经不在了，我的眼泪哗地就流下来。"这时，小儿子用小手轻轻拍着周红的后背安慰她："妈妈，你要坚强，爸爸不在了，我们要更勇敢。"

儿子还小，长大后，他会记得爸爸吗？会记得爸爸是一个怎样的人、曾经为事业付出过所有的忠诚与热爱吗？

周红默默地把关于丈夫的报道和照片收集成册,想把这些留给孩子们。想让他们记住爸爸,以爸爸为榜样,永远赤诚勇敢、执着坚毅、正直善良。

夜已深,孩子们都睡了。周红沉浸在有关丈夫的往事之中,好像他并未走远。这样的相处,让她重获面对新一天的勇气和力量。

空荡荡的日子里,仍旧会响起的手机铃声,让周红在悲痛中,一次次感到欣慰。家人不会忘记鲍卫忠,社会也没有忘记他。

"尼茸在医院抢救和他去世后的一段时间,他的手机不时响起,我每天都会接到当事人问候的电话,表达着对尼茸的敬意、感激和怀念,我更加理解了尼茸工作的意义,他每办结一个案子,社会就多一份稳定,生活就添一份祥和。"周红说,"这样的一份理解和敬重,让我和孩子们,始终以尼茸为荣。"

如今,沧源法院的法官们依旧奔波在鲍卫忠曾无数次踏足的路上。天空时雨时风,道路曲折泥泞,蜿蜒着通向佤山深处。他们不惧困难风险,他们乐观且坚信:"只要像鲍局长那样,真正把人民放在心上,人民就会永远和我们心连心、永远和我们站在一起。"

(原载《人民法院报》2023年5月31日,记者王丽丽)

用铁汉柔情融化沉疴坚冰

2023年5月30日上午，最高人民法院、中共云南省委在昆明隆重举行追授鲍卫忠同志荣誉称号表彰大会。

8点30分，云南省高级人民法院党组书记、院长张应杰宣布表彰大会开始。在庄严的氛围中，最高人民法院党组成员、副院长、第二巡回法庭庭长李勇宣读了《人力资源和社会保障部、最高人民法院关于追授鲍卫忠同志"全国模范法官"称号的决定》；云南省委常委、省委组织部部长李刚宣读了《中共云南省委关于追授鲍卫忠同志"云南省优秀共产党员"的决定》。

激昂的旋律响起，最高人民法院党组书记、院长张军，云南省委书记、省人大常委会主任王宁分别向鲍卫忠同志的妻子周红颁发"全国模范法官""云南省优秀共产党员"证书。周红身穿佤族服装，眼含热泪接过证书。她转身面向听众时，会场顿时响起热烈掌声。

随后举行的英模先进事迹报告会上，4位报告团成员深情追忆鲍卫忠同志镌刻着忠诚与奋斗的24年法官生涯。他踏遍佤山村村寨寨，每一次办案，每一次帮扶，每一次回访，都蕴含着司法为民的热忱。直到生命的最后一刻，他还惦记着当事人的司法救助金是否落实。

作为一名共产党员，他永葆忠诚本色，作为一名人民法官，他坚守法治信仰，作为一名土生土长的佤山干部，他常怀赤子之心。聆听事迹报告会，新时代边疆好法官鲍卫忠同志的形象逐渐清晰和丰满起来。

法治兴边疆稳：他是守护边疆的好法官

《阿佤人民唱新歌》，这首佤族民歌传唱大江南北。

在表彰大会开始前，会场循环播放着这首歌，这是生在边疆、守在边

鲍卫忠下乡开展执行工作

疆的好法官鲍卫忠生前很喜欢唱的一首歌。

鲍卫忠生在沧源,这里是从原始社会一步跨越到社会主义社会的千年"民族直过区"。佤族、傣族、彝族等20多个少数民族世世代代生活在这里。

在云南省沧源佤族自治县人民法院工作了24年,鲍卫忠的办案行程累计上万公里。日复一日在熟悉的道路上往往返返,从县城通往乡镇的道路有多少个弯、从乡镇下到村寨要蹚过多少条河,村里谁家小孩留守、寨子里有几户老人,鲍卫忠心里都清清楚楚。

"我们这里的执行案款数额一般都不大,但就是这几百块、几千块钱,却直接关系民族群众的个人和家庭利益,所以不能有半点马虎和懈怠。"报告会上,沧源法院党组书记、院长吕丹讲起鲍卫忠生前常说的一句话:我们办理的不仅是案件,更是边疆的稳定、民族的团结。

吕丹讲到，2016年3月，为期3年的"基本解决执行难"攻坚战全面打响。作为执行局的带头人，鲍卫忠变得更忙了。白天时间不够，晚上通宵加班。在有些简陋的办公楼里，鲍卫忠牵头全面梳理了历年来的历史存案，逐一研究破解。仅仅3个月，300多万元案款全部执行到位。最终，650件"钉子案""骨头案"成功化解。

"从没听他喊过苦、叫过累。只要当事人有需要，休息日、节假日都是他的工作日，田间地头、大街小巷都是他的办公室。"吕丹向听众讲起鲍卫忠常说的那句话：我们迈出去的是脚步，带回来的是民心。虽然辛苦，但却值得！

报告厅里响起热烈的掌声，这位执行法官的精神境界令人感佩。

"鲍卫忠为做好执行工作，走遍了沧源的村村寨寨，他走到哪里，哪里就是司法为民的办公室。"云南省司法厅一级主任科员李雅娜深受触动，她表示自己也要学会鲍卫忠同志的一线工作法，守护好祖国边疆普法强基专项工作的最前沿，从源头化解矛盾，为群众纾难解困。

"鲍卫忠同志扎根边疆基层法院的先进事迹感人至深，执法为民无私奉献的公仆情怀让人备受教育和鼓舞。"云南省人民检察院四级高级检察官饶巾艺深情地说，榜样是前进的光，照亮我们前进的路。

云南省人民检察院四级高级检察官那文婷曾看过鲍卫忠法官的视频，皮肤黝黑、一颗红心、笑容可掬、扎根基层的鲍法官给她留下了很深的印象。听了报告，那文婷对鲍法官有了更深入的了解。"他一腔热血奋战在边疆，二十四载忠诚在履职，办了六百五十起钉子案，是司法战线上秉公执法、为人民作主的'老黄牛'，我非常敬重他。"

作为新时代检察官，饶巾艺、那文婷表示，将从榜样的事迹中汲取力量，在学习贯彻习近平新时代中国特色社会主义思想主题教育中进一步对标先进找差距，在检察工作岗位上恪尽职守接续奋斗，高质效办好每一个案件，让人民群众感受到公平正义就在身边。

正直坚毅善良：他是家人永远的骄傲

"我和鲍卫忠都是佤族，平时，我习惯叫他的佤名'尼茸'。"鲍卫忠妻子周红讲起丈夫的佤名，"尼茸"这个软软糯糯的名字，让在场的听众会心一笑。

跟随周红的回忆，现场观众完全融入了这个小家庭的幸福中——

"尼茸阳光帅气、乐观开朗，有时会从田里给我采回一束野花，会弹着吉他给我唱《特别的爱给特别的你》。"

"儿子到昆明做手术，直到手术前一晚，尼茸才匆匆赶到医院，尼茸趴在儿子的床边给他讲故事，儿子终于安心睡去。"

"公公瘫痪在床的10年里，只要有空，尼茸就会细心地给公公擦身体、洗脚、按摩，推公公出去晒太阳。"

"每逢节假日，尼茸还会把家在外地的同事接到家里，给他们做最拿手的饭菜，一起喝茶、聊天、弹吉他唱歌，让年轻人感受到家的温暖和关爱。"

然而，所有的美好幸福都定格在了那天下午。在医院，周红眼睁睁地看着丈夫被推进病房抢救，看着尼茸孤独地躺在病床上，身上插满了管子。周红在心里一遍又一遍地呼喊："尼茸，你一定要醒过来！"

然而，最终没有等来奇迹，鲍卫忠还是永远离开了，一句话都没有留下。

周红带着哭声说："我多么希望这只是一个噩梦，一觉醒来尼茸依然还在，哪怕他经常加班、出差，只要活着就好。"

在场听众难掩内心的悲痛，流下了感同身受的眼泪。

鲍卫忠走后的那些日子，周红一遍遍地去重新理解和感悟已与她一起生活了20多年的丈夫。她说，尼茸在医院抢救和他去世后的一段时间，他的手机不时响起，我每天都会接到当事人问候的电话，表达着对尼茸的敬意、感激和怀念，我更加理解了尼茸工作的意义。

"他每办结一个案子,社会就多一份稳定,生活就添一份祥和。"听到周红饱含深情的领悟,整个会场响起最热烈的掌声。

"我把关于尼茸的报道和照片收集成册,想把这些留给孩子们,让他们以爸爸为榜样,永远赤诚勇敢、执着坚毅、正直善良。"讲到最后,周红用尽自己的力气,说给观众,也说给她的丈夫听:"尼茸,我们以你为荣,你是我和孩子们一生的骄傲!永远的骄傲!"

听到这里,观众已是泣不成声,悲痛、惋惜和不舍的情绪充满偌大的会场。

"这是一场感人至深的报告会,我们深受触动、数次哽咽。"云南省第五强制隔离戒毒所警察孙琛、李燚、邹俊、王晓莹纷纷表示,鲍卫忠的"为民情怀"让我们为之动容,他的"舍小家为大家"让我们由衷敬佩。在今后的工作中,我们将从英雄的身上汲取力量,为祖国边疆的法治建设贡献全部的青春和力量。

"鲍卫忠同志是他妻子和孩子一生的骄傲,鲍卫忠法官也是我们云南法官的骄傲,全国法官的骄傲。"云南省高级人民法院新闻办公室副主任杨帆说,鲍法官对家人体贴关怀,对同事爱护有加,面对人民群众,他赤忱谦卑、耐心细致,用智慧与真诚想方设法排忧解难,以心换心。他把群众利益无小事做到了极致。我们将沿着他的足迹,继续做好司法为民的时代答卷。

用真心换真心:他是佤山百姓的贴心人

"在我们法院里,执行法官绝对是很特别的一群人……"

临沧市中级人民法院干警李昱在报告会上,"直白"地道出了执行工作的高难度——

常常跋山涉水、奔波在外,乡村山寨、田间地头、房前屋后都是办案的现场。

没有办公室的静候来访,常常蹲点守门、主动出击,四处查找当事人和财产线索。

没有安静肃穆的办公环境,常常要面对的是双方唇枪舌剑、你争我吵。

李昱坦言,不知有多少次,年轻干警信心百倍地出发,忙了一天却空手而归。但鲍局长在执行局一干就是9年,被群众称为"佤山百姓的贴心人、心连心的好兄弟"。这是怎么做到的啊?她一直在思考、在寻找着答案。

李昱在鲍局长的朋友圈里找到了一些线索。她讲了这样一个故事——

最早,鲍局长秀"朋友圈"源于一个标的10万元的案子。被执行人家里没有财产可供执行,于是搞起了土鸡养殖,但由于找不到销路,一筹莫展。了解情况后,鲍局长灵机一动,带着执行干警们当起了推销员,养鸡场、活鸡、鸡蛋,几乎每天都会在他的朋友圈"刷屏"。

慢慢地,销路逐渐打开了。

再接着,回头客越来越多,最多的一天竟然卖出了50只!

之后的每个月,被执行人都按时送来了执行款。记得最后交清的时候,他握住局长的手激动地说:"真的太感谢您了!如果没有您,别说还钱,我养鸡的钱都要亏了!"

会场鸦雀无声,听众听得津津有味,内心感叹这位执行局长的智慧和善良。

"鲍卫忠会为了一个1900块钱的案件,开着车往返山间几十公里多次到被执行人家里做工作,只为解开当事人的'心结';面对看病急需用钱的执行申请人,他索性自掏腰包,悄悄为无力还款的被执行人垫付了执行款暂渡难关。"临沧市文化传媒集团记者毕昱一次次走近鲍卫忠的亲人、同事和当地群众,她深情地说:他把别人的难题当作自己的,把群众的需求放在心尖上,他让申请人拿到了"真金白银",让执行办案有了温度。即使是沉疴已久的执行难案件,鲍局长也能微笑面对,用铁汉柔情融化隔阂坚冰。

"每次聆听鲍局长的事迹报告，我都热泪盈眶，是感动更是激励与鞭策。"沧源法院干警李红英是鲍卫忠生前的同事，她说，局长是我们身边的榜样，他把人民群众放在了心中最重要的位置，把每一个案件都办到了极致，他的精神激励着我们勇往直前，让英模精神在佤山大地传承下去。

杨文焕是临沧市中级人民法院青年干警，在报告会现场聆听了身边最熟悉的同事、最亲密的战友鲍卫忠法官的先进事迹。"每一次缅怀，都泪湿双眼，每一次感动，都充满力量。铭记是为了更好的前行，抬头时那束星光会指引方向。"

聆听鲍卫忠法官的英模事迹，我们看到了公平正义是如此鲜活、如此灵动，它在每个案件得到妥善解决的时刻，在每个为人民群众排忧解难的瞬间。在边疆，千千万万个像鲍卫忠一样坚守在审判执行一线的新时代人民法官，正在用实际行动履行为大局服务、为人民司法的职责使命，努力让人民群众在每一个司法案件中感受到公平正义。

（原载《人民法院报》2023 年 6 月 2 日，记者王丽丽）